重新发现欧洲

何以成为

意大利 意大利

A
BRIEF
HISTORY
OF
ITALY

［英］
杰里米·布莱克
著

高银
译

JEREMY
BLACK

天津出版传媒集团
天津人民出版社

图书在版编目（ＣＩＰ）数据

重新发现欧洲：意大利何以成为意大利 / (英) 杰里米·布莱克著；高银译. -- 天津：天津人民出版社，2020.9

书名原文：A BRIEF HISTORY OF ITALY
ISBN 978-7-201-16333-8

Ⅰ.①重… Ⅱ.①杰… ②高… Ⅲ.①意大利—历史
Ⅳ.①K546

中国版本图书馆CIP数据核字(2020)第139716号

图字：02-2020-254号

重新发现欧洲：意大利何以成为意大利
CHONGXIN FAXIAN OUZHOU:YIDALI HEYI CHENGWEI YIDALI

出 版	天津人民出版社
出版人	刘 庆
地 址	天津市和平区西康路 35 号康岳大厦
邮政编码	300051
邮购电话	022-23332469
网 址	http://www.tjrmcbs.com
电子信箱	reader@tjrmcbs.com

选题策划	联合天际·王微
责任编辑	伍绍东
美术编辑	夏 天
封面设计	左左工作室

制版印刷	三河市冀华印务有限公司
经 销	未读（天津）文化传媒有限公司
开 本	880 毫米 × 1230 毫米 1/32
印 张	10
字 数	250 千字
版次印次	2020 年 9 月第 1 版 2020 年 9 月第 1 次印刷
定 价	58.00 元

关注未读好书

未读 CLUB
会员服务平台

目　录

引 言

没到过意大利的人，总觉得自己低人一等，因为他没见过该见的世面。而旅行的伟大目的，就是饱览地中海的海岸风光。

——詹姆斯·鲍斯韦尔《约翰逊传》，1776年4月11日

（其实书中主人公约翰逊并未去过意大利）

在前往米兰途中，我们造访了一个相当大的镇子，叫作诺瓦拉……在那儿，我们吃了一顿正宗的意大利早餐，有大个儿的意大利鸽子，有用食用油与帕玛森乳酪调制的动物内脏，有葡萄、无花果，还有种类似布丁的美味意大利粥，它是用印度小麦花混合食用油与奶酪制成的。

——玛格丽特·斯宾塞子爵夫人，1763年

旅行是在时间与空间中进行的。这部简史适用于那些不满足于大多数旅行指南介绍的节略史的读者。但是，写一部意大利的简史，不得不面对一个特殊的问题，即意大利不像法国等其他许多国家那样，有着悠久的统一历史。在历史长河中，意大利大多处于四分五裂的状态。意大利的主要区域，常常被更强大的敌对帝国占据，尤其是西班牙与奥地利。此外，现代游客极少会"周游"意大利，因为事实上这个国家可看之处

实在太多，一次旅行是玩不完这么多景点的。因此，人们在旅行时，往往集中在某些城市与地区。这恰与意大利以地区为主的历史相契合，或者至少可以说，意大利人亲历的历史大多具有区域性。

为旅行者讲述意大利史时，作者面对的问题是，如果仅以时间先后顺序来记叙，各地区的精彩之处可能会湮没于叙事之中；但若以地区为纲，又难免重复冗余。为此，本书提出三点对策：一是以时间先后顺序谋篇布局，讲述一部涵盖意大利主要发展阶段的意大利史；二是在必要处概述一些地区；三是本书还在正文中专门辟出方框探讨特定话题。

对我来说，能够记录逾半个多世纪的意大利旅行见闻，实乃一件幸事。我的意大利之行是从 20 世纪 60 年代初父母带我在意大利各处游历开始的，而最令我感到愉快的是自 1979 年起与莎拉一起遍游意大利的经历。我们一起去过阿布鲁齐、博洛尼亚、利帕里群岛、卢卡、摩德纳、那不勒斯、帕尔马、罗马、撒丁岛、西西里岛、都灵、托斯卡纳、翁布里亚、威尼斯与维罗纳。我曾经有幸在伦巴第、那不勒斯与托斯卡纳执教，并从中受益匪浅。其间，我还接触到阿达山谷地区的美味调料、普拉托静谧的修道院与那不勒斯的意大利"新派菜"餐厅。诸如此类的事物对我而言真是一种享受。我还在佛罗伦萨、热那亚、卢卡、摩德纳、那不勒斯、帕尔马、都灵与威尼斯，进行了档案研究。

我由衷地感谢保罗·贝尔纳迪尼、迈克·布尔罗斯、路易吉·洛雷托、西罗·保莱蒂、加布里埃尔·波马、路易莎·夸特梅因、古列尔·桑娜、彼得·怀斯曼与帕特里克·祖特希。感谢他们对早期一份书稿全部及部分内容提出的宝贵建议。本书谬误之处与上述诸公无关，其实他们帮助我订正了一些错漏之处。事实证明，邓肯·普劳德富特堪称出版商之典范。谨以本书献给我的益友与学术界同伴西罗·保莱蒂，纪念我们逾十四载的友谊与学术合作。

第一章

古典时代的昔日荣光

随着罗马帝国的崛起，意大利历史才开始变得与众不同且至关重要。

四分五裂的地形

随着罗马帝国的崛起，意大利历史才开始变得与众不同且至关重要。此前，它只是早期人类经历的一段段稀松平常的史前阶段而已。当时，在意大利全境内，农耕者逐渐取代采猎者，后来建立起来的国家，又被分成不同的部落聚居地。在很大程度上，这种分裂是由部落族群规模大小不一、实体经济政治集群缺乏所致。

就意大利而言，它的地形极不利于民族团结。这种情况如今依然存在。特别是，意大利多山，平原、河谷又相对较少，其中最重要的是波河河谷与相对平坦的伦巴第平原。波河河谷属亚地中海气候，在寒冷冬季那里雾气弥漫。伦巴第平原以南还有些其他平原，尤其是靠近罗马、如今已大多淹没于城市扩张洪流中的坎帕尼亚，那不勒斯湾的内陆平原坎帕尼亚大区以及阿普利亚（意大利人称之为普利亚）。但它们没有一个比得上伦巴第平原那种规模。

意大利少有的平原与河谷，又常常被令人望而生畏的群山隔断。由于第三纪大陆漂移，阿尔卑斯山脉是意大利"最近"一次撞向欧洲其他地方形成的剧烈地质运动的结果。它把意大利与欧洲大陆分隔开。克劳迪亚·奥古斯塔路，是第一条穿过阿尔卑斯山脉的罗马大道。它修成于公元46—47年，从维罗那到现代奥格斯堡途中经过雷西亚山口。另一条罗马大道，是2世纪时从奥地利穿过布伦纳山口直通意大利的大道。1777年，人们铺设了一条穿过山口的马车道。直到18世纪80年代，在滕达山口连接了尼斯与皮埃蒙特大区的库内奥后，阿尔卑斯山脉西部才出现可供来往车辆通行的关口。但其他大多数地方直到很久以后才通车。

1801—1805年，拿破仑下令在辛普朗山口修建一条连接瑞士与皮埃蒙特大区多莫尔索拉的道路。即便是在当时，每年10月到次年4月末，关口都会关闭，不通车。1906 年，辛普朗隧道开通，使得乘火车旅行成为可能。

继续往南，连绵的亚平宁山脉从内部将意大利分割开来。事实上，这条山脉是一系列复杂山区的集合。由于这种特殊地形的存在，意大利对意大利民族而言，就是彼此隔绝的各个地区。西班牙也是这种情况。但是，因为意大利没有像西班牙那样自 15 世纪起就是统一国家，所以它也就不存在中央与边疆的紧张局势。后来，西班牙的这种对立很快凸显出来，尤其是在卡斯提尔与加泰罗尼亚、巴斯克三省的竞争中。相反，意大利的此种冲突基本上是在 1860—1870 年，即意大利统一后的一段时期内才爆发的。

与地形有关的水土流失是个大问题。因此，之前沉积下来的山地土壤被耗尽，水土流向山谷、平原与海洋。实际上，在意大利较早的历史时期中，由于人类的长期定居，当大面积植被遭到砍伐时，水土流失进程加剧。结果，如今意大利大多数高地地区都是不毛之地且长期如此，由此导致的水土流失也经常是严重的。

此外，许多山谷谷陡坡深。在现代筑桥技术出现前，在通常较短的河道与融雪、暴雨产生的水流的共同作用下，山谷难以通行。因此，河谷的情况因季节而异，变化极大。可能出现严重洪涝灾害，就像阿尔诺河洪水那样。它在 1740 年、1966 年两次重创佛罗伦萨。1870 年，罗马也暴发了洪灾。1849 年，一场疟疾夺走了朱塞佩·加里波第之妻阿妮塔的生命。因此，1875 年，他计划让台伯河改道，让它不再流经罗马，并把它改造成适航的水道。但是，这项计划并未付诸实施。洪水也影响了河道及跨河交通运输，扰乱了诸如磨坊一类依靠水力运作的行业，破坏了最富饶的农产区，还导致疟疾的出现。

地形问题极大凸显了距离的影响。按照早期人类的尺度来看，地图上的距离本身是相当遥远的。事实上，时至今日，虽然旅行已经快得多得多，距离却依然很遥远。即使忽略必须在山脉上爬上爬下，或因绕行而产生的额外距离，忽略与之相关的许多反复出现的困难，从阿尔卑斯山脉到意大利本土的卡拉布里亚大区顶端的旅程也是相当漫长的。当时，如果人们要到地中海地区最大的岛屿西西里岛去的话，还要跨越墨西拿海峡。墨西拿海峡给人带来了一些更严峻的问题。在蒸汽机出现以前，由于逆风或无风，海上航行充满艰辛。无风时，人们要靠划船或是用帆来获取动力。墨西拿海峡位于西西里岛东端与卡拉布里亚大区西部之间。这里也许是关于六头海怪斯库拉与毁坏船只的大漩涡卡律布狄斯的传说的起源。它们最初见于荷马的《奥德赛》中。事实上，墨西拿海峡确实有个天然漩涡。这个传说证明它们给人类带来的恐惧，也说明传说是对地形的铭记方式。同样地，还有位于西西里岛的卡塔尼亚东北部的巨岛。据说，奥德修斯刺瞎独眼巨人波吕斐摩斯后，率领船队夺路而逃。巨人向船队投掷石块，从而有了这座岛。

距离与地形妨碍了交通联系。罗马人试图通过修路来解决这个问题。罗马大道是 1925 年开始兴建的，是最早的高速公路。当第一条高速公路建成时，它连通了米兰与瓦雷泽（如今称作 A8 高速公路）。如果是在地形平坦的地区，问题就会容易得多。因此在 16 世纪初，一封特快专递可于 24 小时内将消息从米兰飞快送至威尼斯，甚至能在 50 小时内跨过亚平宁山脉，将消息从罗马传到威尼斯。但这些时间调度安排并非常态。直到 19 世纪，随着铁路、汽轮、电报，以及由烈性炸药开辟的隧道的出现，这方面才有了重大进展。此前，旅行与信息传递通常缓慢、不可靠，冬季尤其如此。遇到政治动荡的时期，情况则会更加恶化。

意大利的城市居民普遍将亚平宁山脉看作一道屏障。但它不仅是一道屏障，也是许多人生活的地方。其实，很多农民与牧民在山坡上生活、工作。长期以来，意大利社会存在政治与宗教上的紧张局势。矛盾的起因是城市当局试图控制在他们看来无足轻重、惹是生非的高地。例如，这种对抗体现在对阿尔卑斯山脉西麓韦尔多教派的宗教迫害上。它也更普遍地体现在 16 世纪、17 世纪的反宗教改革运动，18 世纪的"启蒙运动"政府，拿破仑政权，以及 1861 年新意大利王国的建立。虽然包括皮埃蒙特大区、那不勒斯、摩德纳与意大利在内的地区向统治者们贡献了忠诚可靠的军队，但阿尔卑斯山区与亚平宁山脉北部地区在 1943—1945 年是反抗纳粹德国与墨索里尼的重要基地。这种基于地形而产生的文化矛盾，如今仍是一大突出特点。

谈到另一个话题，在另一张完全不同的时间表上，由于亚平宁山脉在地质上的特殊性，意大利也面临着剧烈地质活动带来的诸多问题。火山爆发使土壤地力肥沃，但熔岩也会造成巨大破坏。埃特纳火山（这座欧洲海拔最高的火山，据说是因为女神雅典娜把西西里岛压在巨人恩克拉多斯身上形成的）与维苏威火山尤其如此。与诸如斯特隆博利岛之类的火山岛不同，这两座火山都靠近主要居民区。公元 79 年，著名的维苏威火山爆发，庞贝与赫库兰尼姆两座城市因此遭了殃。1669 年，埃特纳火山喷发，进而吞没了卡塔尼亚。该城浴火重生后，人们仿照巴洛克风格重建，让它至今仍然与众不同。

地震一直都是具有毁灭性的，就像 1511 年、1976 年的弗留利地震，1693 年、1968 年的西西里岛地震，1979 年、1997 年的翁布里亚地震，1980 年的那不勒斯地震，2012 年的曼图亚地震，2016 年的意大利中部地区的地震一样，不胜枚举。1908 年的地震摧毁了墨西拿与雷焦卡拉布里亚，导致 8 万～10 万人丧生。据可靠消息称，死亡人数保守估计是77000 人。这场灾难造成的破坏甚至超过了战争的影响，而当时的政府又处置不当。1915 年，另一场地震摧毁了罗马以东的意大利中部地区，

30500 人丧生。

这样的经历与威胁，构成了个人与集体的生活体验，同时也塑造了意大利的文化：宿命论与宗教信仰都得到强化。1756 年，撒丁国王、皮埃蒙特统治者卡洛·埃马努埃莱三世及皇族成员出席都灵大教堂庆祝活动，感恩都灵基本毫发无伤地躲过了最近的一场地震。1769 年 3 月有地震预报说，那不勒斯将完全毁于地震之中，这让一些当地人陷入恐慌，教堂里一时人满为患。

就意大利历史而言，大多数时候，疾病也一样有着严重的破坏力。1423 年，威尼斯在利多对面的拿撒勒圣母教堂岛（如今称作老拉扎雷托岛）开设了第一家疫症院，即永久性传染病医院。后来当瘟疫不再肆虐时，它成了穷人的庇护所。随后，1468 年，威尼斯开办了第二家疫症院。热那亚及其他地区迅速效仿威尼斯体制。瘟疫持续造成严重影响，直到 1743 年意大利的最后一场传染病在西西里岛与卡拉布里亚夺去 47000 条生命才结束。是年，威尼斯派出战舰前往亚得里亚海，阻挡自疫区驶来的船只靠岸。寒冬也阻断了威尼斯与意大利其他地区的贸易往来。国法不分贵贱一视同仁，因此摩德纳公爵弗朗切斯科三世也被迫隔离。1781 年，意大利采取大量预防措施，阻止瘟疫继续传播到巴尔干半岛。

意大利的早期人类

人们在意大利早期遗址中发现了尼安德特人的足迹。他们是生活在意大利中西部的齐尔切奥与萨科帕斯托人属的独立分支。其他地区也发现了早期人类遗址，尤其是在卡拉布里亚的格里马尔迪与阿普利亚的罗马内利。人类在西西里岛上居住的痕迹最早可追溯至约公元前 13000 年。

在最后一个冰河时代，意大利位于主要冰盖的南面。大约在公元前8300年，随着冰雪消退到更北的地方，气候改善，保证了落叶树林与充足猎物的出现。这对早期人类来说是有利的环境。

大约在公元前6200年，农业从中东地区传播到意大利南部，当时在那里及西西里岛出现了最早的农村聚落。公元前5000年，意大利其他地区及撒丁岛也有了农业。人们驯化了猪、牛与其他动物，栽培了包括大麦在内的主要农作物，发展了陶器制造工艺。但是，在公元前3—前2世纪，由于没有密集型灌溉农业，意大利人口密度依然相对较低，而且，因为距离遥远与旅行中的诸多不便，早期意大利并未出现如埃及、美索不达米亚（伊拉克）及中国那样的中央集权制度。

然而，意大利依然是铜器时代欧洲（约前4500—前2500年）贸易世界的一部分。意大利中部有铜矿，人们还在那里的遗迹中发现了陶瓷制品。在青铜时代早期的欧洲（约前2500—前1500年），意大利与希腊、阿尔卑斯山另一侧的欧洲及西班牙均有贸易往来。撒丁岛将铜出口到希腊，尤其是迈锡尼文明的希腊，又从那里进口陶器。西西里岛已成为重要农产区，它也从希腊进口陶器。在意大利国内，筑有防御工事的定居地发展起来，之后便有了城镇。铸铁技术的兴起紧随其后，这使得武器与工具更加方便耐用。

意大利受到其他更广泛社会发展的影响，尤其是印欧语系人群的涌入。他们的迁移跨越了一段漫长的时期，至少可追溯至公元前2000年。例如，意大利出现了考古学上所谓的艾米利亚-罗马涅大区与翁布里亚的"维拉诺瓦文化"这一术语。这样的考古描述，让人很难分辨具体的种族或语言群体。腓尼基字母表的变体传到希腊后，又被引入意大利本土。人们在罗马以东不到24千米的一处遗址，即奥斯特里亚戴尔奥萨，发现了最早的希腊文样本。此处的考古地可追溯至公元前950—前770年。

公元前 900—前 700 年，腓尼基人在西西里岛西部建起了商栈，意大利数字系统也受到了希腊极大的影响。

罗马的前辈伊特鲁里亚

说到各部落，公元前 800 年，伊特鲁里亚人的地位开始变得重要起来。事实上，他们生活在城邦联盟中。到公元前 7 世纪，他们在半岛中部地区占据了主导地位，并向北扩展到波河河谷，向南延伸至那不勒斯附近的坎帕尼亚大区。大约在公元前 530 年时，伊特鲁里亚人的权势达到顶峰。但是，在公元前 524 年，他们在希腊殖民地库迈城被击退，由此受到打击。在接下来的 200 年间，伊特鲁里亚人受到北部高卢扩张及当地意大利各民族反抗的影响。尤其是在公元前 350 年时，南部罗马人势力扩张，控制了伊特鲁里亚南部。

自此之后，伊特鲁里亚文明在罗马文明面前就始终显得相形见绌了，尽管后者最初在很大程度上利用了伊特鲁里亚人的智慧，因为他们是令人钦佩的。显然，伊特鲁里亚人会铸铁、建造拱门、绘制肖像画。文字记录的大量匮乏，让伊特鲁里亚人的事迹鲜为人知，但也让人着迷。他们的墓穴依然引人注目且易于参观，正如塔尔奎尼亚与切尔韦泰里的伊特鲁里亚人墓地，还有锡耶纳附近伯吉奥—希维塔特的早期伊特鲁里亚墓群。收藏着伊特鲁里亚遗迹的博物馆也值得一游，尽管参观者也许不能对伊特鲁里亚人产生像对罗马人那般的共鸣，因为人们对后者的了解要多得多。

希腊定居者沿西西里岛（自公元前 734 年）与意大利南部海岸建起了"大希腊"独立城邦，这些城邦影响并有时挑战了意大利诸部落。这些定居者也许是受到希腊人口过剩及（或）人们寻求新机遇的影响。这些城市中的几处废墟，尤其是阿格里真托、西西里岛上的塞格斯塔与锡拉库扎、萨勒诺海湾的帕埃斯图姆、梅坦蓬托，以及巴斯利卡塔的波利科罗依然壮观无比。波利科罗遗址是其中不大著名的一处，这在很大程度上是因为巴斯利卡塔并非人们惯常的目的地。毕达哥拉斯在梅坦蓬托创办了一所学校。事实上，与这些定居地相比，罗马与伊特鲁里亚的定居地看起来相当原始，就像北面的马其顿王国与伊庇鲁斯王国在希腊人眼中的那样。

罗马并不是唯一一个崛起的大国。位于阿尔卑斯山脉以北的民族被高卢的主要居民称为凯尔特人，罗马人称之为高卢人。

他们向南迁移。事实上，这些民族在公元前 390 年时洗劫了罗马。在戴奥尼夏一世（公元前 405—前 367 年在位）统治时期，锡拉库扎市于公元前 4 世纪 80 年代扩张至意大利南部，在公元前 4 世纪 90 年代占领了西西里岛大部分地区。

罗马的崛起

所谓罗马，最初只是位于台伯河下游河谷的一个小定居地，此时伊特鲁里亚即将屈服于崛起的罗马。据称，公元前 753 年，埃涅阿斯的后裔、特洛伊皇室成员罗慕路斯与雷穆斯在特洛伊陷落后外逃，他们在逃亡时创建了罗马。帕拉丁山上有公元前 850 年的一处村庄遗迹。有证据表明，这里存在多处早期定居地。塔昆政权统治着罗马，历代塔昆国王本是科林斯人。直到最后一位塔昆国王被拉丁贵族赶走，塔昆政权才被后者建立的共和国所取代。人们通常认为此事发生在公元前 509 年，但是，这个说法不如公元前507年的说法可信，因为后者是由历史学家波利比乌斯根据早期希腊资料而提出的，这些资料往往比较广博。

恰如古代世界其他地方的城市一样，拉丁贵族建立的这个共和国在事实上是由寡头政治集团统治着的。此后，虽然人们获得权力的目的与方式均存在争议，但寡头政治与更加大众化的政治团体间的矛盾，以及寡头政治精英内部的斗争相互作用着。

至关重要的是，罗马人是令人畏惧的武士，而且，意大利的大段历史确实反映出罗马通过战争不断塑造与再塑造着罗马武士。罗马人令人称奇之处，不仅体现在他们的训练有素上，还体现在他们在某种程度上的能力，比如能通过筑垒修路，在各种自然、军事环境下调兵遣将，采取军事行动。罗马人的军事训练与严格纪律，让他们能以快得可怕的速度行军；还能摆出各种预先计划好的编队，包括龟甲方阵战术在内；还能开展围攻并在战场上进行复杂、有效的军事调度。格奈乌斯·多米提乌斯·科尔布罗将军（去世于公元67年）曾征战日耳曼，攻克亚美尼亚。他发现，克敌的武器才是最重要的。罗马图拉真纪念圆柱上雕刻着罗马士兵从事挖掘工作的场景。罗马军队接受了训练，善于在每次行军结束时搭建营地。行军营通常间隔24千米，这也符合罗马军团的日均行军速度。营地依标准模式而建。按照今天所谓的标准操作步骤，行军队伍各部分均对自己在搭建营地过程中的职责心知肚明。营地在队伍前进的路上，保障了罗马人的安全，为他们提供了良好的交通设施。许多营地成了定居地的前身。

公元前396年，罗马人占领了维爱，它是伊特鲁里亚十二城联盟国之一。罗马在征服了其他民族并使其成为自己的盟友后，通过战争统一了意大利。罗马人抵抗了北方凯尔特人的攻击，在公元前280年，代表希腊诸定居地抵御了古希腊伊庇鲁斯国王皮洛士的入侵。皮洛士也是一位能征善战的将军，他的军中配备了战象。这寥寥数语，就能概括数百年间的历史与当时的情况。罗马统一意大利的过程看似顺利，事实上却相当困难。罗马遭遇了极大的阻力。罗马在内陆地区的主要对手是意大利南部的萨莫奈人。公元前343—前341年、公元前328—前304年、公元前298—前290年的数次战争，以及公元前295年罗马人在森提努姆战役中取得的关键性胜利，均表明萨莫奈人是可怕的敌人。由于失败，萨莫奈人被迫成了罗马人的盟友。罗马巩固自身地位的方式是在一些关键位置建立拉丁居民的殖民地（定居地）及修路，尤其是在公元前312年从罗马修建了跨越亚平宁山脉前往卡普亚的阿庇亚古道，并在公元前220年开通了从罗马到亚得里亚海沿岸里米尼的弗拉米尼亚大道。

罗马人战胜萨莫奈人后，给意大利南部的希腊诸城造成了压力，尤其是塔伦特姆（塔兰托）。虽然皮洛士在赫拉克勒亚（公元前280年）与阿斯库伦（公元前279年）取胜，但他在公元前275年战败于马莱文图姆（在这场战役后，此地更名为贝尼温图姆）。随后，皮洛士班师回到伊庇鲁斯。这导致罗马人占领了塔伦特姆（公元前272年），其他希腊城邦向罗马妥协。罗马人建立了更多的拉丁殖民地，并拓展了阿庇亚古道。因此，到公元前250年，意大利大部分地区已处于罗马统治下。虽然这个速度比皮埃蒙特人在1859—1870年间征服、统一意大利的速度要慢得多，但罗马人当时并未像皮埃蒙特人那般依靠外界干预、支持。具体而言，法国进行干预，普鲁士则为皮埃蒙特人提供了支持。此外，二者的科技水平也不可同日而语。

连绵的战火导致罗马的文化、大众记忆、公共空间、宗教信仰、社会与政治体制都被打上了军国主义的烙印。诚然，罗马在许多方面都仿佛是意大利版的斯巴达，它推崇军事价值观，并相应地提拔、尊崇政治家。

罗马人在与希腊人的斗争中取胜，随后开始了与迦太基的竞争。迦太基是建立在现代突尼斯周围的腓尼基人定居地。公元前3世纪，它已成为地中海西部重要的海洋与帝国主义强国。公元前410—前405年，迦太基人已入侵西西里岛西部地区，占领了包括阿格里真托在内的大部分希腊城市，并于公元前409年在巴勒莫建立永久性定居地。在撒丁岛南部，尤其是卡拉里斯与塔罗斯，腓尼基人也建立了定居地。

罗马人最终在与迦太基的三次布匿战争中取胜。这些广泛的冲突，让意大利本土、西西里岛、西班牙与北非都卷入战火。在第一次布匿战争期间（公元前264—前241年），罗马与迦太基的战斗围绕在争夺西西里岛的控制权上。西西里岛作为不同文明的交汇地，当时一再受到战火荼毒。在这场战斗中，罗马人因为没有海军最初深受重创。这促使他们建立起一支足够强大的海军，最终能在距离西西里岛不远的地方击败迦太基舰队。在战斗中，罗马人猛烈撞击敌舰，并用类似木板的"乌鸦吊桥"在两船间架桥，从而快速登上敌船。乌鸦吊桥上的铁钉可以将桥板固定在敌船上。由此，海战变成浮在水面上的陆战。这对罗马十分有利。但是，乌鸦吊桥似乎只是单次战争中的奇迹。它在第一次布匿战争中得到有效利用，但在此后却销声匿迹。这也许是因为它导致了许多罗马船只在暴风雨中的沉没。

海军力量为罗马提供了重要优势，使它战胜西西里。更显而易见的是，罗马得以向北非派遣自己的军队，但派去北非的罗马远征军最终失败了。部分原因是，迦太基人把大象引进了战场。在与罗马的第一次布匿战争中，迦太基战败，被迫割让西西里岛。自此西西里成了罗马的第一个行省。随后，迦太基遭遇雇佣军反叛。这次叛乱让罗马人有机会在公元前227年兼并科西嘉岛和撒丁岛。这证明罗马帝国的扩张成功有时是出乎意料的。就像波利比乌斯在《通史》中写道："自罗马人开始对大海感兴趣的那一刻起，他们就开始打撒丁岛的主意了。"他们的眼界开阔起来。

随后，迦太基与罗马开始展开对西班牙东部地区的争夺。这种竞争引发了第二次布匿战争（公元前218—前201年），反映出罗马日益膨胀的野心。他们想把势力范围扩展到地中海以外地区。结果表明，与向北越过阿尔卑斯山脉的扩张相比，这次扩张对罗马来说确实意义更加重大。迦太基大将汉尼拔（公元前247—前183年）在西班牙战绩不俗，遂决定攻击罗马在意大利的权力之基，以巩固迦太基取得的成果。为实现这一目标，公元前218年，他完成了率军穿过意大利北部、翻过阿尔卑斯山脉的艰巨任务，攻击了意大利的罗马军队。汉尼拔把战象带过了阿尔卑斯山脉。尽管只有一头大象在横越山脉的过程中活了下来，而且不久后也死了，但是汉尼拔的这种举动让子孙后代觉得这是一场史诗级的战斗。

汉尼拔给罗马带来一场严重危机。在汉尼拔的得力指挥下，他那相当专业的军队控制了战争的走向。罗马主力军在特雷比亚河（公元前218年）、特拉西梅诺湖（公元前217年）、坎尼（公元前216年）与赫多尼亚（公元前210年）的战役中节节溃败。坎尼战役是罗马历史上最大的一场败仗。在这场战役中，迦太基军队攻破了一支罗马军队的侧翼。随后败军被挤压在一起，遭到屠杀。罗马军队伤亡人数近5万。对此感兴趣的旅行者长期以来都急于从这些古战场中寻找古典世界早期给人带来的启示。罗马战败，结果导致包括卡普亚城在内的一些罗马盟友弃之而去。在西西里岛，此前在第一次布匿战争中保持半自治的锡拉库扎支持迦太基人。公元前213—前211年，罗马人最终成功包围了锡拉库扎。

战败也给罗马国内带来巨大政治压力。罗马在孤注一掷地寻求对策之际，数度易帅、改变战略。对罗马人来说，是否应战是个关键的决定。

避免交战的策略被称作费边主义，这来自有着"拖延者"之称的指挥官昆塔斯·费边·马克西。正是他倡导了这种战略。在汉尼拔取得特拉西梅诺湖大捷后，费边被推向前台。他不在平原上与敌军交战，倾向于打山地消耗战。因为，在山地上，与迦太基骑兵对垒时，罗马步兵尤为有用。由于民众不耐烦，罗马放弃了费边的策略，结果导致在坎尼战役中的惨败。罗马吃了败仗后，费边再度被起用。

汉尼拔的失败并非由于他在意大利战场上失利，而是因为他没能将战场上的胜利转化为自己想要的结果，即促成罗马及其属地制的崩溃。汉尼拔军队人数少，还缺乏攻城装备。哈斯德鲁巴的军队自西班牙进发，在梅陶鲁斯河战役（公元前207年）中不敌罗马军队，因而未能与汉尼拔在意大利会师。罗马人也有效阻断了汉尼拔军队的海上补给线。此外，罗马人迅速解放了大量奴隶，让他们加入罗马军队。结果表明，罗马城固若金汤、难以攻破，而且大多数盟友依然坚定地支持着罗马。

击垮迦太基体制的首先是罗马在西班牙的胜利。在关键性的伊里帕战役（公元前206年）中，大西庇阿获胜。公元前204年，战场向北非转移，这也给迦太基体制造成打击。公元前202年，大西庇阿在北非的扎马会战中对阵汉尼拔，取得了一场重要胜利。罗马人已经学会了如何阻挠迦太基人的战象。为应对大西庇阿造成的威胁，汉尼拔不得不重返北非。因为，大西庇阿用行动证明，他比第一次布匿战争中入侵北非的罗马军队要成功得多。自此以后，大西庇阿被奉为"阿非利加征服者"。罗马在第二次布匿战争中的胜利让它成功取得在地中海西部，包括西班牙东部与南部地区的主导权。自那时起，罗马就不必再面对像迦太基那样幅员辽阔的对手了，因此也就能调度资源与敌对阵。

罗马共和国军队人数众多。这是因为罗马将意大利各民族人民组织了起来，赋予他们不同的公民身份与盟友身份。所有人都必须在罗马军队中服役，就像中国汉代的全民皆兵的制度。罗马人相信，由成年农村男子组织起来的庞大军队实力雄厚。这支军队为对阵迦太基提供了巨大的人力资源储备。公元前 31 年，罗马军队中的意大利人多达 25 万。达到服兵役年龄的男性人口，几乎占总人口的四分之一。

罗马军团的士兵并肩作战，休戚与共。他们用铁制短刺刀、重型标枪与盾牌击败汉尼拔后，又加入了更边远地区的战斗中。罗马军团在人力、资源、意志力与组织上占据优势。因此，截止到公元 30 年，罗马控制了地中海东部地区、埃及、高卢（法国）与西班牙。随后，他们在公元 100 年控制了英国大部分地区及巴尔干半岛。尤利乌斯·恺撒在占领高卢地区时发挥了关键作用。最具戏剧性的是，他在公元前 52 年击败劲敌维钦托利。

公元前 55 年、公元前 54 年，恺撒远征不列颠。公元前 55 年，恺撒在危险的肯特滩头阵地上岿然不动。罗马人在恶战中取得了胜利，但秋分风暴损坏了他们的战船，大规模抵抗也让恺撒不得不与当地部落议和。公元前 54 年，恺撒率领人数更多的一支军队再度入侵不列颠，他还利用了对手海军力量的薄弱。不列颠国在海军上的弱势，使得他们无法与恺撒争夺英吉利海峡的控制权。恺撒从滩头阵地向前推进，挫败当地部落首领，强行建立定居地。公元 43 年，约有 4 万名罗马士兵在未遭遇抵抗的情况下登陆。不列颠人被打败了，随后罗马帝国皇帝克劳狄一世过来抢走了战果。

但是，由于罗马在公元 9 年战败，又在 110—119 年的战斗中（战场位于今伊拉克幼发拉底河以东）表现出耐力不足，罗马最终采取防守政策，筑起了有固定防御工事的边境。罗马人修建的由城墙、堡垒组成的令人敬畏的体系，秉承了进可攻、退可守的设计理念。

与此同时，意大利有了今日的名称。这与早期情况相比有了重大转变。彼时，罗马人称意大利北部为"山南高卢"，即住在阿尔卑斯山脉意大利一侧的高卢之意。它与阿尔卑斯山以北的高卢（即现代的法国）相对。公元前 101 年，辛布里人在波河与塞西亚河交汇处的韦尔切利之战中战败。这意味着，意大利北部再也不是凯尔特人的天下了。

罗马共和国的垮台

虽然攻城略地的进程仍在继续，但罗马共和国已经垮台。当时，先是马略与苏拉，接着是庞培与恺撒，这些互相不服气的军事领袖让军队为他们的权力争夺打起了头阵。这是罗马解决国内政治争端的方式。正如后来在 18 世纪 90 年代，法国与拿破仑之间的故事那样，历史表明，政治与军事交织是个重要问题。野心勃勃的政客试图在边境获得军权，然后将各种资源用作军需物资。他们也推动了帝国的扩张。这往往是为自身利益而采取的侵略性立场。事实上，19 世纪，诸如查尔斯·内皮尔爵士一般以这种方式行事的大英帝国要人，被称作殖民地总督，这种称呼直接与罗马人有关。

盖乌斯·马略（公元前 157—前 86 年）在西班牙、北非及高卢节节胜利。这让他多次被选举为执政官、统帅（公元前 104—前 101 年）。马略实行军队改革，将军队由公民义务转变为半职业群体。士兵因此愿意认同部队、追随将军。马略在罗马政治上扮演了重要角色，尤其是在公元前 100 年至他去世这个阶段。卢基乌斯·科尔内利乌斯·苏拉（公元前 138—前 78 年）是另一个从将军转身为政治家的人。历史学家普鲁塔克提出，人们通常认为苏拉在担任西里西亚行省地方总督时，在对待周边的帕提亚的过程中，表现出"粗俗且不合时宜的傲慢"。这种做派，在罗马官员与将军之中并不鲜见。苏拉与马略是一对冤家对头。当马略试图挫败他的进军时，苏拉占领了罗马。公元前89—前80年，苏拉在内战中击败了他的对手们。但是，西班牙依然处于马略众门徒的控制下。公元前81—前79年，为了维护罗马元老院寡头政治集团的利益，有些冷酷的独裁者苏拉试图掌权，并为此限制了人民与护民官们的权力。

罗马政局矛盾重重，尤其是寡头政治集团内部的矛盾，以及寡头政治执政者与普罗大众之间的紧张局势。但是，这些冲突并不是数百年前内战中的那些观念分歧。与此同时，当人们倾向于从社会分工的结构层面上看待政治时，有必要注意到每个社会群体内部对政策看法的重大分歧。这一点适用于后来意大利历史的许多时期。

正如尤利乌斯·恺撒在高卢取胜并试图在英国克敌，伟大的庞培在西班牙取胜并在地中海地区打击海盗，马库斯·李锡尼·克拉苏试图在叙利亚获胜一样，当时的指挥官们试图利用自己在战场上获得的名气在罗马一展抱负。从根本上来说，这是一个动荡不安的过程。军队分裂成不同派系。在很大程度上，这种分化缘于那些不愿妥协的男人的野心。在他们看来，妥协很可能意味着颜面尽失。军队党派之争让人们彼此间敌意不减，竞争延续了数十年。因为庞培（公元前106—前48年）此前支持苏拉，苏拉就派他去西西里及非洲攻击马略的支持者们。庞培、克拉苏与恺撒结成"前三头同盟"（公元前55年），达成权力共享协议。他们特别就罗马军事活动区域达成了共识。在罗马人民的支持下，这项协议把元老院（寡头政治执政官们）挤到了一边。

但是，这项条约并未维持多久。公元前53年，帕提亚人在卡莱战役中击败了克拉苏，克拉苏阵亡。反过来，庞培以元老院支持者的形象自居。从公元前49年开始，庞培与恺撒对阵。恺撒率军越过卢比孔河（靠近里米尼），从阿尔卑斯山以南的高卢进入意大利。他在意大利的法萨罗之战（公元前 48 年）中，取得了对庞培作战的关键性胜利。即使在庞培死后，内战仍未结束。因为，庞培两个儿子的支持者们仍在战斗，尤其是在西班牙与北非。最后，他们被打败了。

但是，后来的情况表明新情况是不稳定的（"但是"是一个历史学家喜闻乐见的词）。虽然恺撒本人有着贵族出身，但他却是平民派领袖。在很大程度上，恺撒将自己与平民联系到了一起。但是，他的对手们则是贵族派领袖。其中最著名的是布鲁图斯与卡西乌斯。他们试图强调建立由贵族阶层管理的共和国的重要性。这一分歧导致恺撒于公元前 44 年的"弑父日"（3 月 15 日）在罗马遇刺身亡。内战由此爆发。结果，恺撒的支持者们组成了"后三头同盟"。他们在希腊的腓立比战役（公元前 42 年）中彻底打败了密谋者们。

反过来，"后三头同盟"闹翻了。三人中实力最弱的雷必达遭到排挤，马克·安东尼与埃及统治者克利奥帕特拉七世结成同盟。结果，公元前 31 年，"后三头同盟"中的第三人、恺撒的继承人及养子，也叫作恺撒的盖乌斯·屋大维，在希腊西海岸巨大的亚克兴海战中击败了安东尼与克利奥帕特拉。屋大维成了这场斗争中最后的胜利者，并获封为"奥古斯都"。这个术语难以定义，最好将它解释为"实施者"或"增加者"。因为该词源于拉丁语动词"提高"，意为实施、增加与使伟大，而"最可敬的"被用于定义本已比周围的人或物要更伟大、更重要的事物。奥古斯都是最高统帅。他一路追击马克·安东尼至埃及。在那里，安东尼与克利奥帕特拉双双自尽。埃及即将成为罗马的重要领地，尤其是作为罗马主要的谷物产地。公元前 36 年，屋大维就已经在西西里岛打败了庞培大帝的一个儿子塞克图斯·庞培。

奥古斯都与帝国的黎明

　　作为埃及与巴尔干半岛地区的征服者，奥古斯都值得夸耀的功绩是为罗马及意大利本身带来了和平。理所当然地，在他掌权时，社会要比之前的半个世纪稳定得多。奥古斯都实行改革，试图美化罗马。政府体制精密复杂。奥古斯都既无宫殿，也无王宫、皇袍。共和国的机构运作如常，他的官方军事指挥权在空间与时间上都受到了限制。奥古斯都的个人地位与受欢迎度一样独一无二。但是，这并未在任何实际意义上说明他是皇帝。后来的人把奥古斯都称为皇帝的做法，预示着他的继任者们将让罗马体制改头换面。

　　这些罗马统治者没有实现长久稳定。部分原因是统治家族内部不和，以及奥古斯都的继任者们自身能力不足，尤其是卡利古拉（公元37—41年在位）。他要么是个疯子，要么就是行为疯癫，以至于被评论家刻画成了这副模样。在卡利古拉的统治下，罗马采用希腊宫廷习俗。最终，卡利古拉遭到刺杀。多重分歧与统治精英阶级的内部矛盾相互作用。这些矛盾包括意识形态差异、亲属恩怨、统治家族内部及与统治家族间盘根错节的关系，以及具体的政治问题。

　　由于这些缺陷的存在及必要的有效领导的缺乏，奥古斯都此前创造的共和传统、稳定的机构与统一的官方言论难以为继。尼禄（公元54—68年在位）最喜爱的诗人之一卢坎（公元39—65年）出身于富贵之家，曾参与意图谋害皇帝的庇索阴谋案，失败后被迫自杀。卢坎创作的史诗《内战记》记录了恺撒与庞培间的战争。他指责这场内战使罗马无法取得更加辉煌的成就。卢坎接着说，"如果今天意大利城市中房屋半毁、墙体摇摇欲坠，崩塌的住所让巨石挡在路上的话"，那也是内斗的结果。正如像卢修斯·克洛狄乌斯·马谢尔那样的反叛者所宣称的那样，他们反对的是某个具体的统治者，而非罗马宪法。公元 68 年，马谢尔起事，试图取代尼禄，结果失败。

长期以来，军事控制都是个问题。政府想垄断军队、巩固中央集权，但边疆军队意图独立。这些部队的指挥官们能发动夺权战争。这一点在公元 68—69 年时展露无遗。当时，尼禄失势，伴随着他后来的死亡，四位将领揭竿而起。韦帕芗（公元 69—79 年在位）成了最终的胜利者。他成立了新罗马帝国弗拉维王朝（公元 69—96 年），对罗马实行着有效的统治。最初支持韦帕芗的是叙利亚的罗马军团，后来多瑙河上的罗马军团也加入了他的阵营。但是，军队拥立、废黜皇帝们的做法如今已根深蒂固。

罗马作为一个偏远帝国的首都，已是多种族的了。罗马军队也是如此。公元 1 世纪，军队招募的士兵大多来自意大利北部，尤其是波河河谷地区。此后，军团士兵（常规军）不再是意大利籍的了。

罗马人在意大利与在其他地方一样，修建了千篇一律的基础设施。他们修筑构造坚固的道路、沟渠，建造剧院、坟墓、浴室与其他公共建筑物。虽然石质外壳与碎片无法捕捉到人们围绕这些建筑物展开的日常生活、呈现的活力与举行的仪式，也无法再现这些建筑刚落成、装饰好时的辉煌，但游客仍可见到大部分遗迹。他们能在罗马及其他地区瞻仰自己最爱的罗马遗址。例如，壮观的维罗纳露天剧场是歌剧表演的（热门）场地，卡塞塔的奥普隆蒂斯别墅壁画位于那不勒斯附近，还有最近在那不勒斯出土的大量地下遗迹。远离罗马的遗迹捕捉到了罗马文化及影响力的痕迹。

奴隶制和奴隶起义

人们应该注意到，与罗马帝国和善面同时存在的是它对奴隶制的完全依赖。尽管其他帝国也存在着这种对奴隶制的依赖，但是至少罗马人建立了严格的奴隶制法律，并包括了奴隶个人解放的可能。鉴于罗马社会中大多数工作都是艰难的体力劳动，奴隶制的广泛存在使罗马建起由奴隶处在社会底层、自由民享受公民身份与社会地位的政治结构。在共和国体制下，自由民还享有某种程度的民主。罗马将军们拥有制造奴隶的本领。尤利乌斯·恺撒曾提到自己将成千上万名阿尔卑斯山以北的凯尔特人贩卖为奴的事迹。公元前168年，卢基乌斯·埃米利乌斯·保卢斯征服了马其顿王国。据说，此前在公元前167年，他洗劫了伊庇鲁斯王国，随后又将那里的15万人贩卖为奴。这些交易给罗马将军带来了巨额财富。奴隶的主要工作是建造业、划桨帆船、家政与农事。例如，奴隶们在阿普利亚牧羊，他们还充当矿工（尤为残酷的命运）与手艺人。有些奴隶是奴隶的后代，其他则是因战争、占领、贸易或惩罚而沦为奴隶的。奴隶也有公私之分，存在着私人奴隶与国家奴隶的区别。

奴隶起义时有发生，其中最著名的要数色雷斯人斯巴达克斯领导的起义了。他因为当逃兵而沦为奴隶，后来成了一名角斗士。公元前73年，斯巴达克斯领导了一场重要的起义。他集结起来的这支军队人数众多，大概有9万人。他们沿着整个意大利半岛前进，毁坏大庄园，彻底击败了许多罗马军队。最终，在公元前71年，斯巴达克斯在卢卡尼亚战役中被裁判官克拉苏打败并处死。罗马人将大批斯巴达克斯的追随者钉在十字架上，放在亚壁古道沿线，以儆效尤。这种惩罚更众所周知的受害者是耶稣。另一种惩罚通常适用于战败的首领们。他们作为一次"胜利"中的战利品之一，在罗马的大街小巷被人游街示众。与此同时，获胜的将军接受众人致敬。之后，正如发生在遭扼杀的维钦托利身上的那样，战败的首领们往往惨遭杀害。在很大程度上，暴力是罗马作风的一部分。

时至今日，斯巴达克斯起义仍是现代人眼中古罗马的重要方面，尤其是由于斯坦利·库布里克执导的电影《斯巴达克斯》（1960年）的影响。通过这种戏剧化的方式，罗马为人所知。从这个角度来看，奴隶制是对罗马政体不公不义之处的重要指控。正是这种政体将耶稣钉在了十字架上，这一点是罗马在皈依基督教信仰前，基督徒们反复提及的内容。其他电影也提出了类似的假定与价值观。例如，《宾虚》（1925 年、1959 年）、《圣徒妖姬》（1954 年）与《角斗士》（2000 年），还有美国电视连续剧《斯巴达克斯：血与沙》（2010 年）。

意大利也爆发了其他奴隶起义，尤其是公元前 139—前 132 年、公元前 104—前 100 年在西西里岛的奴隶起义。但是，这些起义都被镇压了下去。前一次起义导致来自西西里岛的粮食运输量下降，这让罗马人陷入停滞状态。公元前 132 年，当反叛者投降时，罗马人屠杀了最后剩下的两万名参与叛乱的奴隶以泄愤。西西里也是重要的葡萄酒产区。更普遍的情况是，奴隶谋杀主人的情况让人们对奴隶充满恐惧，结果法律规定，在这样的案件中所有家奴都应被处决。尽管法律试图限制暴行，例如，《佩特罗流斯法》禁止奴隶主将奴隶卖给竞技场与野兽搏斗，但是，社会上仍然存在着对奴隶随心所欲的残暴行为，人们常把奴隶视为动物。角斗士互相厮杀、至死方休的观赏性运动是这个残酷世界的一部分。当时也存在着对动物的残暴行为，人们屠宰猎物取乐。

罗马体制的影响

奴隶制是罗马生活中内在不平等性最惊人的例证。不平之事每日反复上演，存在于生活的所有细节与思想之中。作为一名罗马公民也许意味着有了某种平等的基础。但是，正如在 19 世纪时的英国那样，富人与穷人、男人与女人、家长与子女、长子与其他孩子的境遇大不相同。因此，自由佃农虽不是奴隶，但经济状况也不怎么样，还得交租纳税。他们即将变成农奴。相比之下，主要的土地所有者与王国直属封臣的境遇就要好得多。

这导致由基督教提出的平等观点显得特别具有颠覆性。一神论的基督教长期以来受到迫害，基督徒在众人面前殉道。它也挑战了多神论的奥林匹斯众神体系。这种多神论体系使罗马皇帝位列于宗教万神殿之中。那个时期的基督教堂有着令人印象深刻的马赛克画，描绘着《圣经》中的场景。例如，4世纪时阿奎莱亚的巴西利亚教堂。要不是后来重建，人们本能看到更多遗迹。尽管有些农村地区直到6世纪仍信奉罗马异教，但意大利大部分地区在4世纪末就皈依基督教了。皇帝崇拜并未阻止人们通过谋杀、密谋与反叛推翻个别皇帝的行为。早期一些皇帝已经落得这种下场了。例如，卡利古拉、克劳狄一世与尼禄。权力最盛的皇帝们是那些在战场取胜后赢得威望的人。这种声誉日后成了让众人对其俯首帖耳的保障。例如，维斯帕西安（公元69—79年在位）、提图斯（公元79—81年在位）、图拉真（公元98—117年在位）、哈德良（117—138年在位）与塞普蒂米乌斯·塞维鲁（193—211年在位）。因此，战败威胁着社会稳定，尤其是当皇帝战死沙场时，正如叛教者尤里安（361—363年在位）在与萨珊王朝的波斯人对阵时战死沙场那样。

罗马地图绘制

罗马人从希腊人那里获得关于世界的知识。希腊人意识到，他们已知的世界只是全球的一小部分而已。这意味着，希腊人懂得探索世界与绘制世界地图的意义。大约在公元15年，斯特拉博在作品中讲述了希腊人对地理的解读，而希腊人的地理观在罗马统治时期又得到罗马人的发展。他在作品中提到来自马洛斯的希腊哲学家克拉底。在公元前150年左右，克拉底在罗马建造过一个大地球仪，直径至少有3米。地球仪上有四个平衡的大陆，分列世界四方，彼此被海水隔开。世界必须保持平衡的观点让人们长期以来认为存在一个巨大的南方大陆。

希腊地理学家托勒密（约公元90—168年）在罗马统治时，工作于亚历山大城。他起草了一份世界地名索引，其中有预测的地理坐标。托勒密对英国的描绘得益于始于公元43年的罗马征服。

罗马人是多产的测量员。他们能按比例制图，地图对他们来说也是用途广泛。在罗马世界中，地图绘制与帝国的征服、统治息息相关。所谓的世界地图也与世界大国的虚荣做作紧密相连。罗马城大比例平面图《古罗马城图志》重在炫耀，它被刻在墙上，供人观瞻。

罗马人搜集起来的信息反映出罗马军事、政治体制的广度。有效治理国家的基础是理解帝国本身。公元4世纪，弗拉菲乌斯·韦格蒂乌斯创作了《兵法简述》一书。他指出，一位将军必须有"准确编制的图表。这些图表不仅要用步数标明距离远近，还要说明路况好坏，显示出较短路线、住宿情况，以及山川河流的信息"。

《波伊廷格古地图》是在12世纪时对4世纪的罗马陆路交通图进行更新后的版本。它是路线图，而非地形图，因此用了条形结构。这幅地图描绘了山脉，并画出了某些城市周围的道路，如塔兰托。

另一个不大为人所知的制图来源是《拉韦纳宇宙志》，内含罗马帝国疆域内逾5000个地方的地名表。这是大约在700年时，由一位姓名不详的神职人员起草的。据说，这位编纂者当时翻阅了各式官方地图。

"1764 年 10 月 15 日，当我坐在古罗马神殿的废墟之中，冥思苦想之际，周围飘荡起晚祷时的唱经声。那是赤脚的天主教会修士在朱庇特神殿做功课。恰逢此时，我第一次有了撰写一部罗马城衰亡史的想法。"

爱德华·吉本在他的《我的作品和生活回忆录》中解释了《罗马帝国衰亡史》的缘起。这部多卷本研究最初面世于 1776—1788 年，后来成为关于最伟大的后古典时期历史作品。吉本聚焦于罗马的做法是可以理解的，因为它的衰落对欧洲历史学家来说是个重大问题。历史学家至今对罗马衰亡的原因仍然众说纷纭，尤其是内部原因到底在多大程度上导致了罗马衰落，"蛮族"到底在多大程度上中断了罗马更伟大的延续性，从而带来灾难性变化这样的问题。

衰落

罗马人不是战无不胜的，他们有着一系列惊人的败绩，尤其是公元前 53 年克拉苏在卡莱战役中不敌帕提亚人，公元 9 年瓦卢斯在托伊托堡森林会战中败于日耳曼人之手。在瓦卢斯的这次失败中，罗马人失去了三个军团。这些败绩给罗马的一些扩张企图画上了休止符，至少在一段时间内如此。相较之下，自 2 世纪末，帝国之外"蛮族"的进攻变得紧张起来。167—170 年，马科曼尼人与夸迪人入侵意大利北部。罗马世界是个诱人的目标。3世纪50年代，罗马经历了一场尤为严峻的入侵危机，结果导致帝国领土四分五裂。与此同时，罗马为求自保，在当地寻求解决方案。

然而，侵略战搞得拖拖拉拉。长期以来，罗马人都能化险为夷，从敌人的进攻中缓过劲儿来。皇帝奥勒良（270—275年在位）给罗马带来了某种程度的恢复。多亏了他，罗马城在3世纪70年代新建了多塔楼城墙。戴克里先（284—305年在位）试图让增选的皇帝获得授权、实行领导。他创立了由两位主皇帝与两位副皇帝组成的四帝共治制。但是，这种体制最终导致帝国东西两部分之间永久性的分裂。330年，君士坦丁一世在拜占庭（后来的君士坦丁堡）建立新都，权力中心随之转移。312年，君士坦丁一世皈依基督教，异教遭降级。这种宗教信仰的改变极大地破坏了罗马的延续性，由此导致的分裂也削弱了帝国的实力。彼时，罗马本应集中精力对抗外部威胁。拜占庭成了新都，罗马则是旧城。

结果表明，相对缺钱少人的西罗马帝国不大能够应对"蛮族"进攻，尤其是因为信任缺乏让东罗马不愿向西罗马伸出援手。莱茵河、多瑙河边境失守导致意大利告急，因为大部分军队都忙于应对边境或其他省份的战事。401年，在远东匈奴人的压力下，亚拉里克一世率领西哥特人侵略意大利，并于410年洗劫罗马城。此前，罗马的城墙抵挡住了亚拉里克，但他这次用饥饿迫使罗马人屈服。随后，意大利在很大程度上遭到了入侵者——哥特人、匈奴人与汪达尔人——的肆意蹂躏。汪达尔人属于日耳曼部落，他们在455年洗劫罗马，在468年占领西西里岛。452年，在阿提拉的领导下，匈奴人摧毁了重镇阿奎莱亚。那里的人为了活命，纷纷逃到附近的海滨沼泽地，最终去了威尼斯。

同时，政治也动荡不安。394—476年，西罗马帝国先后出现了19位皇帝。起先掌权的是军事领袖，而且他们中的几个人，包括奥多亚克在内，还是"蛮族"。此外，中央与此前诸行省在军事、政治、行政方面的联系都中断了。476年，奥多亚克废黜了西罗马帝国的最后一位罗马皇帝，即罗慕路斯·奥古斯都。皇帝们此前均在拉韦纳避难，因为那里不像罗马一样易受攻击。但是，拉韦纳失守了。"蛮族"给罗马带来的压力并不是由罗马自身的问题所造成的。当时普遍存在着针对安定社会的攻击，这一进程也见于中国汉朝。与此同时，诸如基督教影响这样的一些议题是罗马所独有的。

罗马帝国已经一去不复返。但是，自6世纪始至11世纪末，拜占庭成功获得并保持住了对意大利南方大部分地区的控制。这既延续了罗马帝国的生命，也保住了与希腊的联系，而且，正是与希腊的渊源在此前为罗马文化带来了活力。拜占庭的权力或影响力也见于更北的地方，尤其是拉韦纳与威尼斯。拉韦纳很值得一游，那里有拜占庭式的马赛克画。古代世界的克里姆特保存在世界遗产地内。人们可以在普拉西狄亚陵墓、阿里亚诺洗礼堂、尼奥尼安洗礼堂及大主教博物馆中欣赏到特别壮观的5世纪马赛克画，而6世纪的则存在于圣维塔教堂与圣阿波利纳雷诺沃基督教堂内。意大利全境范围内的大多数地方都有拜占庭-希腊风格的修道院。例如，位于罗马东南郊格洛塔菲拉塔，建于1004年的圣尼络隐修院。

追忆罗马

此外，关于罗马帝国的记忆与形象将在后来意大利的影像中起到关键作用，尤其是神圣罗马帝国的影响。这个政治存在居于中心位置。自800年查理曼大帝在罗马建立神圣罗马帝国起，到罗马帝国在1806年灭亡止，它都具有象征意义。罗马的影响更加广泛。诸如拿破仑一世这样的帝国政要利用了罗马帝国的遗赠，或曰他们眼中的帝国遗产。但是，共和国与君主立宪政体表明，他们更愿向罗马共和国学习。因此，当时新成立的美利坚共和国有参议院，而且，法国革命画家在作品中运用了图示法与罗马帝国的形象。例如，曾求学于罗马的雅克·路易·大卫（1748—1825年）在他的《荷拉斯兄弟之誓》（1784年）与《萨宾妇女的调停》（1799年）中就是这么做的。大卫是拿破仑一世的宫廷画师，拿破仑喜欢有罗马遗风的画作。

19世纪，欧洲人在拓展帝国时以罗马帝国为原型。不论是殖民地总督还是外交官，官员们都倾向于扮演地方长官的角色，把自己看作文明的传播者。这种妄自尊大也见于美国扩张主义之中，尤其是紧随大英帝国试图效仿古典时期的罗马帝国。

意大利复兴运动（意为"再度崛起"）源自罗马复兴思想。演讲、信件与作品中常常提到罗马的荣誉与遗产。因此，毫不意外的是，1932年在贝尼托·墨索里尼领导下掌权的法西斯主义者认为，通过回溯罗马帝国，他们可以让通过血祭获得的民族重生在人们心中激起更大的历史共鸣，唤起人们更强的使命感，同时让民族重生更加合理。这是意大利法西斯主义在语言、思维模式与象征手法中的重要主题。法西斯主义的标志法西斯（意为斧头）直接取自古罗马。1930年，鲁道夫·格拉齐亚尼元帅（1882—1955年）被任命为昔兰尼加（利比亚东部地区）副总督。在"罗马人"征服"蛮族"的最后阶段，他在殖民地实行了非常严厉的"平定"政策。1932年，这种强制推行的和平政策被称作"罗马和平"。

1937—1938年，意大利隆重举行了庆祝罗马帝国第一位"皇帝"奥古斯都·恺撒（出生于公元前63年，公元前27—14年在位）诞辰2000

周年的活动。这场庆典始于墨索里尼为一个大型考古展揭幕，终于为修复后的奥古斯都和平祭坛举行落成典礼。建于公元前 13 年的奥古斯都和平祭坛供奉着和平女神。这个大祭坛是为庆祝奥古斯都在法国与西班牙得胜后带来的和平而建。政府也大力支持学术著作的出版。1935 年，意大利国家研究委员会启动了罗马帝国地图绘制的大型项目。考古研究也开展起来，尤其是在利比亚。1911 年，意大利征服者们一到的黎波里，就开始了这样的研究。利比亚被描绘成此前罗马帝国的一部分，因此按照遗传来说它就是意大利的。

1937—1938 年的庆祝活动也是为了纪念 1935—1936 年对阿比西尼亚（埃塞俄比亚）的残酷征服。这次征服让得胜的墨索里尼宣布第二罗马帝国成立。墨索里尼政权通过赞美第一帝国（古典时期的），自我标榜。自吹自擂是墨索里尼特别擅长的手法。吞并与推倒重来是墨索里尼孜孜以求的帝国统治风格。这种风格不同于权力受到限制的意大利君主制与墨索里尼前任首相手中有限的权力。对墨索里尼来说，他的罗马，即"第三罗马"，将成为法西斯主义信仰与活动的中心。

1937 年，墨索里尼为考古学展览"罗马奥古斯都展览"揭幕。这是由大众文化部举办，由墨索里尼用专款资助的一项活动。宏大的展览由成组雕像，建筑、工程与军事机器模型，以及帝国的巨幅地图组成。它们都以奥古斯都与古罗马军团为主题。展览会显示了法西斯政权所宣称的意大利复兴的使命，这里也成了官方认可的旅游景点。希特勒两度参观该地。一些电影也是意大利法西斯的政治工具。在电影《阿非利加征服者大西庇阿》（1937 年）中，许多士兵充当了临时演员。该片讲述了公元前 202 年，阿非利加征服者大西庇阿在扎马打败汉尼拔的事迹。这被看作墨索里尼征服阿比西尼亚的前兆。

墨索里尼宣称，"罗马是我们的起点、品格与神话"。为了展示诸如马塞勒斯剧院这样的罗马遗迹，他还亲自参与市中心清理工作。之前，马塞勒斯剧院周围挤满了后来涌现出的建筑物。1926—1932 年，人们对剧院展开了挖掘工作。其他地方也经历了类似的过程。1935 年，人们在里米尼拆除了由奥古斯都建造的奥古斯都凯旋门周边的后起建筑。

如今，意大利全境内罗马遗迹的范围之广非同凡响。它还包括许多人们不太容易看到，但却更加重要的事物。例如，田制、路线，以及城市、水坝与桥梁。罗马的痕迹也体现在基督教的影响上，这种影响形成于罗马帝国统治时期。天主教会位于罗马的事实就完全归因于这一遗产的作用。罗马作为重要朝圣中心的地位也缘于此。在某种意义上，游客是那些朝圣者的继承人。

第二章

群雄并征的中世纪

对抗与派系斗争的相互作用使积怨备受关注、变得复杂，宿怨不仅继续存在，还愈演愈烈。

虽然拜占庭（东罗马帝国）与"蛮族"觊觎意大利，但罗马人不愿轻易就范，依然试图保持罗马的伟大。说到"蛮族"，488—498年，东哥特国王狄奥多里克打败了另一个"蛮族"奥多亚克，占领意大利本土。随后，他又在493年攻下西西里岛。狄奥多里克尊重罗马遗产，并恢复了古代活动，包括在拉韦纳的传统活动。但是，尽管狄奥多里克的王国实力雄厚，但也未能长存。

　　535—555年，拜占庭人在查士丁尼一世皇帝（527—565年在位）与他那才华横溢的将军贝利萨留的率领下，攻下意大利本土大部分地区、西西里岛与撒丁岛（以及西班牙东南部与突尼斯）。在一系列绝妙的战役中，汪达尔人就是其中被挫败的一群人。554年，拜占庭人也打败了侵略意大利的法兰克人。但是，拜占庭人未能占领意大利剩下的地区。这开启了一种模式，即任何国家都无法拓展并加强自己对意大利全境的控制。该模式一直持续到1870年才被意大利王国打破，当时它控制了罗马。7世纪60年代，君士坦丁二世曾短暂地将拜占庭政权的首都迁至西西里岛的锡拉库扎。但是，君士坦丁二世遇刺后，东罗马帝国的首都又被迁回拜占庭。

　　反过来，568年，新兴"蛮族"伦巴第人越过阿尔卑斯山脉来犯。751年，他们已蹂躏了意大利大部分地区。当时，伦巴第人占领了拜占庭政权的一个中心拉韦纳。但是，再一次地，伦巴第人未完成控制整个意大利半岛的艰巨任务。伦巴第国王的大本营在意大利北部的帕维亚，他只对意大利中部的斯波莱托与南部的贝内文托的伦巴第公国行使着有限的权力。即便在伦巴第人一路高歌猛进之后，西西里岛与半岛最南端（卡拉布里亚与阿普利亚南部）仍处于拜占庭的统治之下。

　　654年，伦巴第人皈依了基督教。通过这种改变信仰的方式，罗马世界在某些方面的影响得以保持并且加强。

753—756年，在丕平的带领下，法兰克人击败伦巴第人。773—774年，查理曼大帝再次挫败伦巴第人，而且伦巴第人在这次失败后更加一蹶不振。800年，查理曼大帝让教皇利奥三世为他举行神圣罗马帝国皇帝的加冕仪式。这对他所宣称的继承权具有重要象征意义。它恢复了在476年时戛然而止的一项传统。意大利的形象得以重建，但这是在外来势力的要求下，遵照异族条件展开的工作。罗马及尽可能多的意大利地区将与法兰克帝国联系在一起。事实上，帝国的真正中心是查理曼大帝的首都艾克斯拉沙佩勒（亚琛）而非罗马。

加冕仪式不仅对法兰克人来说至关重要，对教皇也意义重大。此举确立、展示并提升了教皇作为教会元首的权威。这种权威一再与拜占庭及西派教会的其他高级教士相抗衡。但是，从长远来看，旨在统一教会的教皇政策，在很大程度上导致意大利政治权威与权力的分裂。

这种情况本来也许能够带来某种程度的稳定，但查理曼大帝的子孙们自817年起就开始把法兰克帝国搞得四分五裂了。意大利大部分地区归查理曼大帝的长子洛泰尔一世所有，成了中法兰克王国。但是，中法兰克王国又分裂了，随后出现了意大利王国。951年，德意志国王奥托一世将查理曼大帝三处遗产中的两处，即德意志王国与意大利王国，再度统一起来。但是，意大利实际上分裂了。因为南方出现了独立国家，尤其是贝内文托、卡普亚、萨勒诺与教皇国。包括阿普利亚、卡拉布里亚与那不勒斯在内的南部大部分地区均处于拜占庭的控制之下，而在827—965年间摩尔人攻克了西西里岛，使它与南方这些地区分离开来。

阿拉伯人征服西西里岛

826—827 年，西西里岛内斗，阿拉伯人趁机介入。拜占庭海军指挥官尤菲米厄斯起义反抗君士坦丁堡的统治，自立为王。此举遭到一些地区总督的抵制，结果导致尤菲米厄斯向阿拉伯人求援。接着，阿拉伯人就实行了接管。831 年，他们占领了巴勒莫后在那里定都，从而取代了锡拉库扎。巴勒莫作为拜占庭帝国的首都直到 878 年才陷落。902 年，陶尔米勒沦陷。965 年，靠近墨西拿的最后的拜占庭阵地也失守了。阿拉伯人把柑橘类水果、大米与桑葚带到了西西里岛，并让奴隶在那里种植甘蔗。大量来自北非与西班牙的阿拉伯移民带来一个新的社会、政治精英阶层。但是，这些移民很快就把自己看作西西里人了，而且急于反抗来自北非的命令。许多土著居民改信伊斯兰教，拜占庭文化的一些元素也保留了下来。这里成了一个信奉伊斯兰教、讲阿拉伯语社会的一部分。10 世纪末是一段繁荣昌盛、独立自主的时期。但是，种族纠纷，尤其是阿拉伯人与柏柏尔人、新移民与其他人之间的矛盾，以及 11 世纪的政治分裂为诺曼人的成功干预铺平了道路。

我们无从得知，如果意大利更加统一的话，是否就更有可能抵御摩尔人的进攻。但是，前提是大国能很容易被调动起来，但这又是不可能的。摩尔人在其他地方也有斩获，尤其是在 841—871 年获得阿普利亚的巴里港，并突袭了意大利海岸线沿岸大部分地区，包括 846 年对罗马发动的突然攻击。但是，849 年，一支伊斯兰大型舰队完败于由那不勒斯、萨勒诺、阿马尔菲、索伦托与加埃塔城组成的联合舰队。在那次胜利后，凡是在意大利建立起来的伊斯兰定居地都处于拜占庭的控制下。后面的这些胜利是最接近于北非摩尔政权的存在，而拜占庭本身不得不集中精力去应对帝国核心区域内的重重挑战。因此，拜占庭帝国的意大利领地就易受到攻击。

由于摩尔社会依赖奴隶制，劫掠奴隶在当时起到了重要作用。这种威胁导致意大利定居地的位置不在沿海平原地带，而像在西西里岛的定居地一样，位于高地之上。那里更易于防守，而且从高地上可以清晰观察到海上的情况。但是，需要在此提出的是，我们应注意到这种选址背后的原因也许有很多。预防沿海低地多发的各种疾病，如疟疾，也是一个因素。在海岸线上的水体也可能是半咸水。摩尔人是当时的主要威胁。但是，860年，维京掠夺者洗劫了比萨。

5世纪，社会动荡不安，导致意大利许多地方的城市生活分崩离析。但是，一些城市却保全了下来，尤其是罗马、那不勒斯与拉韦纳。在某些地方，社会出现了大发展，尤其是在阿马尔菲。那里有个地方相对不易受到陆路进攻，后来还发展成了重要的海事共和国，在地中海地区势力范围广泛。威尼斯紧随其后。在所有定居地内，教会规定影响了建筑环境。

更普遍地，继5世纪明显的衰落与随后诸多问题的出现之后，城乡均出现人口增长。在很大程度上，社会在早期的衰落与中断后再度焕发生机，尤其是在10—13世纪的复兴。人们建立了修道院。但是，不幸之处同样存在，尤其是农业重振导致更多的森林遭到砍伐，并由此加重了水土流失。

人们在总结"黑暗时代"（中世纪早期）及随后时期的重大发展时，均会捕捉到当时人们想要成大事的追求与地区及当地党派意识间的相互作用。当时，人们对伟大的追求包含着想在更大的统一体内实现团结的愿望。教皇与基督教世界在某种程度上提供了更大统一体的存在。但是，从政治层面上来说，意大利因为处在敌对政治体制的断层线上而苦不堪言。这是意大利地理的一方面，而且更具积极意义的是，它也为意大利提供了与其他文明互联互通所带来的种种经济利益与文化优势。意大利北部总是关注着阿尔卑斯山脉的另一侧，又或者说它被阿尔卑斯山脉另一端的人们所窥视着。这在描绘神圣罗马帝国诸皇帝与意大利北部的关系时尤为恰当，尤其是维罗纳的马奇（地区）。作为重要路线的帝国商路穿过了布伦纳山口。相反，西西里与阿普利亚朝着不同方向延伸得很远。西西里既向附近的北非伸展，又向东靠近希腊，而阿普利亚则向希腊发展着。威尼斯与拜占庭隔亚得里亚海相望，它也向北方、西方延伸。

意大利南部

11 世纪，诺曼人作为一股新势力来到意大利。在某种程度上，这是"蛮族"入侵的最终阶段，因为诺曼人是维京人的后代，而维京人自 911年起就在法国北部的诺曼底定居了下来。起先是一小群一小群的冒险家在意大利作为职业军人为南方连绵不断的战事出力，因此地位变得重要起来。后来，他们夺取了权力。1058 年，阿韦尔萨的理查德顺利成为卡普亚王子。最强悍的要数罗伯特·吉斯卡尔（约 1051—1085 年），他在家中 12 个儿子中排行第六。吉斯卡尔的父亲是贫穷的诺曼贵族唐克雷德·欧特维尔。欧特维尔家族中有 8 个儿子都在意大利南部寻找发财机会。正如皮埃蒙特在 19 世纪 50 年代所做的那样，还有就是墨索里尼未能成功做到的那样，诺曼人利用其他大国间的斗争坐收渔利，尤其是神圣罗马帝国皇帝、教皇与拜占庭之间的矛盾。他们都施展手腕、互相倾轧。1059 年，教皇尼古拉二世认可吉斯卡尔为阿普利亚公爵，以换取诺曼人与其一致对抗罗马贵族的允诺。当时，尤其是那些有着改革倾向的教皇都在试图摆脱罗马贵族的控制。1060 年，吉斯卡尔将拜占庭人赶出了卡拉布里亚。1071 年，尽管拜占庭人有威尼斯的支持，吉斯卡尔仍攻克了巴里与布林迪西。这两座城市是拜占庭在意大利残余势力的中心。1077 年，萨勒诺的伦巴第公国也失守了。1081 年，吉斯卡尔越过亚得里亚海，却在准备攻打君士坦丁堡时去世了。

1038 年，拜占庭人征募诺曼人为雇佣兵，试图从摩尔人手中夺回西西里岛，结果失败了。最终，罗伯特·吉斯卡尔的季弟罗杰一世重新占领了穆斯林统治下的西西里。1072 年，巴勒莫被攻克。1091 年，罗杰完成了对全岛的征服。他的儿子是西西里国王罗杰二世（1105—1154 年在位）。罗杰二世在堂弟威廉 1127 年去世时，掌握了阿普利亚公国的统治权。后来，罗杰二世又继续统一了整个意大利南部。1130 年，他利用教皇权力分裂的大好时机，与两位相互竞争教皇宝座中的一位达成协议，获允建立新王国。接着，他在 1130 年圣诞节那天被加冕为西西里国王。这是一次诺曼征服。尽管耗时更久，但却丝毫不逊色于 1066 年征服者威廉对英格兰的诺曼征服。

罗杰的例子说明，在巩固政权时，长期存在着种种问题。但是，罗杰在确立自己的地位时，面临着新王国内部及外部更广泛的极力反对。（神圣罗马帝国）皇帝此前曾宣称对意大利的所有权，拒绝认可新王国，并在 1137 年举兵入侵。教皇也反对罗杰的做法，因为之前在 1130 年为罗杰加冕的教皇阿纳克莱图斯二世后来在教权分裂斗争中失败了。阿纳克莱图斯的行为旋即被他获胜的对手认定为非法。战火在意大利南方持续到 1139 年，其中的重要事件包括罗杰攻克卡普亚（1134 年）、那不勒斯（1138 年）与巴里（1139 年）。

西西里岛与意大利南部同外界有着明显的文化交流。两地具有深厚的摩尔、拜占庭与北欧特征。这种富有成效的交流见于巴勒莫的建筑与宫廷中，也存在于诸如地图绘制这样的脑力劳动中。罗杰定都巴勒莫。因为与锡拉库扎相比，从巴勒莫更易由海路抵达那不勒斯，而且，罗杰也将西西里治理得特别好。

《罗杰之书》

穆罕默德·伊德里希世界地图是伊斯兰地图绘制史上的卓越成就，它彰显了西西里的国际性。这幅为罗杰二世绘制的地图完工于 1154 年，被雕刻在一块银碑文上，最终在 1160 年被毁。穆罕默德·伊德里希也创作了一本地理纲要《远方乐游之书》，它又名《罗杰之书》。这本书中有一幅世界地图与 70 幅分区地图。他解释说，罗杰希望"能准确知道自己领土的细枝末节，并掌握这些确凿知识"。穆罕默德·伊德里希利用了托勒密的资料。

诸王国的政治斗争

在更北的地方，意大利因为德国神圣罗马帝国与教皇间旷日持久的激烈权力斗争而深受其害。从理论上说，二者本应团结一致、相辅相成，事实上，意大利权力政治分歧严重，意识形态矛盾突出。分歧与矛盾集中在对最高权力的争夺上。教皇自诩为西方基督教王国的主要组织者与未来协调人，而且是高于拜占庭教会的存在。

在叙任权斗争中，野心勃勃、意志坚定的教皇格列高利七世（1073—1085年在位）联合了神圣罗马帝国皇帝亨利四世（1084—1106年在位）的对手们，削弱了皇权。亨利被迫表示忏悔，并在1077年亲往卡诺萨请求宽恕。这是历史上著名的一幕，尽管它最终只暂时结束了持续不断的争端。教皇获得了来自大部分群居团体（城镇）的支持，而皇帝们往往得到了贵族阶层的支持，他们也会支持自己选择的对立教皇。有时，米兰作家会直接诉诸罗马共和国的历史，以反对德意志帝国的装腔作势。

但是，反过来，教皇们在教会与地方上都有许多对手。这种斗争与上述意大利南部的斗争同时发生。它提醒我们注意，意大利历史具有同时性。教皇向罗伯特·吉斯卡尔寻求支持。1084年，吉斯卡尔在亨利围攻罗马时去解救教皇。但是，他的军队接着洗劫了这座城市。教皇格列高利被逐出罗马，并于1085年5月在流亡中死在萨勒诺。

对抗继续着，城市因此四分五裂，并与固有的派系斗争交织叠加。对抗与派系斗争的相互作用使积怨备受关注、变得复杂，宿怨不仅继续存在，还愈演愈烈。自13世纪初起，当时与后来的这些派系通常被称为归尔甫党（教皇党）与吉伯林党（皇帝党）。但是，这种与皇帝们及其对手们的联系常常是靠不住的。它是皇帝为了赢得外援而做出的尝试，并非当地分歧的诱因。

皇帝们屡次支持对立教皇与教皇争夺权柄。但是，全民的教皇与统一的天主教理念屹立不倒。每次分裂教权的问题都得到了解决。反过来，当皇帝们在与对手你争我夺之际，教皇乘虚而入，在意大利开疆拓土。不过，他们因此不得不守住自己的疆域。在某种程度上，这些争端导致意大利在现代国家内部的城堡数量比在边疆地区及其附近多得多，在与英格兰相比时尤为如此。

在意大利北部有另一位皇帝，那就是腓特列一世·巴巴罗萨（1152—1190年在位）。巴巴罗萨致力于在意大利保持并扩大皇权。1176年，伦巴第同盟城市在莱尼亚诺战役中打败了巴巴罗萨。这个联盟建于1167年，包括科莫、贝加莫、诺瓦拉、韦尔切利、米兰、布雷西亚、亚历山德里亚、皮亚琴察、曼图亚、帕尔马、雷吉奥、摩德纳、费拉拉、波洛格纳、伊莫拉与里米尼。巴巴罗萨（绰号意为"红胡子"）被迫在1183年签订的《康斯坦茨和约》中承认这些城市自治，并将它们的自治权作为帝国主权的一部分。这次斗争中也包含着另一场教皇权力的分裂。

1186年，巴巴罗萨的儿子亨利六世皇帝（1191—1197年在位）迎娶了西西里王国的女继承人。由于西西里王国统治着意大利南部及西西里岛，亨利六世通过联姻确立了自己在该地区的权威。但是，他英年早逝。如果没有这次的死神光临，意大利历史也许会大不一样。这是意大利历史上许多的可能性之一。这种进程持续到现在。

腓特列二世是亨利六世与西西里的康斯坦斯之子。这位天赋异禀的君主炫耀着自己的雄心壮志，当时人们称之为"世界奇迹"。腓特列在意大利南部长大。1198年，他登上王位成为西西里国王，1220年被加冕为神圣罗马帝国皇帝。他试图巩固自己在意大利的皇权，却在1245年被教皇英森诺四世逐出教会并废黜，而且，腓特列也遭到了来自伦巴第同盟城市的反对。在他度过了人生大部分时光的西西里，腓特列血腥镇压了一场始于1189年的穆斯林起义。这次反叛导致西西里岛的内陆山地成了事实上的独立国。那里的人反对基督徒，并向别处的穆斯林列强寻求帮助。1220—1224年、1244—1246年，腓特列先后两次发动了一系列战役，摧毁西西里的穆斯林群体。虽然腓特列在科特努奥瓦（1237年）打败了对手们，但是他在意大利其他地方的对手们做得要成功得多，其中就包括在1226年再度复兴的伦巴第联盟。在但丁看来，执政期到1250

年才结束的腓特列是最后一位真正意义上的皇帝，因为他的继任者们从未去意大利在罗马接受过加冕。在第六次十字军东征中，腓特列占领了耶路撒冷，并于1229年在那里为自己加冕。

腓特列醉心人文学科，热爱精神生活。1224年，他成立了那不勒斯大学。这所大学至今仍然沿用他的名字。在腓特列的多数老师中，有一位通晓包括阿拉伯语在内的六国语言的犹太学者。阿拉伯、希腊与犹太学者会聚到他的宫廷中。在建筑领域，腓特列也是一位至关重要的人物。他推动了阿拉伯与希腊科学向意大利以及更广阔的欧洲地区的传播。同时，他发展了早期意大利口头语言及文学。

腓特列的长子康拉德四世（1250—1254年在位）继续着与教皇的斗争，但他儿子康拉丁（1254—1258年在位）西西里国王的王位被腓特列非婚生的次子曼弗雷德（1258—1266年在位）篡夺了。这使教皇亚历山大四世（1254—1261年在位）进一步推进了英诺森三世（1198—1216年在位）发展起来、长期存在的教皇对皇权的反对，宣布王权被剥夺。法裔教皇乌尔班四世（1261—1264年在位）将王位献给了法兰西国王路易九世，路易又将王位传给了他的弟弟，即安茹的查理。1266年，法裔教皇克莱芒四世（1265—1268年在位）加冕查理为西西里国王。同年，作为十字军东征的一部分，查理在贝内文托之战中击败了曼弗雷德（曼弗雷德战死）。在塔利亚科佐之战（1268年）中，查理打败了康拉丁，并在那不勒斯将其处决。康拉丁在集市广场上被斩首后，人们把他安葬在了那不勒斯的圣母圣衣圣殿。这次行刑结束了霍亨斯陶芬国在意大利南部的统治，把西西里王国转移到了安茹王族，即安茹统治者们的手中。他们是法国皇室的一个支系。

这次转移的全面影响只持续到1282年。它提醒我们注意，自罗马灭亡后，意大利历史风云诡谲，由此导致的政治巩固工作也是艰巨的。随后，在所谓的"西西里晚祷起事"中，西西里因为承受着来自安茹的查理所施加的沉重赋税压力而反叛了，并向阿拉贡家族求助。阿拉贡家族就是西班牙东部的统治者们。"西西里晚祷起事"之所以叫这个名字是因为起义是在晚祷开始时爆发的。阿拉贡国王佩德罗三世成了西西里国王彼德一世。直到那不勒斯的最后一位安茹统治者乔万娜二世去世时，西西里与那不勒斯依然是彼此独立的。1435年，在阿拉贡的统治下，那不勒斯与西西里合并。14世纪，尤其是在1343年那不勒斯国王罗伯特去世后，政治分裂、法纪崩坏，严重损害了意大利本土南方地区的经济。与此同时，阿拉贡人在经历了14世纪的激烈冲突后，征服了撒丁岛。虽然岛上的撒丁人皈依了基督教，但他们依然大批地遭到阿拉贡人的奴役。

在安茹王族的统治下，那不勒斯教堂建筑朝着独特的方向发展，尤其是宽体教堂的建造。其中几座建在老城中，特别是由罗伯特国王修建的圣基亚拉教堂中的方济会修道院。这些教堂是意大利文化交流的证明，而且这种交流也造就了意大利的多样性。在南方，意大利与其他地中海社会的交流尤为明显。其中，意大利与西班牙、法国南部及更加传统的伙伴希腊之间的联系日益增多。

8世纪，法兰克统治者们已将大部分意大利中部地区分封给了教皇。但是，由于诸教皇无军权以行恫吓、保护之实，事实上，他们很难将自己实行有效控制的区域拓展到紧靠罗马的其他地区。亚平宁山脉东侧的土地实际上是独立的。1115年，虔诚的托斯卡纳女伯爵马蒂尔达在去世时遗赠给教皇的土地也出现了同样的问题，尤其是因为皇帝们拒绝承认捐赠的效力。12世纪40年代与50年代初，牧师布雷西亚的阿诺德对教皇的财富与权力表示不满。他试图建立一个新的罗马共和国，结果失败了。1155年，国王腓特列一世·巴巴罗萨下令处决阿诺德，当时教皇与国王达成了短暂的和解。

中世纪早期，教皇国历经浮沉。在精力充沛、野心勃勃的英诺森三世的统治下，教皇国不仅大力改善了教皇的行政管理，还试图实现领土主张（与意识形态要求）。英诺森的继任者们继续推进这种尝试，由此导致意大利国内政治矛盾激化。由于国王宣布放弃领土并为教皇"诏书"保驾护航，教皇权威扩展到亚得里亚海，并向北触及波河地区。尽管该区域大部分地区仍处于封臣统治之下，教皇们却开始了对自己领土更加有效的组织，建立起由教会牧师管理的省份。教皇执政水平高于大多数地方亲王，但也存在着严重的局限性。例如，756 年，法兰克统治者矮子丕平将斯波莱托公国赠予教皇司提反二世。事实上，斯波莱托公国被分裂成许多自治镇。教皇也遭到来自平民主义的反对，包括罗马本身。1347 年，柯拉·迪·黎恩济成功煽动罗马市民起义反抗贵族统治。他在遭到驱逐后于 1354 年卷土重来，结果死于敌方起义。

虽然围绕着波尼法修八世（1294—1303 年在位）存在着种种传闻，但是自格列高利七世（1073—1085 年在位）以来的大多数中世纪教皇都是相当有德行的，尤其是在性的方面。像第二位波吉亚教皇亚历山大六世（1492—1503 年在位）那样堕落就很不应该。为了使他的一众侄子、私生子与其他家族成员渔利，亚历山大授予他们教会职位与领土，并在意大利权力政治中充当他们的保护伞。诸如英诺森四世（1243—1254 年在位）一般的教皇们也参与到这种王朝政治之中。英诺森曾创作过大量晦涩难懂的关于教会法规的论述。1244 年，他宣布发动第七次十字军东征。

波尼法修八世试图重申教权高于俗权的观点，结果激怒了法兰西国王腓力四世。1303 年，腓力派人将波尼法修绑架了。拿破仑后来也用了这种手段。波尼法修的继任者是法国人克雷芒五世（1305—1314 年在位）。1309 年，克雷芒迫于腓力四世的压力，将教皇所在地移至阿维尼翁。直到 1377 年，教皇权力才重新回到罗马。数月后，充满争议的新教皇选举引发了一场极其严重的新教权分裂。这场分裂直到 1415 年才结束。1307 年左右，但丁开始创作《神曲》。在书中，但丁把法国统治者们称为站在娼妇旁的巨人，而娼妇代表着腐败的教皇。安茹的查理占领了意大利南部及西西里岛，反法情绪因此泛滥。东西教会大分裂正是基于这种影响而产生的。这类似于 17 世纪时人们对西班牙的反抗情绪。

另一方面，天主教会修士新教团的成立彰显了教会的精神活力，尤其是亚西西的方济各创办的方济各会（在 1210 年获得教皇认可）。与此同时，教会利用这种精神活力，展现出巨大的能量。方济各会修士积极履行牧师职责，而不是遵从隐修制度的避世观。后者曾是基督教活动的重要领域，此前意大利在该领域地位显赫。人们从一些著名的本笃会修道院中可以看出端倪。例如，529 年，圣本尼迪克特建立的蒙特卡西诺修道院，以及 9 世纪时米兰的马焦雷修道院。在贝内文托的德西德里乌斯的统治下，蒙特卡西诺修道院度过了“黄金时代”。自 1058 年起，维克托三世出任蒙特卡西诺修道院院长。1086—1087 年，他升任教皇。修道院、大教堂与其他教堂给意大利留下了数量惊人的罗马式建筑。例如，11 世纪时布雷西亚与韦尔切利的旧主教座堂（旧教堂）。

在天主教会修士的努力下，新教堂与其他基督教会建筑物在许多城镇拔地而起。例如，1227—1367 年，人们在亚西西为圣方济各建造的圣方济各圣殿，还有 1261 年落成于维琴察的圣冠教堂。圣冠教堂中收藏着一件圣物，即耶稣受难荆棘王冠。这些教堂及其他此类建筑为艺术活动，尤其是壁画与祭坛装饰品，提供了大量空间及巨大资助。当时重要的画家包括契马布埃（约 1240—1302 年）及其弟子乔托（约 1266—1337 年）。二人均推动了人形描绘法的发展，尤其是通过引入特征描述与个人特征绘画的方式，正如乔托在 1303—1305 年创作于帕多瓦的史格罗维尼礼拜堂的多幅壁画所展示的那样。乔托对亚西西教堂的壁画创作也做出了重要贡献。尽管有些大学存在的时间不长，但意大利创办了多所大学，尤其是博洛尼亚大学（1088年）、维琴察大学（1204年）、阿雷佐大学（1215年）、帕多瓦大学（1222年）、那不勒斯大学（1224年）、罗马大学（1245年）、锡耶纳大学（1240年）、皮亚琴察大学（1248年）与佩鲁贾大学（1308年）：维琴察大学于1209年关闭，而皮亚琴察大学也是短命的。

当时的社会强调，天主教会修士应与世俗信徒团结一致，正如后来对16世纪反宗教改革的强调一样。由虔诚的俗世信徒组成的兄弟会在社会福利领域起了关键的作用。与此同时，这种世俗虔信可能产生如清洁派（阿尔比派异端）一般离经叛道的边缘群体。清洁派通过传教士由法国传入意大利北部。清洁派教堂与学校建立了起来。

意大利北部继续在名义上效忠于帝国。但是，该地区的许多城市，尤其是米兰，长期以来都享有极大的自治权。这由此还导致一些城市建起了共和市镇。这些地方为获得正统性，回溯过去的独立主张，有些主张甚至还导致人们不失时机地捏造史实。

曼托瓦的起源

大约在1307年，但丁·阿利基（1265—1321年）开始创作《神曲》。他在书中描绘了古罗马诗人维吉尔家乡的起源。这一描述强调了个体起源神话的活力与神秘学的作用。书中写到，女巫曼托在明乔河河谷的一块沼泽地边走边找，在一处无人居住的地方安顿了下来，"最终，四散的人们聚拢在那个镇上。由于四周都是沼泽，镇子安全稳当。在那里，在尸骨之上，他们建起一座城镇"。事实上，不太具有戏剧性的是，这座城市的定居者是公元前10世纪的伊特鲁里亚人。

佛罗伦萨充分体现了国内城市政治与国际权力政治相互作用的结果。1267年，吉伯林党（皇帝党）遭到驱逐。1289年，他们试图推翻这一结果，却又被打败。但丁参与了坎帕尔迪诺战役。归尔甫党取胜后，在1284年颁布了一部民主宪法。宪法剥夺了佛罗伦萨所有贵族的权力，但是自1296年起这些人通过加入协会重获特权。但丁正是通过这种方式在1300年成为政府成员的。同年，佛罗伦萨的归尔甫党分裂成黑白两派，其中一派寻求教皇波尼法修八世的支持。波尼法修劝说法兰西国王腓力四世之弟，瓦卢瓦的查理，掌握控制权。1301年，查理代表归尔甫党黑白两派中的一方介入，结果导致但丁在1302年开始逃亡。最终，但丁寄希望于卢森堡伯爵、神圣罗马帝国皇帝亨利七世（1308—1313年在位）。他介入了意大利争端，两位教皇使节在罗马为他举行加冕仪式。亨利围攻佛罗伦萨，但未能拿下这座城市，后来在比萨死于高烧。

但丁在《论帝制》中称，皇帝与教皇均直接听命于上帝，二者各司其职。因此，教皇不应具有世俗权威。这种观点在教皇的批评者中有一些影响，并得到了尼可罗·马基雅维利（1469—1527年）及其友人弗朗切斯科·圭恰迪尼（1483—1540年）的发展。尤其是，圭恰迪尼在他的《格言集》中宣称，有必要实行完全的政教分离。但是，这种观点直到18世纪末才得到广泛的政治认同，并在19世纪时获得更多支持。但丁在《神曲·炼狱篇》第六章中悲叹意大利的境遇：

> 啊，为奴的意大利，悲痛之屋，
>
> 暴风雨中没有领航员的船只，
>
> 不是诸省女王——而是一家妓院！
>
> ……如今战乱让你的人民永无宁日，
>
> 虽然生活在一墙之内……

同胞自相残杀，

啊，本应虔敬奉主

让皇帝坐在马鞍上的神职人员，

如果你们听从上帝的指示！

看这牲口如今已变得多么不驯，

因无马刺让它走上正轨，

因你们将马勒紧握手中。

　　虽然佛罗伦萨仍是共和国，但是在 13 世纪末，许多其他城市已处于领主家族的控制之下。在很大程度上，这是由内部派系分裂与由此产生的实行更强有力统治的需要共同造成的。为了实行更强有力的统治，人们会赋予一位领导人更大的权力。或者，某人会夺权并使自己的权力世代沿袭下去。例如，自 1263 年起统治维罗纳城的戴拉·史卡拉家族在 14 世纪中叶达到权力顶峰。坎格兰德一世·戴拉·史卡拉（1308—1329 年在位）不断扩张家族势力，直到他们与维斯孔蒂家族一道，共同统治伦巴第地区为止。他是但丁、乔托与彼特拉克的赞助人。马斯蒂诺二世·戴拉·史卡拉（1329—1351 年在位）将家族的控制权扩张到了卢卡，后来又包括帕尔马。但是，马斯蒂诺毁灭性地透支了自己的资源，并最终导致家族在 1387 年垮台。

　　对维斯孔蒂家族而言，米兰大主教奥东·维斯孔蒂（1295 年逝世）为家族势力打下了基础。自 1395 年起，维斯孔蒂家族就是世袭的米兰公爵了。阿佐·德·埃斯特（1205—1264 年）在费拉拉确立了埃斯特家族的权威。费拉拉的统治者职位在家族中世代相传。埃斯特家族兼并了摩德纳与雷吉欧（1406 年）。1328 年，贡扎加家族在曼托瓦夺权。那里的总督宫与圣安德烈教堂都是贡扎加家族实力与财富的象征。1472 年，卢多维科二世·贡扎加为存放一件金制圣器，委托莱昂·巴蒂斯塔·阿尔伯蒂建造了圣安德烈教堂。据说，这件金器内盛放着浸染了耶稣鲜血的土壤。

与亲王们的统治一道，其他城市的管理也是个问题。因此，14世纪初，锡耶纳接管了位于托斯卡纳南部的采矿中心，即马萨马里蒂马。到目前为止，威尼斯还未开始在意大利大陆或者说陆地上的扩张。相反，威尼斯致力于拓展位于现代克罗地亚的达尔马提亚海岸地区的领土。人们今天依然可以看到威尼斯对那里及爱琴海地区的影响。1204年，在第四次十字军东征中，威尼斯猛攻君士坦丁堡，由此导致拜占庭权力危机。在很大程度上，威尼斯在爱琴海地区的胜利极大地得益于由它造成的这次拜占庭权力危机。1203年，因为十字军没有足够的钱付给威尼斯，让威尼斯带领他们前往圣地，威尼斯人就让十字军先攻下了达尔马提亚的扎拉港口，接着攻击君士坦丁堡。威尼斯人控制了拜占庭帝国的重要阵地，并于1212年占领了克里特岛。这些战役展示出威尼斯在开展复杂联合军事行动时的专业知识与能力。

直到1339年，威尼斯才改变了在陆地兼并特雷维索尔市的政策。热那亚人与威尼斯人为争夺海上霸权，先后引发了四场战争。这一系列的战争始于1253年，终于1378—1381年的基奥贾战争。运载着弩手的划桨帆船已经取代了13世纪初意大利战舰中那些装备着斜挂大三角帆的船只。突袭、攻占港口和群岛，以及有效运用划桨帆船长途跋涉使这些战争发生了本质性变化，成了一系列联合军事行动。热那亚人为了封锁威尼斯，并以饥饿迫使那里的人投降，在战斗中展现出非凡的勇气。他们在威尼斯核心地区正前方，攻占了与威尼斯对望的群岛，即基奥贾岛。如此一来，热那亚人在潟湖地区的严密封锁中就能为自己的划桨帆船提供给养了。他们也与从东面攻击威尼斯的帕多瓦陆军展开紧密合作。

对此，威尼斯以周密计划与完美执行的结合作为回应。在夜幕的掩护下，装满石头的海船完全封锁了连通基奥贾与亚得里亚海的三条航道。威尼斯划桨帆船与来自大陆的部队声东击西，攻击布伦多拉，旨在从南面保卫基奥贾。结果，卫戍部队孤立无援，最终被迫投降。因此，威尼斯人把热那亚人赶出了亚得里亚海北部地区，而那里是威尼斯向意大利本土扩张的基地。由于热那亚人试图切断从西西里岛向威尼斯的粮食供给，这场冲突显示出后勤及金钱的重要性：热那亚有经济实力继续建造、更换划桨帆船，收买扮演着重要角色的雇佣兵。

意大利北方支离破碎的权力结构与南方（在理论上）更加稳固的状况形成了对比。在北方，"政府"在本质上是控制着周边农村的一座城市或城市群。通常而言，城市管理得到了地方名人的帮助。相反，12—13世纪，在意大利南方地区，统治西西里岛与那不勒斯的王国在统治范围、权力和结构方面能与欧洲其他地方的发达国家相媲美，例如，法兰西与英格兰。但是，鉴于14世纪英格兰的统治者们在全国范围内展示自己的权威、行使权力，法兰西统治者们的权力受到了挑战。竞争尤其来自但不仅限于勃艮第公爵们及英格兰统治者们的领土主张。相似地，在1282年西西里王国分裂后，那不勒斯王国的本土管理问题日益严重。

在发生于阿维尼翁的教皇"巴比伦之囚"时期，教皇国内的教皇权威与权力遭到极大破坏。然而，英诺森六世（1352—1362年在位）任命精力充沛的吉尔·艾瓦雷兹·卡利罗·德·阿尔沃诺斯为托莱多大主教、枢机主教、教皇使节与意大利代理主教。

14世纪五六十年代，阿尔沃诺斯极大地恢复了教皇权威。1354—1357年，他降服了维泰博大公乔万尼·德·维科、米里尼统治者加莱奥托·马拉泰斯塔、乌尔比诺的蒙特费尔特罗家族、拉韦纳的波伦塔家族、法恩扎的乔万尼·曼弗雷迪，并降服了安科纳市，而且，阿尔沃诺斯也控制着教皇国的行政机构。14世纪60年代，阿尔沃诺斯掌握了博洛尼亚的控制权。但是，他发现要想镇压雇佣兵是件十分困难的事。1366—1367年，阿尔沃诺斯遭遇了坎帕尼亚反叛。

直到教皇马丁五世（1417—1431年）统治时期，教皇国的教皇权威才真正恢复。这位科隆纳家族成员的当选终止了东西教会大分裂。当他成为教皇时，教皇权威在很大程度上局限于罗马及其周边地区，而"教区牧师"作为事实上的世袭贵族则控制着教皇国大部分地区。1424年，马丁凭借那不勒斯的支持，打败了控制着翁布里亚的雇佣军指挥官布拉乔·达·蒙托内。同年，马丁取得了博洛尼亚的控制权。

意大利北方最强大的国家是在维斯孔蒂家族统治下的米兰，而维斯孔蒂家族中最精悍的人要数吉安·加莱亚佐·维斯孔蒂（1351—1402年）了。1378年，他继承了父亲加莱亚佐二世的王位，并与叔叔贝尔纳博共同管理着米兰。但是，1385年，他派人把贝尔纳博抓了起来，自己成了唯一的统治者，次年，贝尔纳博遇害。这样的所作所为让意大利国内外都为之哗然，众人知道意大利政坛上出现了一位骇人听闻的人物。

随后，意志坚定、凶残暴虐的吉安·加莱亚佐迅速扩大了他继承来的领土，尤其是通过占领维罗纳与帕多瓦的方式。这也使他成了意大利东北部地区最强大的统治者。维斯孔蒂家族在吞并锡耶纳后，势力范围扩展到了托斯卡纳。他们利用亚平宁山脉以东地区教皇势力的薄弱，暂时占领了博洛尼亚。1387年，吉安·加莱亚佐开始建造米兰大教堂。这座哥特式风格的大型建筑使用了大量大理石，直到1892年才落成。随后，它在1960—1989年又经过修复与加固。1396年，吉安·加莱亚佐开始建造一座陵墓与私人礼拜堂，即切尔托萨（查特豪斯）-迪帕杜拉。但是，这座建筑直到16世纪才完工。因此，它也就显示出向文艺复兴风格的转变。吉安·加莱亚佐在推动永久性外交官体制的建立与发展方面，起到了关键作用。这一体制得到早期的外交部，也就是衡平法院的大力支持。意大利将在现代外交发展史上扮演重要角色。1395 年，吉安·加莱亚佐从皇帝手中购得米兰公爵的称号，巩固了维斯孔蒂家族的势力。但是，权势实质上来自他集结起来的一支大部队。吉安·加莱亚佐自比为尤利乌斯·恺撒，但他的对手们觉得他是个像尼禄一样的暴君。正如通常的情况那般，罗马世界为人们提供了重要的参照系。

社会发展的连续性

与统治者起起浮浮、城市兴衰荣枯同时发生的，是社会在技术限制不断的世界中运行时的连续性。在本章提及的数百年间，经济进程发展缓慢。建筑物自始至终都得到了利用，而且通常是重复使用。7 世纪时建造的锡拉库扎大教堂是建在公元前 5 世纪雅典娜神庙基础上的。1281 年，马丁四世曾在奥尔维耶托的圣安德烈教堂被册封为教皇。这座 7 世纪教堂的原址是一座罗马神庙，而罗马神庙的墙壁又是由伊特鲁里亚人堆砌的。12 世纪，人们重建了圣安德烈教堂；15 世纪末、20 世纪 20 年代，这里又经历了扩建。

此外，主流意识形态的力量与延续使艺术家们探讨着相同的话题。1336—1341 年，博纳米科·布法马可在比萨墓园创作了湿壁画《死亡的胜利》《最后的审判》与《地狱》。人们常常在其他地方借用这些作品中的故事。

与连续性同时存在的是变化。商业贸易拓展到整个地中海及地中海以外的地区。随后，由于以纺织业与冶金业为代表的地方产业的发展，意大利北方成了中世纪晚期欧洲最先进的经济区。相比之下，意大利南方停滞不前，日益成为北方城市的粮食、原材料产地，尤其是热那亚与威尼斯。这导致南方对外贸易受到控制。此外，某些城市内的经济结构发生了变化，正如这些城市的相对地位一般。

在各个城市寻求优势的过程中，地缘政治、环境、矛盾与特性相互作用。例如，本来在 12 世纪时并非处在最前沿的佛罗伦萨在 13 世纪时形成了重要优势：人口增长与商业、制造业及银行业的重要发展相互作用。到 1300 年时，佛罗伦萨的人口也许已达到 12 万。因此，它与热那亚、米兰、威尼斯一道，成了意大利人口最多的四大城市。但是，黑死病（鼠疫）在 1347—1348 年来袭，此后还周期性复现。这给意大利造成了沉重打击。1348 年，近 60% 的佛罗伦萨人成为瘟疫的受害者。反过来，由于瘟疫给邻近的圣吉米尼亚诺镇居民及该镇经济带来重击，佛罗伦萨在 1353 年接管了那里。

第三章

文艺复兴与权力政治

这个时期的意大利最引人注目的就是文艺复兴了。它确实让人印象深刻，因为它有力地证明，人有能力构想出一个新世界，并向着这一愿景前进。

佛罗伦萨孤儿院的主题是艺术服务于道德世界。这座弃儿（被抛弃的儿童）医院创办于 1445 年。它的资金来源于富商弗朗西斯科·迪·马可·塔提尼的遗赠与佛罗伦萨丝绸行会的支持。1419 年，由建筑师菲利波·布鲁内列设计的佛罗伦萨孤儿院破土动工。布鲁内列也建造了佛罗伦萨大教堂那气势恢宏的穹顶。建筑师旨在通过孤儿院的柱廊表现出对即将在佛罗伦萨开始新生活的孩子们的欢迎。它与建筑物中委托创作的艺术品一道，给人带来满怀希望的愿景。然而，每一个被放在那里接受照料的孩子象征着失败、苦难，以及个人、家族与社会的耻辱。

敌对国家

以佛罗伦萨与威尼斯为首的周边城邦担心维斯孔蒂家族的扩张。1402 年，当吉安·加莱亚佐·维斯孔蒂意外去世时，佛罗伦萨与威尼斯趁机侵占米兰，扩大自己的地盘。但是，像比萨与锡耶纳这样在 14 世纪作为独立共和国幸存下来的较小城邦，日益感到无力自保。它们需要强有力的保护者来捍卫自己的地位。

维斯孔蒂家族势力衰落的主要受益城市是威尼斯。它向意大利本土扩张，推翻了帕多瓦的德·卡拉拉家族，占领了贝卢诺（1404 年）、维琴察（1404 年）、帕多瓦（1405 年）与维罗纳（1405 年）。1420 年，弗留利与乌迪内也紧随其后。威尼斯在另一次侵略战中拿下了布雷西亚，其中包括在 1426 年占领了加尔达湖上麦格尼菲尔帕特里亚的 34 个市镇，1428 年攻克贝加莫。威尼斯统治精英未能就是否值得为了这些领土而参战的问题达成共识。但是，到头来，扩张派获胜。起先，佛罗伦萨与罗马对这种扩张持欢迎态度，因为这是限制米兰势力的一种方式。1441

年，威尼斯吞并了拉韦纳。但是，在经历了动乱不安的统治后，威尼斯在 1509 年又失去了拉韦纳。这些占领地给威尼斯带来了包括铁、羊毛生产在内的经济利益与繁荣昌盛，同时也产生了新的行政职责。贵族阶级管理着威尼斯诸省。

吉安·加莱亚佐·维斯孔蒂的儿子菲利波·玛利亚·维斯孔蒂（1412—1447 年在位）恢复了米兰的势力，而且，菲利波的女婿、雇佣兵指挥官弗朗切斯科·斯福尔扎（1450—1466 年在位）利用自己的军事实力，在伦巴第自立为王，建立起斯福尔扎王朝。与威尼斯联手的斯福尔扎为攫取权力，镇压了短命的安布罗西亚共和国。作为一位卓有成效的统治者，斯福尔扎也控制了热那亚，尽管这并非永久性占有。

在更往南的地方，佛罗伦萨向托斯卡纳进行势力扩张，占领了阿雷佐（1384 年）。吉安·加莱亚佐·维斯孔蒂去世后，佛罗伦萨兼并了一度强大独立的比萨共和国（1406 年）。彼时，比萨已不再是能与热那亚抗衡的主要海上强国了，尤其是因为亚诺河河道的泥沙淤积。但是，1429 年，卢卡击退了佛罗伦萨的进攻，在保罗·圭尼吉亲王的短暂插曲后，保住了那里作为中世纪城邦的地位。

在许多城市内部，由于人们追求各自的派系、政治利益，矛盾丛生。与此同时，情况因城而异，部分原因是城市政治状况不同。威尼斯的控制遏制了维罗纳的暴力冲突，但暴力事件在博洛尼亚频频发生，而佛罗伦萨则居于二者之间。

文艺复兴

与此同时，这个阶段也是文艺复兴时期。文艺复兴运动对欧洲乃至世界文化都至关重要。在文艺复兴时期，人们对前基督教古典时期思想家、艺术家与作家的成就产生了更加深厚的兴趣，也加深了对它们的了解。数百年间，在西方基督教王国内，教育基本上囿于修道院内，而且主要涉及一些神学问题。人们的智力劳动集中在宗教教义上，绘画、建筑与音乐也主要服务于教会。这种情况持续到文艺复兴时期。但是，教育与艺术也更多地参与到了世俗事务中，并与世俗赞助人有关。

自13世纪起，尤其随着城市里中等教团财务状况的改善，富人能够为自己的子女，尤其是儿子们，寻求更好的教育机会。教育相当重要。维多里诺·达·费尔特雷（1378—1446年）是一位关键人物。他出身于贝卢诺一户穷苦人家，后来成了伟大的人文主义者，而且，维多里诺也许是文艺复兴时期最伟大的教育家。他受教并执教于帕多瓦。后来，维多里诺移居曼托瓦，在那里创办了一所学校。学校因拥有轻松愉快的氛围被称为"快乐之家"。 维多里诺在学校里不仅教授贡扎加家族儿童及其他名门望族的子女，还免费为许多穷孩子提供教育机会，对所有人一视同仁。学校教授希腊语、拉丁文、数学、音乐、艺术、宗教、诗歌与哲学，取消体罚，并特别强调体育活动的重要性。这所学校成为欧洲境内许多其他学校的重要典范。

教育与财富使新兴中产阶级开始雇用艺术家们来装点自己的居所，也有一些中产阶级喜欢花时间阅读、讨论文化话题。数学举足轻重，因为它有助于改进审计工作。复式簿记在意大利兴起。

文学，包括哲学在内，对文艺复兴的"黄金时光"也至关重要。这种活动与教育并未忽视拉丁语，但比过去更依赖于意大利语。与此同时，艺术资助使学者们得以拓展在修道院图书馆内的研究。他们在那里聚焦于拉丁及希腊文本。在此之前，那些都是被人忽视的内容。

自14世纪起，一群意大利学者在诗人彼特拉克的启发下，提出基于古典文学修订新教育大纲的观点。他们称之为"人文学"。这个教育大纲将包括五门重要学科：修辞学、诗歌、语法、历史与伦理学。尽管人文主义者（后来在19世纪时人们对这些学者的称呼）没有激进到拒斥基督教教义的地步，但是神学不在其中。相反，他们将争论的重点从人们如何侍奉上帝转到了品行高尚的人要如何行事上。人文主义成了一场传播更广的文化实践与文化事业。

文艺复兴时期，艺术活动百花齐放。拉斐尔、米开朗基罗与列奥纳多·达·芬奇这些重要人物时至今日依然声名显赫。一个更广大的群体此前将整套重要技能推向前进，他们的成就为文艺复兴美术三杰打下了基础。例如，这可见于人们对透视法的理解与展现，尤其是马萨乔在佛罗伦萨圣母圣衣圣殿中创作的湿壁画（约1425—1428年）上。还有就是人们对人体的描绘，正如多纳泰罗的雕塑作品一般，尤其是他的《圣乔治像》（约1416—1417年）与《大卫》（约1440—1450年）。这两件作品均收藏于佛罗伦萨的巴杰罗美术馆内。建筑也受到了古代的影响，恰如菲利波·布鲁内列斯基为佛罗伦萨大教堂设计的穹顶一般。这个全世界最大的穹顶建于1420—1436年，它构成了城市独特的天际线。

文化创造力在许多不同背景下崭露头角，在威尼斯、罗马与佛罗伦萨尤为重要。15世纪，佛罗伦萨的文化创造力尤为引人注目，正如洛伦佐·吉贝尔蒂为洗礼堂设计的铜门所展现的那样。相比之下，16世纪，罗马与威尼斯的地位变得更加重要，尤其是罗马有拉斐尔与米开朗基罗的作品，威尼斯有乔尔乔内、提香与丁托列托的杰作。这些人只是许许多多画家中最为杰出的代表而已。

现实背景的重要性有助于造就文艺复兴的多样性，并为其注入活力。佛罗伦萨历史学家弗朗切斯科·圭恰迪尼认为，由意大利地区划分带来的多样性与竞争造就了人们的高超技艺。这些分区当然有利于独立，尤其是对一些城市而言，而且，它也为意大利独特城市文化的产生创造了机会。与此同时，城市事实上竞争激烈、高度政治化。到头来，一些结果更有利于艺术成就的取得与智力活动的开展。尤其是，在许多城市里，精英阶层将自己包装成贵族阶级的尝试，事实表明是重要的。

无论是共和制还是宫廷式的城市，都不是艺术活动展开的唯一场所。那不勒斯君主政体下的意大利及意大利南方也同样重要，还有农村与领主地区的赞助人。人们需要针对这些问题展开更多研究。当时流传下来的一件与众不同的艺术遗产是保拉圣方济教堂。保拉就是这座教堂的所在地，毫无吸引力的布里亚的保拉镇的名字：这位 15 世纪的圣人建造了这座教堂，用壁画诉说着自己创造的奇迹。

文艺复兴思想既试图理解新（以及复兴的）信息，又想将它系统化，以提供一种能够用于理解、阐释知识的自然哲学。文艺复兴提出了善政的典范，尽管它也展示出不留情面的实用主义，尤其是佛罗伦萨人尼可罗·马基雅维利在《君主论》（1532 年）中提出的观点。这部指导人们夺权的指南有些部分写得尖刻、嘲讽而富有洞见。新旧思想并存、相互碰撞，正如人们对科学与占星术的理解一样，尤其是所谓的天体周期运行对人类生活的影响。这个话题在当时备受关注。

合理解释世界的尝试事实是通过人们对自然界及基督教的研究来促进这两方面的互相理解的。这个目标旨在保障和谐的社会关系，从而带来和平、实现神圣目标。这个目标将脑力劳动与宗教联系在一起，使炼金术与魔法相连。和谐是秩序的对应物。人们认为和谐的本质是善，和谐也是实现善的一种方式。在《地理学七日》（1482 年）中，佛罗伦萨人文主义者弗朗切斯科·伯林吉耶里写了一首诗描述世界，并以 26 幅雕版地图加以说明。他沿用了托勒密在公元 2 世纪时创作的《地理学指南》

中的秩序，也提供了自认为合适的道德规范。他从但丁的《神曲》中汲取灵感，向人们传播基督教道德观。

艺术是其中的一部分。在透视法的发展史上，人们用数学来理顺空间关系。绘画中更准确的精度是显示上帝的安排与人类领域的一部分。艺术家也是数学家，这在莱昂·巴蒂斯塔·阿尔伯蒂（1404—1472年）身上表现得尤为突出。伯林吉耶里则为人们提供了佛罗伦萨城内部地理特征的透视图。城市景观反映出人文主义知识的运用，反映出美化后的佛罗伦萨作为新文化先驱的地位，反映出旧城市共和国的复兴，尤其是威尼斯以崭新的形象出现在世人面前。文艺复兴时期的统治者、建筑师与艺术家们关心的问题是，如何通过图画从视觉上捕捉整座城市，能够且应该通过新建筑工程改造全城。透视法让人们再度对远景及与之相关的和谐布局产生兴趣。在文艺复兴时期，乌尔比诺是主要绘画中心之一。当时，那里的人们对创作出形式完美、比例协调且完整统一的实物兴趣深厚。这种兴趣体现在他们对理想化城市的痴迷上，也许其中最著名的要数用透视法描绘的虚拟城市景观了。人们通常认为，这件作品出自皮耶罗·德拉·弗朗西斯卡之手（约1400—1492年）。

也有人试图建造这样的城市景观：15世纪末，比亚乔·罗塞蒂在费拉拉设计了《埃尔科莱新区》。这是最早明显基于透视法创作的城市设计图之一。罗塞蒂试图在人文主义原则与城市建造需要之间实行平衡。人文主义原则与建筑的外形与体积有关，而建造秩序井然的城市需要综合考虑空地、地方习俗等因素。1459—1462年，埃内亚·皮科洛米尼（后来的教皇庇护二世）下令按照贝尔纳多·罗塞利诺的设计，重建皮恩扎的托斯卡纳村庄。罗塞利诺就采纳了阿尔伯蒂的想法。与贡扎加家族关系密切的萨比奥内塔就是16世纪时基于人文主义原则建造的理想城的典范。韦斯帕夏诺·贡扎加从无到有地建起了萨比奥内塔，旨在将其打造成艺术与文化的新型古典城市。

可以理解的是，这个时期的意大利最引人注目的就是文艺复兴了。它确实让人印象深刻，因为它有力地证明，人有能力构想出一个新世界，并向着这一愿景前进。人类具有可塑性，甚至于对一些人来说，人类的可完善性仿佛是一种希望。

然而，正如17世纪"黄金时代的荷兰"一样，这只是社会某一部分的文化。特别需要指出一点，在很大程度上，艺术赞助是奢侈品经济的一部分。它服务于王侯、教会及城市精英。文化展示是彰显政治、社会地位的方式。自15世纪中叶起，这种功能随着市民与公共艺术的衰退，变得日益重要起来。尽管市民与公共艺术在威尼斯依然重要，尽管教会提供了另一种形式的公共艺术，但是佛罗伦萨的美第奇家族充分利用文化彰显了自身的显赫地位。

许多其他城市也值得关注，包括贡扎加家族统治下的曼托瓦，尤其是在弗朗切斯科·贡扎加的妻子伊莎贝拉·德·埃斯特时期。她是文艺复兴时期的一位重要文化、政治人物，也是艺术家们最伟大的赞助人之一。在埃斯特家族统治下，费拉拉是文艺复兴时期意大利的重要中心。在蒙特费尔特罗家族统治下的乌尔比诺地位同样显赫。其中，总督宫就是一个非比寻常的地方。费德里科·达·蒙特费尔特罗在曼托瓦师从维多里诺·戴·费尔特雷，并对数学与建筑特别感兴趣。

1464—1465年，两位德国流亡者首次将印刷机引入意大利。事实表明，教皇保罗二世（1464—1471年在位）是个热心的赞助人。印刷工最初使用的是一种类似于手稿体的罗马字体。起先，在重要的出版业中心威尼斯，书籍被卖给一位也阅读手稿的人文主义精英。当时每本书的印刷量仅有近300册。但是，自1475年起，威尼斯的营销、出版、印刷量及定价都发生了变化。这种变化到15世纪80年代已相当确定了。人们强调实用性，用哥特字体为更广阔的市场印刷宗教及法律题材书籍。

权力政治

正如画家安德烈亚·曼特尼亚（1431—1506 年）为贡扎加家族创作的作品所展示的那样，艺术与战争并非水火不容。事实上，列奥纳多·达·芬奇当时就得到了包括法兰西国王弗朗索瓦一世与凯萨·波吉耳在内文武双全的国王们的支持。波吉耳聘请列奥纳多担任军事工程师。意大利诸邦你争我夺的雄心导致战火绵延，让人们在当时建起了不起的防御工事。例如，由西吉斯蒙多·马拉泰斯塔在里米尼设计的西斯蒙多城堡，以及费拉拉的埃斯特城堡。

战争的代价把交战双方拉到谈判桌前，正如 1453 年君士坦丁堡陷落后，土耳其给意大利带来挑战时的情形一样。这种威胁使教皇尼古拉斯五世（1447—1455 年在位）试图为意大利带来和平，并随后组建了反土耳其联盟。根据《洛迪和约》（1454 年）的规定，意大利的大国，即米兰、威尼斯、佛罗伦萨、那不勒斯，以及教皇，承认彼此的边界。此举为逾 20 载的和平打下了基础。米兰王位继承战争结束，佛罗伦萨与威尼斯最近的重要扩张成果也得到了巩固，安茹的勒内在法国及弗朗切斯科·斯福尔扎的支持下，恢复安茹王朝宣称对那不勒斯所有权的尝试也失败了。

直到威尼斯在 1480 年对费拉拉公爵埃尔科莱一世宣战前，意大利度过了近 25 年的相对和平期。虽然威尼斯面对着由几乎所有其他意大利国家组成的联盟，但在战争结束时签订的 1484 年和约中，威尼斯仍小有收获。更不幸的是，威尼斯人之前试图引诱法兰西国王查理八世入侵意大利，并许诺助其攻克那不勒斯。

这次尝试预示着1494年法国的入侵，法国入侵又引发了后来的"意大利战争"。这些战争不仅反映出意大利的种种分歧，还揭示了外部统治者新生出的或者说再度复燃的介入意大利的意愿。起先，最重要的外来势力是查理八世。1449—1453年，法国在与英格兰战争中最初的胜利，以及1477年勃艮第公爵，即大胆的查理的垮台，均让查理八世从中受益。因此，正如在通常情况下那样，意大利历史在某种程度上是强国竞争的产物。在意大利及别处，这种情况意味着，人们只有在更广阔的背景下讨论问题，才能准确讲述意大利历史。

当米兰公爵卢多维科·斯福尔扎向查理八世求助时，意大利国内各股势力间的平衡被打破了，外部势力重返意大利半岛。斯福尔扎担心，阿拉贡国王费尔南多二世的堂弟那不勒斯的阿方索二世（1494—1495年）正在煽动意大利人结成联盟，一致反抗自己。查理八世迅速做出反应，率领着一支由3万名士兵与150门大炮组成的队伍，在1494年9月初来到意大利。1495年，查理八世在一场战役结束后占领了那不勒斯。那场战役此前导致皮耶罗二世·美第奇在1494年被逐出佛罗伦萨。查理八世坚持安茹王朝对那不勒斯的所有权主张。同时，他还宣称，这是在为前往圣地的十字军东征建立大本营。一些支持法国及归尔甫党的意大利人对他的到来表示欢迎。

一方面，查理八世的成功招致意大利国内的反对，因为人们越来越怀疑他攫取整个半岛的野心；另一方面，查理八世的成功也引来两位怀揣雄心壮志的强大统治者的抵制：一位是神圣罗马帝国皇帝马克西米利安一世，他统治着奥地利及哈布斯堡王朝的其他领土；另一位是阿拉贡国王费尔南多二世，他统治着阿拉贡、西西里岛与撒丁岛。费尔南多是那不勒斯国王（1458—1494 年在位）费兰特（又称费尔南多一世）同父异母的弟弟，是卡斯提尔的伊莎贝拉一世的丈夫。费尔南多二世将意大利的利益与西班牙的资源结合在一起，自 1494 年起与威尼斯、米兰公爵卢多维科·斯福尔扎及教皇亚历山大六世（1492—1503 年在位）一道，组成圣马克联盟。1495 年，西班牙军队从西西里岛来到意大利本土南部地区。1495—1496 年，法国军队被赶出意大利。这场胜利进一步刺激了费尔南多对意大利南部的兴趣。

现代防御工事

由于大炮在对抗高耸的石墙这种静态目标时变得日益有效，人们不得不重新设计防御工事，以打造更低、更密、更复杂的军事目标。今天，人们仍然可以看到一些这样的防御物。通常为四边形或五边形的堡垒，成角状沿城墙等距排列。这种堡垒旨在将围城军挡在内墙外，它也为人们提供了炮座，可以让守军从侧翼对进攻者进行有效射击。用土加固的设计可以把炮火对防御工事造成的影响降到最低，倾角有助于干扰炮弹、挫败进攻。在某种程度上，文艺复兴时期艺术作品中理想化辐射状城市的平面图与乌托邦政治短文为人们提供了灵感。在此基础上，人们建造出许多新式防御工事，包括在奇维塔韦基亚（1515 年）、佛罗伦萨（1534 年）、安科纳（1536 年）、热那亚（1536—1538 年）与都灵（自 1564 年起）建起的防御工事。

生活的实际情况

　　当时的生活整体上依然严酷。正如中世纪时的社会现实与骑士风范的理想相去甚远一样，当时的社会也远未实现文艺复兴时期的价值观。对于大多数人来说，卫生与饮食是主要问题。居住条件，尤其是同床共枕的习惯，易导致呼吸道感染病多发。这是由住户存量有限带来的个人隐私缺乏所致。

　　在文艺复兴时期的意大利，大批出没的虱子与人口密集、洗浴设施不足以及人们不换衣服的习惯有关。当时的人认为，清洁就是穿着干净的衣服与亚麻织品，而不是洗浴。但是，只有少数人才能做到这两点。无论贫富，人们在面对自然界中从虱子、臭虫、跳蚤到绦虫的种种威胁时，没有多少东西可以自保。近处的动物与粪堆也有害无益。与欧洲其他地区一样，意大利社会也储存粪便，而不是把它处理掉。人畜粪便被堆积起来用作肥料，构成对土壤肥力的重要补充。但是，这种肥料对健康构成了威胁，尤其是它对水源的污染。废水从不排水的厕所与畜栏流到街上、渗入地下，并透过常常多孔的墙壁流入室内。斑疹伤寒就是由此生出的恶果。

　　在罗马时期的城镇中，公共饮水器与公用水龙头的匮乏是个问题。与此同时，在意大利境内大部分地区，清洁的饮用水也难以获得，尤其是在沿海地区及没有深井的低地。河水常常浑浊不堪，而抽水可能受到污水的影响。与欧洲其他地区一样，这就解释了发酵饮料在意大利的重要性。

　　同样地，营养不良的问题再次提醒我们，意大利史在某种程度上就是欧洲史。由于营养不良，人们的免疫力下降，结果导致传染病肆虐。此外，营养不良也降低了人类的性欲、限制了性行为、阻碍成功受孕。

从长期来看的话，它还延缓了性成熟，并导致女性不孕。即使当人们有足够多的东西果腹时，食物匮乏与食品价格问题依然让大多数人无法获得均衡的膳食。对城市贫民来说，饮食是个突出的问题。水果、蔬菜价格昂贵，更别提肉与鱼了，而且，城市贫民也经常衣衫褴褛。农民极少食肉吃鱼。

营养缺乏并不是致病的唯一原因。天气恶劣，尤其是但不仅限于冬天的天气，会削弱人体免疫力。木柴匮乏，以及大多数居住环境潮湿阴冷、拥挤不卫生的情况，无异于雪上加霜。

社会上，体质差的群体依然最易受顽疾攻击。真正的婴儿杀手是产褥热。直到 19 世纪，人们才了解它的成因。但是，政治社会因素在饥荒与疾病中也意义重大。生存危机不仅是由粮食的供不应求造成的，还由资源分配不公与政府不作为造成。此外，动物健康问题严峻。当时，原始的兽医学让人头痛，因为它的惯常操作是宰杀动物并限制其活动。

就个体层面而言，人们面临着充满敌意与不确定性的环境和无法抵挡、难以和解的力量，还有数年辛苦毁于一旦的命运。自力更生与祸从天降、贫穷与贫困之间的界限能够轻易、快速且频繁地被跨越。大多数人鲜有资产。

文艺复兴时期的艺术并未捕捉到那个时代工作环境的严酷。例如，捕鱼危险重重；许多工艺品作坊与工厂环境潮湿、通风不良、光线昏暗、不太安全。这些地方就包括生产艺术品、手工艺品与建材的作坊。此外，暴露于诸如铅与水银这些有害物质之中是个严重的问题，建筑工作又十分危险。研磨工在尘土飞扬、嘈杂喧闹的环境中工作，经常生虱子、得哮喘、患疝气，并存在慢性背部疾病。人们当时几乎不懂健康与工作安全的概念，通常无法理解相关问题。

农业极易受天气与病害影响。改良的作物品种极少，冬季多雨导致庄稼患病、被泡烂，晚霜攻击着小麦与其他庄稼。让人感到棘手的是当时没有杀虫剂，而且保护作物、储存食物又困难重重。老鼠是个祸害。生活中的诸般情形往往都能置人于死地。

与此同时，人们做出了切实的努力来改善甚至是自己的境遇与外部环境造成的影响。这不仅反映在人们从宗教与世俗方面对生活不幸之人及其他人长期以来的照料上，还体现在文艺复兴时期人们对知识的追求与运用之中。因此，在威尼斯，人们把大笔钱用在救死扶伤、保卫城市及整个亚得里亚海海岸港口地区免受疾病侵扰上。人们不仅采取措施防止传染病通过船只传播，还注意一般性卫生问题。

为对抗瘟疫，威尼斯率先开发了系统性预防工程。早在 13 世纪，威尼斯法律就已经规定了适用于医护人员的通用规则，明确了他们在病患护理方面的职责。14 世纪，开药方、洗衣服的风尚变得十分流行。人们热衷于打击城市中的庸医与冒牌医生。威尼斯也有一所名为里亚尔托的自然哲学预科学校。学生从这里毕业后将从事医学研究。1485 年，医生、药剂师与理发师成了大众卫生事业的主要从业者，负责人们的整体健康。一些医院紧随其后保一方平安：为穷人、临终病人、儿童开设的医院，以及圣乔凡尼保罗医院。

医院很久之前就已经存在了。例如，仍在运作的圣灵医院在 1198 年就在罗马服务大众了，而它的前身是为英国朝圣者开设的旅舍。文艺复兴时期更多的医院相继问世，包括建在贝加莫（1449 年）、维罗纳（1515 年）、布雷西亚（1521 年）的医院，而弗朗切斯特·斯福尔扎于 1456 年在米兰创办了马焦雷医院。

人们追求、传播并运用知识。15 世纪初，在某种程度上，为了解决由几种传染病带来的问题，帕多瓦大学大力发展医学与解剖学研究，并成为这些学科的创新中心。1545 年，学校建起一座种植药用植物的植物园。印刷术的传播使信息交流变得容易。社会上出现了一些医学文章，尤其是在威尼斯。例如，皮埃特罗·达·托西尼西诺所作的《瘟疫指南》被收录进 1494 年在威尼斯出版的《医学汇编》中。当时，人们还能读到皮埃特罗·托马西的预防医学著作。

然而，祖传秘方，尤其是偏方与精神干预，依然重要。在圣吉米尼亚诺的圣奥古斯丁教堂中，贝诺佐·哥佐利创作了一幅湿壁画，展示了圣塞巴斯蒂安在 1464 年瘟疫流行时的干预措施及对城市的保护。诸如此类的看法在当时依然重要，并且是某些群体生活习惯与身份认同的一部分。

第四章

意大利战争与文艺复兴后的衰落

在托斯卡纳的阿尔托帕肖，当时四五岁的孩子就能喂养牲畜。他们将来的生活很可能是贫穷的，肯定不会好过自己的父母。

战火燃起

法国人没打算把 1495—1496 年的败局当作最终结果。如果他们这么做的话，那就意味着放弃皇家荣耀、损害王室地位。1499 年，查理八世的继任者路易十二（1498—1515 年在位）入侵米兰公国。他以祖母是维斯孔蒂家族成员为借口而宣称自己拥有公国的所有权。威尼斯人也对米兰公国发动了侵略。八九月间，重要阵地落入法国人之手，热那亚接受了一位法国总督。法国也派出军队前往罗马涅，驰援亚历山大六世的私生子凯萨·波吉耳（约 1476—1507 年）。在那里，凯萨·波吉耳不仅想要巩固教皇地位，还意图为自己建立新公国，但他最终失败了。

但是，人们对法国统治的不满使卢多维科·斯福尔扎获得了广泛的支持。1500 年 2 月，他重获米兰。反过来，法国展开强力回击，瑞士的支持又消失不见。结果，斯福尔扎的军队溃败了。瑞士雇佣兵是训练有素、富有战斗力的长矛兵。这群人堪称当代重型步兵，是重要军事玩家。但是，他们不打无报酬之仗。卢多维科被俘后让人送到了法国。1508年，他在那里去世。如此一来，路易恢复了对米兰的统治。路易与阿拉贡的费尔南多二世签署了《格拉纳达合约》（1500 年），瓜分那不勒斯。1501 年，法军攻占那不勒斯市。

但是，新领土的秩序并不稳固。法国与费尔南多在 1502 年的争端让他们试图占领整个王国，结果在 1503 年遭到西班牙人的重创。因此，1504 年，那不勒斯与费尔南多统治下的阿拉贡王国实行共主联邦，而路易遵照 1505 年签订的《第二次布卢瓦条约》的规定，放弃了自己对那不勒斯的所有权主张。

欧洲战场上意大利日益被法国或西班牙主宰。它们是唯一有资源维持一场重大军事行动的大国。教皇尤利乌斯二世以永不停歇的密谋闻名于世。1508年，他与米兰、奥地利、曼托瓦、萨伏伊-皮埃蒙特、瑞士及法国一道，缔结了康布雷同盟，以攻击并洗劫威尼斯。法国发挥了关键作用，尤其是在阿尼亚德洛（1509年），法军击败了一支人数要少得多的威尼斯军队。战场失利导致威尼斯内陆大部分地区爆发起义，而威尼斯在这场危机中展现出了韧性，重获控制权。

如果可能的话，意大利统治者们会进行自我调整以适应外国侵略者，并试图利用他们来达到自己的目的。例如，费拉拉的埃斯特家族与法国统一阵线，共同对抗教皇扩张。因此，这些统治者与外来势力间并无内在冲突。后者能找到当地盟友，但这些当地盟友反过来也能影响法国与西班牙的关系。因此，1511年出现了那个时期一贯的让人眼花缭乱的结盟更迭。这种情况在意大利尤为明显。意大利统治者们对这种变化起到了推波助澜的作用，但是他们自己也因此遭了殃：尤利乌斯三世与西班牙、威尼斯及英格兰国王亨利八世建立了神圣同盟，以将法国人赶出意大利。法国在拉韦纳（1512年）击败西班牙。但是，瑞士介入了反法战争，热那亚与米兰的反法活动使西班牙重获主动权。法军撤退后，翻过了阿尔卑斯山脉，西班牙人则蹂躏着托斯卡纳。马斯米利亚诺·斯福尔扎在米兰就职。大国冲突决定了地方政治的走向。

1513年，法军越过阿尔卑斯山脉，再举来犯。他们得到了威尼斯人的支持，因为后者对米兰的扩张表示担忧。瑞士驰援斯福尔扎，共同对抗法军，但败于诺瓦拉。法国劫掠了从意大利内陆地区到威尼斯潟湖的湖滨地带，这让人们认识到了战争的代价。

精力充沛的法国国王弗朗索瓦一世（1515—1547年在位）继位后不久再度对米兰发动侵略战，在马里尼亚诺战役（1515年）中击败瑞士。接下来，法国开始了对米兰的进攻，直到1521年才占领米兰。但是，1519年，西班牙国王卡洛斯一世当选为神圣罗马帝国皇帝查理五世。卡洛斯一世是费尔南多二世与伊莎贝拉一世的外孙、马克西米利安一世的孙子，以及阿拉贡、卡斯提尔、哈布斯堡与勃艮第遗产的继承人。他似乎印证了法国人关于哈布斯堡王朝霸权最深的恐惧：西班牙、那不勒斯、西西里、撒丁岛、低地国家与奥地利如今都共事一主。1521年，弗朗索瓦对查理宣战，结果失掉了米兰（1521年），又败于比可卡（1522年）。这导致威尼斯投入查理的怀抱（1523年）。1524年年初，威尼斯助查理的军队抵抗住了法国对米兰最近的一次入侵。

是年，法国后来再举进犯并拿下米兰，还与威尼斯、教皇克雷芒七世（1523—1534年在位）结成同盟。但是，西班牙人在帕维亚（1525年）挫败了法军并活捉弗朗索瓦，迫使他接受查理提出的议和条件。这使查理能将米兰公国授予盟友弗朗切斯科·斯福尔扎。弗朗索瓦一被释放就拒绝履行条款。他声称，和约是在受到胁迫下签署的。弗朗索瓦同意与克雷芒七世、弗朗切斯科·斯福尔扎、威尼斯及佛罗伦萨一道，缔结科尼亚克同盟（1526年）。战火因此再度燃起。人们又一次地体会到当时联盟关系迅速更迭的情形。

1527年，教皇克雷芒与查理五世间的停火协议让后者的军队无仗可打。查理没钱给军队发饷，于是他的部队就行至罗马，在"罗马之劫"中洗劫了这座城市，给罗马以重创。当时，人们把这次劫难比作410年哥特人在罗马陷落时对城市造成的那般浩劫。法国再度进犯意大利，但是包括围攻那不勒斯失利在内的一系列失败导致弗朗索瓦接受了《康布雷条约》（1529年）。此条约又称《夫人和约》，因为萨伏伊—皮埃蒙特的路易莎与哈布斯堡王朝的玛格丽特对和约的缔结功不可没。弗朗索瓦放弃了对意大利的主张，然而尽管弗朗切斯科·斯福尔扎重获米兰统治权，但堡垒驻防的权力仅限查理所有。此前，威尼斯在1495—1509年及1528—1529年控制了阿普利亚的许多港口。最终，这些地方都被归还给了那不勒斯，克雷芒七世则重获拉韦纳与里米尼。

查理五世取得帕维亚大捷，随后还签署了《康布雷条约》。这让意大利人对他另眼相看。他们不再认为查理只是众多强大统治者中一位强大的意大利统治者了，他们也不再认为查理是法国国王之外的另一位领袖人物了。他们开始觉得，查理是一支主导力量。他能利用国际力量、获得当地支持。在那不勒斯，以查理为代表的西班牙统治似乎稳定了下来。

查理的势力在 1529—1530 年成功围攻佛罗伦萨的事情上得到了清晰体现。事后，他把亚历山德罗·德·美第奇推上权力宝座，恢复了美第奇家族的势力。他们即将把此事变成佛罗伦萨转型期的重要事件。佛罗伦萨要从一个有着强大共和机构的共和国变成公国，以及后来的大公国。因此，这座城市成了领土国家的首都。由于同样的家族世代掌权，这种转型包含了某种程度的延续性。然而，当时也存在着专制主义的典型保留剧目，从胁迫到共识。例如，对不为所动者的胁迫。宗教认可的权威观念促成了共识的达成。统治者科西莫一世（1537—1574 年）就对权威观念表示极大的认可。1537 年，当亚历山德罗·德·美第奇公爵遇刺时，佛罗伦萨人试图恢复共和制，但却失败了。反过来，1548年，在查理五世的授意下，谋杀亚历山德罗的元凶，即他的堂弟洛伦齐诺·德·美第奇被处死：共和国流亡者与法国、土耳其均有牵连。正如颠覆活动是追求利益的惯常手段一样，国内政治与国际权力政治息息相关。

1535 年，弗朗切斯科·斯福尔扎去世后，战火又起。米兰王位继承因此出现争议。1536 年，弗朗索瓦入侵意大利。但是，由于双方均无法取得明显优势，结果不得不宣布休战。1540 年，查理将米兰公国授予他的儿子腓力（后来的西班牙国王腓力二世）。此事象征着神圣罗马帝国在意大利的部分帝国（当时的奥地利）遗产转移给了西班牙。1544 年，法国再度侵略意大利北部地区。但是，16世纪40年代那场关键战斗发生在阿尔卑斯山脉以北地区。50年代，情况亦然。

战争不仅见证了大国间的冲突，也有相关国家的博弈。因此，16世纪50年代，西班牙对教皇保罗四世（1555—1559年在位）作战，还支持佛罗伦萨攻击并吞并锡耶纳。这是意大利国内分歧与大国矛盾激烈碰撞的证明。1552年，锡耶纳起义反抗西班牙统治，而且起义者还同法国一道从西班牙人手中夺下了城堡。自16世纪20年代末起，在美第奇家族统治下的佛罗伦萨就是哈布斯堡王朝的盟友了。反过来，1553—1554年，法国在土耳其舰队的配合下，占领了科西嘉岛：科西嘉岛的统治者热那亚是西班牙的盟友。

查理五世将帝国分给弟弟（新上任的神圣罗马帝国皇帝）费迪南一世与自己的儿子腓力。费迪南分得遗产中奥地利的部分，腓力则拥有剩余的地区，即西班牙。十分重要的是，腓力的继承物还有包括米兰在内的意大利领土、低地国家，以及美洲大陆的西班牙领土。因此，米兰就永久性地与神圣罗马帝国分开了。1559年，根据《卡托—康布雷西条约》的规定，法兰西国王亨利二世（弗朗索瓦一世次子）接受了一项和约。和约规定，由腓力统治米兰、那不勒斯、西西里岛与撒丁岛。此前，法国把1536年攫取的萨伏伊与皮埃蒙特还给了萨伏伊公国的埃曼纽尔·菲利贝尔公爵（1553—1580年在位）。他是查理五世的外甥，同时也是查理手下一位忠实可靠的常胜将军。埃曼纽尔·菲利贝尔仗着自己是查理的亲戚，财产与权力失而复得。对这位当地将军的奖励催生出一个附庸国。锡耶纳不得不接受佛罗伦萨的统治。1569年，庇护五世授予科西莫一世"托斯卡纳大公"称号。随后，皇帝正式批准了这一称号。哈布斯堡王朝赢得了意大利战争的胜利。尽管1610—1639年冲突不断，但这次胜利直到17世纪40年代时才受到严峻的挑战。

16 世纪末，国际竞争依然在意大利发挥着作用。但是，西班牙占据了主导地位。1564 年，法国与土耳其为科西嘉岛反抗热那亚统治的起义提供了帮助，而热那亚人则得到了西班牙军队的支持。萨姆皮奥·科尔索率领叛军，将复杂的地形与游击战术相结合，成为己方优势。但是，撇开西班牙军队的专业性不谈，科西嘉人意见不合。这是派系斗争长期作用的产物。到 1569 年，热那亚的统治被再度确立下来。这些世仇在其他地方也很重要，尤其是在撒丁岛。16 世纪 60 年代，当地居民在利古里亚海海岸的菲纳莱发动了一场起义，赶走了暴虐的统治者阿方索·德尔·卡雷托。但是，1571 年，当腓力二世介入时，他把公国据为己有。在卡萨莱蒙费拉托，西班牙军队帮助那里的统治者，即曼托瓦的古列尔摩公爵（1560—1587 年），镇压反叛。反叛是由古列尔摩公爵企图限制税额、实行司法豁免所引发的。科西嘉、菲纳莱与卡萨莱当时都对西班牙权力的维持至关重要。热那亚充当着西班牙帝国的银行；倘若科西嘉落入法国人手中，那将对西班牙军队进入意大利构成威胁；菲纳莱是西班牙军队的登陆港，而卡萨莱则是保护他们的军队向南挺进的堡垒。

并不是所有的反叛都让西班牙有机会一展雄风。1573 年，在没有西班牙帮助的情况下，乌尔比诺公爵吉优多巴尔多二世残酷镇压了一次反对征收新税的起义。最后一位费拉拉公爵阿方索二世（1559—1597 年在位）之后的继承问题引发争议，结果导致切萨雷·德·埃斯特与教皇竞相集结军队。最终，切萨雷因为没有得到法国的支持而退缩了。教皇克雷芒八世（1592—1605 年在位）占领了费拉拉，埃斯特家族则继续保有摩德纳公爵头衔，直至 1803 年男性继承人绝嗣为止。与此同时，许多城堡开始实行新政治秩序，例如美第奇家族建造的城堡。城市共和主义继续存在于威尼斯、热那亚与卢卡。但是，它并不是意大利北方的主要模式，更别说其他地区了。

反宗教改革

同时，意大利与西班牙一道成为反宗教改革运动的中心。反宗教改革运动，是一场旨在反对新教、复兴天主教的改革运动，它促进了天主教的活跃。新教本身在意大利鲜有人支持，因为在那里包括宗教裁判所在内的教会权威极力维护天主教正统观念。因此，教皇克雷芒八世以散布异端邪说罪将多梅尼科·斯坎代拉，也许名为梅诺丘（1532—1599年）烧死在火刑柱上。这位来自弗留利大区蒙泰雷亚莱的识字的磨坊主因拒斥基督教创世说，坚持泛神论信仰，遭此劫难。宗教裁判所是为加强教皇统治而建立的机构。它的权威在一些领地，尤其是威尼斯，受到质疑，但在像那不勒斯之类的其他地方则得到了认可。

1545—1563 年，罗马教廷的教会议会在采邑主教区首都特伦托召开，而反宗教改革运动也在那里爆发。这场有着独特文化活力的运动特别热衷于建造、装饰教堂。意大利战争过后，教皇国的新使命、重建工作与权力巩固在罗马的象征就是巴洛克风格对城市的重塑。这种情形在西克斯图五世（1585—1590 年在位）统治下，显得尤为明显，但并不仅限于他统治的时期。祷告仪式也发生了变化，特别是对圣餐礼的日益强调。因此，教堂内部特征的重要性不同以往。自 1599 年起，在罗马拉特兰的圣约翰大教堂里，人们更加强调举办圣餐仪式的新圣餐。在更广义上，建筑是功能及社会反映演变的产物。该时期"现代风格"防御工事的发展史，也反映了这一点。"现代风格"这个术语指的是三角堡及其他反大炮的几何部件，后来被称为"意大利的痕迹"。

艺术主题的政治意义可以明显地在意大利全境范围内看到，尤其是在威尼斯。在那里，人们拒斥彰显教皇权威的教堂建筑风格。反之，威尼斯人强调宗教与文化改革，对圣萨尔瓦多教堂进行了重建。与罗马的圣彼得教堂相比，这座教堂显得朴素无华。内陆地区的大教堂也出现了同样的趋势，例如布雷西亚的新大教堂（1604 年）。因此，它那象征着权势的高度超过了旁边的布罗莱托宫与托雷德—佩戈（人民塔），后者是两座中世纪早期的市民建筑。

在反宗教改革时期，中世纪建筑物的内部往往装饰了湿壁画，建起新圣坛，并绘制了新画作，正如维罗纳大教堂那样。更普遍地，反宗教改革艺术表现出绘画艺术的广度，而且，它利用了许多传统，包括改革热情、人文主义的博学及感官享受。米开朗琪罗·梅里西·达·卡拉瓦乔（1573—1610 年）在昔日自然主义与夸张画作的光与影中表现出了这些张力。这在他的《圣保罗的皈依》与《圣彼得被钉十字架》上表现得尤为明显。这两幅作品均藏于罗马的人民圣母圣殿中。他的《七件圣事》见于那不勒斯的仁慈山小教堂内。这是一个成立于 1601 年的慈善机构，专门向穷人提供贷款。

宗教活动的展开并不限于宗教机构内。米兰在博罗梅奥家族诸位有才能的大主教统治下，作为反宗教改革运动的中心，强调对儿童的教育。查理·博罗梅奥（1538—1584 年）在 22 岁时被伯父庇护四世任命为米兰枢机助祭。他在 1570 年饥荒与 1576 年瘟疫暴发时，大力发展济贫事业。1610 年，他被封圣，并成为许多画作赞美的对象。

人们普遍认为，慈善活动与正统思想的维护都是重要的。为了使道德生活与精神重生相结合，布道同样重要。从促使现存机构进行教会改革方面来看，反宗教改革运动具有积极意义。教会在社会关怀方面起到了关键作用，在将世俗精神与教会官僚主义结合上也至关重要。

但是，十分消极的是，在教会改革的同时，通过与新教在教义上妥协而恢复教会团结的尝试遭到排挤。教会坚持对已有天主教教义的清晰界定。这种僵化与不宽容的做法预示着 19 世纪及 20 世纪大部分时期教

皇的做法。1564 年，庇护四世（1559—1565 年在位）颁布了《特伦托
会议信纲》，拟订《教廷禁书目录》，博罗梅奥则起草了《罗马要理书》
（1566 年）。1570 年，庇护五世把英格兰女王伊丽莎白一世逐出教会。此
举引发一场新的宗教战争。庇护五世贯彻了特伦托会议的教令，并于
1712 年被封圣。

　　但是，教会永远都不是铁板一块。这也造就了反宗教改革运动的易
变性，尤其是在地方行动所起的作用上。地方宗教典仪传统得到大力支
持，正如在佛罗伦萨的情形那般。作为多样性的例证，反宗教改革运动
在某些方面强化了意大利生活中的父权特性，而它也为女性精神与宗教
事业提供了更加广阔的空间。女性在教会中并不是无形的。宗教基金会
旨在为不愿成为修女的单身女性提供保护，因为她们在缺乏足够家庭保
护的情况下有道德败坏之虞。

　　统治者们支持反宗教改革的新规范。16 世纪 60 年代，埃曼纽尔·菲
利贝尔把首都从尚贝里迁至都灵。他也把耶稣裹尸布迁到了都灵。这是
耶稣死后的一件圣物，王朝为此而声名显赫。人们今天仍然可以在都灵
大教堂瞻仰这件圣物。此外，萨伏伊—皮埃蒙特的公爵们试图为圣殿提
供赞助。人们认为，那里的众圣是为整个国家服务的，而不是只效力于
某个部分。

文艺复兴带来了衰落时代？

　　意大利战争对标准意大利历史叙事依然重要。这种历史叙事讲述
了一群群异族统治之下，意大利相对衰落的"失落世纪"。这段岁月止
于 19 世纪"意大利复兴运动"（民族独立与统一）。理所当然，这几百

年间战乱频仍，1494—1559 年、1611—1659 年、1637—1678 年、1689—1697 年、1701—1713 年、1717—1720 年、1733—1735 年、1741—1748 年，以及 1792—1815 年的时期对意大利的影响尤为重大。与此同时，威尼斯则卷入了与土耳其人的大规模战争中，以 1645—1669 年、1684—1699 年，以及 1715—1718 年的战争告终。意大利诸邦失去了它们仅存的海外领地。土耳其人从威尼斯手中夺走了许多地方。1537 年，土耳其人占领纳克索斯岛，1570—1571 年攻克塞浦路斯，1645—1669 年拿下克里特岛。1566 年，土耳其人从热那亚手中夺走了希俄斯岛。1768 年，热那亚将科西嘉岛卖给了法国。与此同时，自 1798 年起，法国与英国先后统治着马耳他。马耳他在圣约翰骑士团统治前曾是西西里的附属国。1797 年，爱奥尼亚群岛脱离威尼斯，英国通过维也纳会议（1814—1815 年）将其据为己有。最终，1863 年，英国将爱奥尼亚群岛转交给希腊。

文艺复兴后文化衰落与社会分层的观点与此相关，而这是地中海地区更普遍的相对衰落的一部分，因为贸易与文化交流的重要路线不再经过并环绕蔚蓝的大海了。正如流传甚广的许多历史解读所说的那样，在某种程度上当时确实如此，而且今天依然真实。尤其是，如果人们自欺欺人地认为，地中海社会在大西洋开发时期和过去一样是主角的话，那就是愚蠢的。事实上，意大利具有欧洲社会普遍的趋势，尤其是 16 世纪的人口增长、17 世纪的相对停滞，与 18 世纪的复苏。

经济与社会

然而，由于国家与经济体情况各异，这些趋势以各自具体的方式开始起作用。那不勒斯王国仰仗自己的出口能力在 16 世纪获益颇丰，尤其是丝绸、金属制品、船只、鞋子、葡萄酒与橄榄油的出口。但是，由于在 16、17 世纪时它不得不通过赋税、贷款与包税的形式为西班牙漫长的战争提供经济支持，那不勒斯王国资产折现力受到影响，经济遭受重创。如果说西班牙为保护费付出了代价的话，它通常要求对方进贡"礼物"。西班牙从那不勒斯王国那里尽可能多地榨取金钱、商品与人员，毫不留情。赠品，即"礼物"，始于 1504 年。最初是 311000 达克特，后来成为惯例。1532—1553 年，那不勒斯共向西班牙进贡 650 万达克特。因此，税收上涨。到 16 世纪 60 年代，人们每两年要缴纳 120 万达克特。1607年，那不勒斯背负了 800 万达克特的债务。此外，16 世纪的人口增长意味着土地不再用于种植葡萄与桑树以生产出口商品葡萄酒与丝绸，而是改为粮食生产用地。

在意大利全境范围内，农业是就业与财富的主要来源，是国民经济中最重要的部分，是税收的基础 —— 政府税收、教会税收（什一税）、领主与所有者的税收（租金）—— 因为税收为大多数其他活动提供了资金支持。土地及其制品打造了社会体系的框架，创造了大部分财富并使其得以保留。农业的影响延伸到城镇。在欧洲地中海大部分地区，尤其是在西西里岛，农业工人生活在城镇中，而不是居住在分散的村落内。部分原因是，农民害怕时常在夜间出没的强盗。

此外，农业、工业与贸易间的联系密切。由于科技知识进步有限，制造业的基础是天然制品。合成产品尤其是织物的时代，尚未到来。主要工业活动是消费品的生产 —— 食品、饮料、服装、鞋子与家具。这些消费品依赖于农村地区的原材料，例如羊毛、兽皮与木材。

由于大多数人生活在农村地区，从事农业活动，这些活动的兴旺发达对于欧洲社会的购买力起到了至关重要的作用。这一点不足为奇。农村地区的财富为工业商品，以及类似于肉这样的昂贵农业商品，创造了市场。反之，大多数农村（以及城市）人口最普遍的生活状态是贫困，而贫困永远地限制着商品、制成品及服务市场。以谷物为首的农产品在任何程度上的成本上涨都会影响城市居民，降低城镇及大多数农村居民的购买力，限制制成品市场发展。农产品价格波动是常有的事，尤其是出于季节原因，食品价格通常在初夏达到顶峰，因为上一年的收成已耗尽。收成变化决定了额外的价格变化，这种价格变化往往又是十分急剧的。由此带来的结果是不确定性。盛行的耕作制度无法生产出足够的粮食以形成可靠的安全边际来应对粮食歉收。意大利很少有地区能产出足够多的粮食带来商品过剩，以帮助粮食歉收地区渡过难关，而且，缓慢、昂贵的运输也限制了有能力提供过剩粮食的地区所能发挥的作用。

不管是通过砍伐树林、移除石块或是开凿灌溉水渠带来的耕地面积的扩大，基本上都是劳动密集型方式造就的。但是，砍伐树林导致气候更加干燥，从而影响了土壤。疟疾肆虐，问题严重。从托斯卡纳到西西里整个海岸，以及许多农村地区均受到了影响，例如罗马附近的平原。由此导致的高死亡率给农村经济造成重创。这也就解释了除山地村落外如此多的农村地区人烟稀少的原因了。

权力与权威

与国家有大政方针一样，地主与城市寡头政治执政者也有自己的政策。这些政策在塑造意大利各地区权力体系及特征时起到了关键作用。例如，1526 年，贵族阶级的科隆纳家族在占领罗马前胁迫了教皇克雷芒七世。在威尼斯统治内陆地区时，布雷西亚城遵循了更具普遍代表性的模式，即关系亲密的各家族把持着城市最重要的官职不放松。他们显赫的政治地位得益于家族的延续、在地方议会长期供职及社会地位的稳固、财富、职业声望，以及有利的联姻。这五个因素一道与家族发展及血统联系在一起。这些家族的稳定性对政治秩序的维护至关重要。在布雷西亚的精英阶层中，家族关系对联盟与争端都很重要。事实表明，它们也给有效执法及威尼斯的统治带来了巨大挑战。在市政府里有权有势的名门望族试图控制市政的一些方面，让其为自身利益服务，例如司法机关与粮食供给体系。充足的粮食供给一直以来都是提升政府服务能力和获得权力的关键。事实上，这可以回溯到古罗马时期。

社会、政治矛盾存在于权力的表象之后。这些表象利用了权力的战场，而权力的战场又聚焦于艺术资助。权力表象缔造了统治神话。但是，正如在威尼斯内陆地区那样，现实是由地方派系与宽松、灵活的管理相互作用的程度来决定的。例如，1640—1645 年，布雷西亚寡头政权与威尼斯政府之间就后者提出的财政需求问题争论不休，结果导致布雷西亚内部富有但被剥夺了公民权的群体发起运动，挑战精英阶层，并提出组建更具广泛代表性的政府。最后，威尼斯政府选择与布雷西亚寡头政权妥协。在这个决定面前，本来就缺乏自信、没有凝聚力与广泛支持的布雷西亚抗议者，变得无能为力了。位于布雷西亚附近，在加达尔湖上麦格尼菲卡的市镇拥有极大的自治权。

因此，正如地方特殊论之前在意大利大部分地区的盛行一样，以城市贵族权力为主导的内陆地区的地方特殊论政治体制继续起着支配作用。诚然，尽管贵族旧秩序对创业精神的态度存在着地区性文化差异，但是贵族旧秩序的牢不可破是意大利城乡社会的重要组成部分。那不勒斯、西西里、教皇国、帕尔马、摩德纳与萨伏伊—皮埃蒙特都强调土地占有，并将其看作是贵族阶级的标志。但是，在伦巴第、利古里亚、威尼西亚与托斯卡纳，贵族都有从事贸易、参与工业活动的传统。

旧有贵族秩序到 19 世纪时依然十分重要，而且如今在某种程度上依然如此。事实上，尽管君主制已不复存在，但是某种程度的世俗化，以及朱塞佩·迪·兰佩杜萨在他那独具神韵的著名小说《豹》（1962 年）中提到贵族阶层的衰落、旧秩序的方方面面及其影响多多少少地留存了下来。这种历史遗留的程度之深让许多意大利人感到不自在，因而他们不愿提及。

当地社会与中央政府间的角力游移不定，由此诞生了多重政治语境。统治者们想让官员充当自己与各地区的中间人，但这些官员要想做出业绩来就得与地方上有权有势的人打成一片。

1527 年，佛罗伦萨卫生理事会永久性地建立了起来。它看起来是政府新成立的重要附属机构。尤其是尽管最初它的建立是为对抗瘟疫，但到 17 世纪早期，它已成为一个更大的公共健康保障机构。理事会派医生研究具体的传染病，并试图利用经过系统收集得到的信息在 1622 年要求地方当局汇报当地卫生情况。这是当时社会观念的反映。人们认为，开放式厕所、死水与人畜粪便堆积导致空气中出现"瘴气"。由于当时的人不了解传染病，所以他们认为"瘴气"是导致传染病的原因。但是，地方当局与普罗大众都不乐意听取理事会的建议。事实上，在 16 世纪和 17 世纪，托斯卡纳并未极大地推动公共卫生政策的制定。1575 年与 1630 年袭击意大利的瘟疫给人们带来了痛苦的经历，但大家都束手无策。军队从德国向外移动对 1630 年瘟疫的扩散起到了关键作用。

正如 18 世纪末的帕尔马一样，托斯卡纳相对而言是个小国，因此比大国更易进行有效管理。但是，当局对精英阶层的妥协却是关键所在。这一点从 1537—1609 年间，在前三位美第奇大公统治下，刑法的实施情况上就可见一斑。大公们不愿面对严格执法的高昂代价，也无法约束贫民，因此就觉得妥协政策能确保人们对他们执法权的认可。当地官员在抓捕逃犯、举报犯罪方面起到了关键作用，但地方警力不足、报酬极低，往往还卷入当地错综复杂的家族关系网中。美第奇家族试图通过维护当地精英阶层，打压其竞争对手来获得他们的忠诚。佛罗伦萨以外地区暴力活动的规模与组织似乎远远超过了佛罗伦萨内部的情况，但是暴力活动的发生率也许并非如此。掌权者对城市的治理更见成效。城市暴力犯罪者通常是个人或由至亲组成的小群体，而不是长期以来在较小的城市与乡村地区那些争吵不休的地方望族及有势力的派系。由此产生的体制既不现代，也非"专制主义"。"专制主义"这个术语并不像如今许多强调现代国家与官僚机构兴起的著作所普遍认为的那样。现代与专制主义这两个术语都是对这个时期的误读。

伴随着组织机构的发展，意大利全境范围内暴力活动高发。强盗行为频频牵连社会精英阶层，这在当时依然是西西里社会的标志性特征。16 世纪末，威内托与伦巴第的暴力活动呈上升趋势，世仇死灰复燃。长期争斗与强盗行为决定了农村地区住宅的标准模式：一楼无窗且用作谷仓，门用笨重木材与铁皮条制成。由一楼通往楼上住家楼层的楼梯又陡又窄，防御性极强。北方称为"卡希纳"与南方叫作"马塞利亚"的是一种修建有防御工事的小村落，因为这种房屋处于防卫墙的包围与保护中，村庄也只有一处入口。

经济变化给许多农民带来打击，带来了另一种形式的阴郁荒凉。尤其是，由于庄园主与市民获得了土地，许多农民成了临时工。这个过程描绘出了至今以来意大利社会的大体轮廓，而且对第二次世界大战后陆上大规模迁移前的时期尤为重要。

权威与权力也见于更加私密的场景下。一家之主对家族成员的职责延伸到道德与社会领域。按照官方说法，一家之主是"老板"。他为全家人定下规矩。大多数"老板"都超过 38 岁，而所有不是一家之主的人均为法律意义上的受抚养人。他们被称为"家庭子女"，自己不能承包土地，也不能订立任何形式的契约。在不同的语境与时期，这种称谓曾有过几种含义。在中世纪，"家庭子女"指的是生活在别人的土地上、必须服从一位共同主人的"不自由"人。这种说法自此开始用来指为一家或某人干活的所有奴仆，而不是当代语境下声名显赫家族的子女之意。

工匠与商人的生活境遇不同于劳作在田间的人们。房屋因社会阶层的不同而异。在农村，人们往往共居一室，技工与商人时常用一楼储存工具与商品、充当作坊，人住在楼上。区域差异也经常是一个影响因素。

人们似乎更偏爱建立核心家庭，但土地匮乏与死亡的影响以及家族式经济体制鼓励了家庭的结合。儿童能从事许多农业、工业活动。在托斯卡纳的阿尔托帕肖，当时四五岁的孩子就能喂养牲畜。他们将来的生活很可能是贫穷的，肯定不会好过自己的父母。

第五章

列强夹缝中的意大利

意大利身份，即仇视西班牙。

列强的玩物

看似无休止的冲突继续影响着意大利。1610 年，萨伏伊的卡洛·埃马努埃莱一世（1580—1630 年在位）集结了一支军队，支持法国在意大利对抗西班牙的计划。但是，当法国国王亨利四世在备战时，在巴黎遇刺身亡。亨利之死缓和了这场危机。卡洛·埃马努埃莱后来得到了威尼斯的资助。威尼斯此举意在让伦巴第的西班牙军队不再攻击威尼斯共和国；威尼斯政府正确地指出，当时西班牙正在酝酿着一场推翻共和国的阴谋。

1613 年，威尼斯与奥地利之间爆发战争。达尔马提亚的私掠船给威尼斯造成麻烦。这些塞尼的乌斯科克人得到了奥地利哈布斯堡王朝的庇护。一支威尼斯舰队在私掠船停泊的港口袭击了它们。海战扩大至意大利本土。威尼斯军队在格拉迪斯卡向奥地利军队发起进攻。格拉迪斯卡是一座位于弗留利附近的城市。西班牙军队在米兰整装待发，以助奥地利一臂之力。然而，卡洛·埃马努埃莱一世要求获得蒙费拉托侯爵的身份以继承王位。西班牙反对卡洛·埃马努埃莱一世的扩张野心，结果导致战争在1613 年爆发。尽管西班牙占据兵力优势，但是来自米兰的西班牙军队却战败了。暂时幸免于难的卡洛·埃马努埃莱一世积极寻求与威尼斯结盟的机会。威尼斯参议院做出决定，用萨伏伊来分散西班牙的注意力好过威尼斯与西班牙之间的一场酣战。威尼斯暗中资助萨伏伊军队，而不是对西班牙宣战。卡洛·埃马努埃莱一世的战争把西班牙的资源牵制在了意大利。

西班牙（换言之那不勒斯）的舰队出现在亚得里亚海南部地区，不过凭借威尼斯舰队的实力应付这个挑战是绰绰有余。战争陷入僵局，但法国干预的威胁使西班牙国王腓力三世（1598—1621 年在位）在法国、萨伏伊—皮埃蒙特与威尼斯组成的联盟危及其意大利领地前结束了冲突。1617 年，列强达成和解。卡洛·埃马努埃莱一世曾先后三次在 1613 年、1615 年与 1617 年入侵蒙费拉托，但未能在和约中获得该地。

1625 年，法国与卡洛·埃马努埃莱一世试图占领西班牙的盟国热那亚，结果被西班牙人击退，因为西班牙很重视与热那亚的重要战略关系。1627 年，贡扎加家族男性直系血脉绝嗣，曼托瓦与蒙费拉托公国继承问题因此出现争议。西班牙再度对某些意大利领地内更广泛地区的战略局势表示关切，并于 1628 年武力介入。这场冲突后来演变成曼托瓦领土继承战。反过来，法国也派出了一支军队。因此，同样在 1629 年，支持西班牙的奥地利军队也传播了瘟疫。

这些介入行为提醒我们注意，意大利政治是更广泛地区内战略的一部分。它们是由其他事件决定的。例如，法国击败胡格诺派，奥地利战胜丹麦。1630 年，瑞典入侵德国北部后，两国于 1631 年在意大利北部举行和谈。结果，1635 年，战争再度爆发，成为法国与西班牙大规模冲突的一部分。17 世纪 30 年代末，法国对伦巴第的屡次进攻均以失败告终。

在三十年战争（1618—1648 年）期间，哈布斯堡王朝在德国事业的推进得到了意大利资源的大力支持。教皇保罗五世（1605—1621 年在位）保证，在战争期间每月向哈布斯堡王朝提供 2 万弗罗林币的资金援助。托斯卡纳在战争中供养了一支德国骑兵团。成千上万意大利人则加入了德国哈布斯堡王朝的军队，奋勇杀敌。德国哈布斯堡王朝很大一部分兵力与财力均来自意大利。

1642—1661 年，新上任的法国宰相马扎然是枢机主教黎塞留的门徒与继承人。他是出生于意大利的枢机主教（原名为朱里欧·莱蒙多·马萨里诺）。在马扎然的统治下，意大利的军事行动对法国来说至关重要。水陆两栖远征军战绩显赫。它们让法国突破了此前不得不越过阿尔卑斯山脉的限制，灵活地在广阔空间内作战。1646 年，法国占领了皮翁比诺与厄尔巴岛上的澳特龙哥港。这两个重要的基地控制着海军活动。但是，法国企图拿下热那亚、菲纳莱与奥尔贝泰洛，进而切断西班牙与意大利间的联系。但是，这次尝试以失败而告终。1647—1648 年，法国试图利用那不勒斯与西西里岛的反西班牙叛乱乘虚而入，结果也失败了。

意大利作为更大战略考量的一部分，扮演了重要角色。所谓的"西班牙路线"是西班牙军队从地中海地区出发，途经伦巴第，向北越过阿尔卑斯山脉的交通网。大部分西班牙军队最终来到低地国家，经两条海上航线前往利古里亚的菲纳莱。最长的且不太安全的一条路线始于巴塞罗那，而安全的那条路线起点在那不勒斯。那不勒斯是西班牙王室的重要据点。法军在那不勒斯登陆，向北航行或者是划行。这并不是说法国有任何想要恢复那不勒斯安茹王朝势力的打算，它只说明法国支持该地的叛乱。法军在加埃塔、奥尔贝泰洛、厄尔巴岛或皮翁比诺停留，接着前往菲纳莱。切断海上航线具有极大的战略意义。

托玛索·阿涅罗俗称马萨尼洛。在很大程度上，1647 年，他领导的那不勒斯起义是由西班牙政府的财政需求，尤其是对新鲜水果征税引起的。因为西班牙政府急需战备资金。那不勒斯的内部分歧导致马萨尼洛遇害。西班牙人利用这一时机，在 1648 年再次占领了那不勒斯。该事件为丹尼尔·奥柏的歌剧《波尔蒂契的哑女》（1828 年）提供了舞台背景。它也展示了维苏威火山的爆发。

17 世纪 50 年代，西班牙重新取得澳特龙哥港与皮翁比诺，并于 1655 年在帕维亚击败法国，而且，西班牙蹂躏着亲法的摩德纳公国，以报摩德纳此前背弃西班牙之仇。随着 1659 年《比利牛斯山条约》的签订，和平降临。西班牙仍主宰着意大利。人们很容易忘记这一点，正如人们极易忽视奥地利在 1810—1849 年在意大利取得的成功、获得的地位那样。在 16—18 世纪的意大利历史中，坚忍不拔的西班牙构成了重要的一部分。宗教至关重要。西班牙能在意大利重建势力与权威绝非偶然，新教在那里几乎不存在。但是，西班牙早期在低地国家并未取得同样的成功，新教在低地国家的势力要强大得多。

意大利仍有较小规模的冲突。1642—1644年，在卡斯特罗战争期间，托斯卡纳、摩德纳、威尼斯与帕尔马联合反对教皇乌尔班八世（1623—1644年在位）。这场战争决定着意大利封地的命运，以及教皇主张的范围。战争导火索是卡斯特罗公国的所有权问题。此地本为法尔内塞领土，但是，巴贝里尼教皇宣称，以卡斯特罗公国所有权来替代未清偿的法尔内塞债务。卡斯特罗公国被认为是潜在的巴贝里尼公国，它能给巴贝里尼家族带来同法尔内塞家族一样的王朝地位。16世纪40年代，法尔内塞家族因获得帕尔马—皮亚琴察的领土而地位显赫。因此，乌尔班八世沿袭了通过教皇职位为家族谋利的做法。在这次事件中，教皇军队遭到重创。这样的分歧有助于人们理解实行统一的意大利政策的难度。此前，1608年，托斯卡纳曾接管了要塞城镇皮蒂利亚诺。那里之前是奥尔西尼家族的封地。

1673年，法国发动了一场重要的反西班牙战争。尽管这次战争的主战场在低地国家，但意大利还是被卷了进来。1674年，墨西拿城在西西里岛发动了一场反对西班牙统治的叛乱。意大利派出一支舰队与军队驰援。1675年，法国人解除围城之困。在很大程度上，由于荷兰对西班牙的海军援助，叛乱最终被镇压下去。

1681年，当法国国王路易十四（1643—1715年在位）依靠现金从曼托瓦公爵手中购得强大的卡萨莱堡垒时，他取得了更大的成功。这桩交易让路易的势力远远超越了后来人们所认为的阿尔卑斯山脉的天然屏障，并为法国在米兰反抗西班牙提供了一个大本营。1689年，法国与西班牙再度开战。萨伏伊—皮埃蒙特的维托里奥·阿梅迪奥二世（1675—1730年在位）受够了法国的指手画脚，急于将法国逐出皮内罗洛与卡萨莱。1690 年，维托里奥·阿梅迪奥二世加入反对路易的大联盟。1693年，法国在马沙里亚战役中击败维托里奥·阿梅迪奥二世。但是，维托里奥·阿梅迪奥二世仍能在长期围城后，占领皮内罗洛，并向法国的多菲内地区发起进攻。维托里奥·阿梅迪奥二世坚决维护自身利益。他这么做也是很有必要的，因为他听说至少他的一些盟友（奥地利、西班牙、英格兰与荷兰）也许正在与法国秘密议和。于是，维托里奥·阿梅迪奥二世下定决心不让自己成为这种交易的牺牲品。1695 年，通过与路易的秘密约定，维托里奥·阿梅迪奥二世确保自己而非联军攻占了被围的卡萨莱。1696年，维托里奥·阿梅迪奥二世背弃盟友，与法国签订《都灵条约》。此举使路易能将兵力调往其他前线地区。法国失去卡萨莱与皮内罗洛后，军队无法在意大利越冬。这对萨伏伊—皮埃蒙特来说具有重要战略意义。

西班牙国王卡洛斯二世没有子嗣。1698 年，他大限将至，这引发新一轮的国际磋商。意大利领土被当作谈判筹码，而意大利统治者们在谈判中却没有一席之地。根据 1698 年的瓜分条约，即《海牙条约》的规定：西班牙、撒丁岛、西属美洲与西属荷兰将归巴伐利亚的约瑟夫·斐迪南所有；那不勒斯、西西里岛与要塞（托斯卡纳防守严密的城镇）归路易的继承人，即王太子路易所有；米兰属于卡尔大公。约瑟夫·斐迪南的祖先是哈布斯堡家族的人。卡尔大公是奥地利统治者利奥波德一世的次子。但是，1699 年，约瑟夫·斐迪南在生了一场急病后去世。一时间，谣言四起。人们说是奥地利投了毒。约瑟夫·斐迪南之死导致 1700年新分割条约《伦敦条约》的签订。新约规定，王太子路易除获得第一个条约中所分得的领土外，还加上了洛林与一个独立国。那个国家的公爵分得了米兰，卡尔大公则得到了余下的领地。神圣罗马帝国皇帝与西班牙均不接受这种分割，卡洛斯二世又把他的全部遗产留给了路易十四的次孙，安茹公爵腓力。在当年晚些时候，卡洛斯二世去世时，腓力成了西班牙国王腓力五世。

与此同时，威尼斯依然在前线上与土耳其人战得正酣。1645年，当土耳其人进攻威尼斯统治下的克里特岛时，双方爆发了一场严重冲突。这次军事行动最终演变成对干地亚的威尼斯堡垒展开的一场漫长且看似棘手的围攻。威尼斯及其盟友（教皇、马耳他与托斯卡纳）越过爱琴海，攻击土耳其的补给线。此举使局势变得极其复杂。在达尔马提亚，威尼斯与土耳其的战斗从未停止过。1669年，干地亚最终沦陷。在随后的神圣联盟战争（1684—1699年）中，威尼斯与土耳其再度在爱琴海及达尔马提亚交战。在神圣联盟战争中，1699年签署的和约让威尼斯得到了整个伯罗奔尼撒半岛。但是，1715年，威尼斯在与土耳其人的新冲突中，被迫又把伯罗奔尼撒半岛割让给了他们。

威尼斯以自己不同于意大利其他地区而引以为豪，强调自己的独立地位与共和体制。威尼斯介入伯罗奔尼撒半岛，还在爱琴海上作战，这都强调了威尼斯对希腊世界一直兴趣不减的事实。这是一种不同于萨伏伊—皮埃蒙特与米兰的地缘政治。

知识危机

反宗教改革运动让人们明确反对在知识领域的自由尝试。在许多方面，它是一场反文艺复兴运动，虽然这样的描述不合时宜地简化了文艺复兴。意大利名人遭了殃。此前，天文研究激发了人们用数学来认识宇宙及其运作方式的兴趣。这一点在与莎士比亚同时代的帕多瓦大学数学教授伽利略·伽利雷（1564—1642年）的著作之中表现得尤为明显。数学家伽利略当时还效力于托斯卡纳大公科西莫。他最早的出版物《几何和军事用之比例规的操作》

（1606年）专攻军事工程，而非航海。但是，伽利略在书中强调了工具（罗盘）的使用，以及运用数学法则的重要性。因此，伽利略的实证研究聚焦于新发明的望远镜。1608年，荷兰出现了世界上第一台望远镜。伽利略又对这种工具进行了极大的改进。他的研究使哥白尼关于太阳系的观点变得言之有物、有说服力。此外，1609年年末，伽利略在《星空信使》（1610年）中揭示了他用自己发明的20倍望远镜所获得的发现。这本书告诉人们，月球就像地球一样崎岖不平、有山有谷，从而彻底改变了人们对月球的理解。

这种相似性挑战了亚里士多德的论点。他认为，地球与天堂的本质与特质完全不同。中世纪基督教世界的思想家们基于亚里士多德的权威，将月球看作是行星般的存在。在他们看来，月球有着完美的形状与运行轨道，并且恒久不变。然而，地球却易变易腐。因此，地球是救赎与传播宗教讯息的理想场所。伽利略也向人们揭示了木星有着四颗卫星的事实。如此一来，他就向人们说明作为地球卫星的月球并非独一无二。

1613年，人们以《圣经》为依据，对伽利略的天文学观点发起攻击。作为一位有着自我意识的理性主义者与经济主义者，伽利略随即与教会权威起了冲突。部分原因是他在著作《两大世界体系对话》（1625—1629年）中，比较了托勒密与哥白尼的两大体系，并对前者表示赞同。1633年，（成立于1542年的）宗教裁判所谴责了伽利略的观点，因为他认为地球是运动的，还说《圣经》不是科学权威。此外，伽利略的原子论也挑战了天主教变体过程的教义，因此就危及弥撒活动。事物的本质在这两种情况下都至关重要。伽利略被囚家中。在科西莫成为托斯卡纳公爵的过程中，宗教裁判所被引入托斯卡纳。科西莫认为自己等同于教会权威，尤其是教皇权威，而教皇长期以来一直想要将自己的势力向北扩展。由于伽利略被教皇机构宗教裁判所判了刑，他就不必再因宗教问题接受托斯卡纳政府的审判了，而后者的审判可能会要了他的命。因此，管辖权之争在伽利略人生中的这次危机里发挥了重要作用。

伽利略的追随者们十分能干，尤其是阿方索·博雷利与埃万杰利斯塔·托里拆利。但是，他们不得不对哥白尼的问题避而不谈。此外，1657 年成立于佛罗伦萨的西芒托学院主要从事"安全的"实验研究。这是由教会压迫造成的。学院在 17 世纪末变得更加著名。

人们虽然仍然相信神秘力量的存在，但却对它与自然及自然力量的共存有了更复杂的理解。与此同时，与反宗教改革运动的天主教相关的蒙昧主义出现了几种表现形式。1700 年，天主教徒里查德·科里德在参观罗马托伦蒂诺的圣尼古拉斯教堂时注意到：

"神父（牧师）们把小小的饼做得像法寻铜币一样大，然后把它们摆起来，称之为七个饼；他们为面粉祈神赐福，然后和着圣水做成饼，分给病人吃。如果这些人恢复了健康，他们就说是被饼治愈的；如果这些人死了，他们就说饼拯救了他们的灵魂。"

这样的言论也许看似幽默，但最终的结果是在意大利自由探索精神受到了限制。此外，这在与英格兰及荷兰相比较时显得尤为明显。人们面临着被当作异端惩罚的威胁，这是一个严重的问题。结果是，世俗与教会权威均担心自己有任何程度的僭越，被人指责鼓动异端邪说。因此，长期以来反对教皇主张与哈布斯堡王朝观念及野心的威尼斯，不想变得名誉扫地。

国家

意大利大部分地区都面临着战争与异族统治的双重危险，这使越来越多的意大利贵族阶层开始效力于外来统治者。萨伏伊—皮埃蒙特是个例外。在那里，政府更强调国际竞争，而军国主义对盛行的政治风气而言更加重要。在萨伏伊—皮埃蒙特，常规军使贵族阶级专业化，让他们比意大利其他地方的贵族更好地与政府紧密融合起来。1740年，英国访客约瑟夫·斯宾塞评价道，这个国家的目标是"时刻准备好作战；掂量可能会与之交恶的列强的实力；然后与那个可以给他们在意大利带来最大利益、自身实力增强后最不会侵害他们利益的大国结盟"。

从16世纪到1737年美第奇家族在托斯卡纳的统治结束的漫长时期内，意大利独立领地的数量下降了。1540年，佩鲁贾处于教皇统治之下。1624年，德拉罗韦雷家族将乌尔比诺公国割让给了教皇。无论意大利政府与统治者如何变化，贵族阶层日益与发展中的国家形式与惩罚模式融为一体。

社会

《工人的疾病》（摩德纳，1700年）是第一本研究工人健康与社会医疗的专著。在这本书中，帕多瓦大学医学教授伯纳迪诺·拉马齐尼揭示了雇佣劳动对健康造成的严重影响。他指出，不寻常的体力劳动强度带来的压力，或是诸如裁缝与织布工这类工种不得不采取的姿势，均会导致机体失调。他论及石匠与矿工罹患的肺结核，镀金工人与印刷工患上的眼疾，裁缝的坐骨神经痛，陶工的无精打采，以及澡堂服务员、化学家、渔夫、烟草商、葡萄酒商与洗衣妇各自的疾病。这是巴洛克时期十分不同寻常的观点。

一般来说，除了这些常见问题，17 世纪对整个欧洲来说都是一段特别灰暗的时期。部分原因是"小冰河期"的存在及全球变冷。这也许是由太阳黑子活动所致。结果是，作物生长季节变短，农业生产面临着一场危机。但是，人们很难以可量化的方式评估生活标准。

意大利受创尤为严重，特别是疾病以及战争爆发带来的影响。例如，1656 年那不勒斯的瘟疫流行。因此，当时社会上频频出现公众悔罪活动，旨在与上帝和解。在更现实的层面上，1699 年，理查德·科里德在米兰注意到，人们为预防瘟疫所做的努力："他们吃了那么多大蒜预防瘟疫，以至于都可以把人毒死。"

社会的丑陋面是人们视犹太人为眼中钉。因此，1638 年，摩德纳的犹太人被围在了贫民窟里。他们至少从 1025 年起就开始生活在那里了。大斋期布道将基督之死归罪在他们头上。新教徒也不受待见。虽然托斯卡纳的商业政策允许新教徒与犹太人在里窝那经商，但是他们并不受人欢迎。1747 年，他们被赶出了热那亚。

那个时期的战争与流行病给经济需求造成打击，导致货币贬值与极度的通货膨胀，人们债台高筑。这些债务给许多人带来了严重危机，贵族家族被迫出卖自己的庄园。

文化

与此同时，意大利是大胆的巴洛克文化运动与风格中心。这场运动始于罗马。两位关键人物吉安·洛伦佐·贝尼尼（1598—1680 年）与弗朗切斯科·博罗米尼（1599—1667 年）均在罗马工作。他们雕刻的建筑物有行云流水般的风格，作品引人注目的同时又惹人喜爱。二人打造的建筑常常有着装饰繁复、巴洛克风格的内景，尤其是用大理石、黄金、宝石砌成的圣坛与采用错视画法绘制的天花板画作。不太著名的地方与作品也运用了巴洛克手法。人们遵照巴洛克风格，重建了位于佩鲁贾的14世纪圣多米尼克教堂。12世纪的斯波莱托大教堂也是如此。

歌剧的诞生

克劳迪奥·蒙特威尔地（1567—1643年）出生于克雷莫纳市。1602—1612年，他受雇于曼托瓦公爵。其间，他发明了一种新型娱乐方式——歌剧。代表作有《奥菲欧》（1607年）与《阿丽安娜》（1608年）。在《奥菲欧》中，俄耳甫斯用歌声打动了冥王，获得他的怜悯。在此之前，戏剧史上出现了重要先驱，尤其是戏剧幕间歌与配乐诗体戏剧。意大利自15世纪起就在这两个领域内均占有重要地位。曼托瓦、费拉拉、佛罗伦萨与威尼斯在当时都是重要的音乐创新中心。蒙特威尔地创造了一个音乐统一体。他大量地创作着音乐。自1613年起，蒙特威尔地生活在威尼斯，为公共剧院创作音乐。人们往往认为《波佩阿的加冕》（1642年）是他的杰作。

自1637年起，威尼斯修建了许多歌剧院。事实上，到1700年，威尼斯至少建成了16座歌剧院。因此，剧作家要创作大量歌剧来满足需求。彼尔·弗朗切斯科·卡瓦利是蒙特威尔地的学生。他创作了包括《卡利斯忒》（1651年）在内的近40部歌剧。他和马克·安东尼奥·切斯蒂均为17世纪中叶的重要人物。王公贵族们也建起大型歌剧院，包括帕尔马的歌剧院（1618年）。当时的歌剧通常是盛大的演出，"建筑"舞台为诸如想象中的火灾与洪水这样的场景提供了背景。

教会的文化职责模糊不清。1708 年，在乔治·亨德尔的清唱剧《复活》的首场演出中，抹大拿的马利亚是由女高音歌唱家玛格丽塔·杜拉斯坦蒂演唱的。教皇克雷芒十一世（1700—1721 年在位）对女歌手获准参与一部神圣作品的演出表示不满，结果歌剧在第二场演出时用一位阉人歌手代替了玛格丽塔。

统治者们试图与教会打成一片。托斯卡纳的科西莫三世（1670—1723 年在位）将艺术家送往罗马受训，并托人制作了一个用于盛放圣克雷希头骨的圣骨盒。1717 年，维托里奥·阿梅迪奥二世开始在苏佩尔加山上建造一座大型教堂，以纪念 1706 年他在附近的都灵取得的胜利。之所以选定墙外的地点是因为他当初就是在那儿找到法军阵地最薄弱之处的。教堂在 1727 年成为圣地，如今它依然占据着都灵的天际线。教堂后面建了一座修道院，当时想用作王陵，让修士们永远为王朝逝者获得救赎而祷告。这种构造类似于西班牙的埃斯科里亚尔、葡萄牙的马夫拉修道院，以及奥地利的克洛斯特新堡。

虽然建造大教堂是皇家赞助教会艺术最明显的例证，而且大教堂被用作举办诸如婚礼之类的大型皇家活动，但是许多君主也是现存机构的慷慨赞助人。例如，君主们委托创作了许多教会音乐。17 世纪的情感有一种充满活力、引人注目的宗教狂热。与悲歌剧有相似之处的是意大利作曲家与歌唱家所创造的由古典时期神话、严肃的英雄主义与庄严音乐组成的世界。

古代或现代、世俗或宗教的意大利文化对外国人的影响可能是深远的。1692—1699 年，当吉尔斯·玛丽·奥本诺德（1672—1742 年）在法兰西学院的资助下在罗马学习时，他在那里形成了自己的风格。他最初的装饰作品是为巴黎圣母院与巴黎圣日耳曼德佩教堂设计圣坛。这些圣坛设计完全依照罗马模式，而他在巴黎皇家宫殿的建筑作品则受到博罗米尼与意大利北部地区建筑的深刻影响。意大利艺术品成了其他地区艺术家与收藏家竞相模仿的对象。1701 年，奥地利亲王约翰·冯·列支敦士登请佛罗伦萨青铜铸工马西米利亚诺·索尔达尼为他制作大公爵藏品集的缩小版雕像。

宗教

1714 年，枢机主教德·拉·特雷穆瓦耶作为具有敏锐洞察力的法国驻罗马使节，向路易十四进言道，教皇克雷芒十一世与萨伏伊—皮埃蒙特的维托里奥·阿梅迪奥二世间的争端正在危及岛上的天主教信仰。维托里奥·阿梅迪奥二世最近从 1713 年签订的《乌德勒支和约》中取得西西里岛。拉·特雷穆瓦耶称，在西西里主教辖区内使用教皇禁令会让那些"本来不知道宗教信条"的人完全忘记信条的存在，而且，他宣称，自己之前在那不勒斯以南的主教辖区索伦托曾目睹过同样的过程：人们不再自找麻烦、不做弥撒，也不领圣餐了。这样看来，教会是一道屏障，它让宗教信仰流于形式的平民不至于失去信仰。

但是，事实上，天主教信仰当时在意大利很流行。人们严格奉行着感情外露的巴洛克式虔诚信仰。这种信仰基于当地的圣人及他们的圣殿，在意大利南方尤为明显。自 1743 年起，多明我会教士与神学家丹尼厄罗·孔奇纳（1687—1756 年）认为，威尼斯社会已经去基督教化了。事实上，在意大利全境范围内，弥撒出勤率及圣餐领受率都很高，而且，人们大力支持宗教游行，狂热崇拜圣徒与圣母，资助兄弟会与朝圣活动，保护圣迹。

意大利身份，即仇视西班牙

17世纪为意大利历史意识贡献了仇视西班牙的情绪。仇视西班牙有历史、主题及地区的多重原因，但共同的理由是西班牙统治是有害的占领。尤其是，它既象征着也进一步导致了意大利无法接受现代性。这些论点在17世纪时已经出现，特别流行于反对西班牙统治的那不勒斯批评家之中。它们将对18世纪反对反宗教改革运动的启蒙运动思想家们起到关键作用；19世纪，它们对意大利复兴运动及自由主义的意大利也同样意义重大，尤其是在谴责西班牙的盟友，特别是教皇与南方贵族时。此外，20世纪法西斯主义评论员反对与西班牙的联系，因为他们认为这体现了意大利的弱点。意大利因此而受制于人，这也成了意大利虚弱的原因。

这些描述对于人们看待意大利民族都是有用的，但是它们都弱化了西班牙与意大利之间千丝万缕的联系。同时，它们也忽略了意大利当地人参与这个意大利—西班牙世界的范围与程度。此外，这些描述认为，当时意大利明显有着另一种选择，可是情况并非如此。与之相反的是，意大利在17世纪时除去西班牙之外的替代方案往往是与法国结盟。当时不存在意大利民族国家的原型或前景。但是，在国外，人们对意大利是有所了解的，正如同样四分五裂的德国的情况那样。1700—1709年，英国军队称萨伏伊的尤金亲王为"汝等意大利老亲王"。意大利国内存在着大家普遍接受的共同身份，至少是在受到一些教育的人中间。但是，意大利没有类似于德国宪法所规定的联邦制惯例，尤其是帝国议会、帝国法庭，以及为帝国军队招募士兵的帝国团体的地方体系。

第六章

旧秩序下的意大利

这些地区的国王不是"人民的国王",人民却是"国王的人民"。

"由于米兰人民生活在奥地利政府的压迫之下，他们对奥地利政府的怨恨与恐惧超过了世人对任何政府的怨恨与恐惧。奥地利政府对米兰人民的压迫超出了他们的承受能力，比之前任何一位主子（西班牙是奥地利之前的那位）都让他们感到不堪重负。要是有谁能帮助他们摆脱奥地利，米兰人民自会欣然接受，但是皇帝（查理六世）的3万士兵让他们心生敬畏。"

　　　　　　——1726年，英国访问者约翰·米尔斯关于意大利统治的评论

权力的拉扯

　　18世纪上半叶的意大利处于战争当中。战争使意大利领土的控制权发生了重要变化，由此导致整个意大利境内的统治权也有了变数。所有这些具有破坏力的战争造成极大的分裂。与此同时，独立国家均试图提升政府权力与效力，尤其是撒丁岛（萨伏伊—皮埃蒙特）与外国列强统治下的意大利领土，例如米兰（伦巴第）。

　　下文的描述十分详尽。它对于向我们说明统一前意大利政治的本质及当时地缘政治的成因，至关重要。意大利18世纪的战斗始于1701年。当时，法国试图阻止奥地利入侵米兰。因为皇帝利奥波德一世（1658—1705年在位）当时准备接受对西班牙哈布斯堡王朝遗产的分割，西属意大利是奥地利哈布斯堡王朝的重要目标，尤其是米兰。1701年，在海牙大同盟体系下，奥地利、法国、英格兰与荷兰一致支持将西属意大利分给利奥波德。相反，路易十四赞成由他的次孙，安茹公爵腓力（西班牙国王腓力五世）继承整个西班牙王权。路易十四成功地与萨伏伊—皮埃蒙特的维托里奥·阿梅迪奥二世结盟，而后者生活在大国的包围之中。

萨伏伊—皮埃蒙特的西面是法国，东面是西属伦巴第，南面是亲西班牙的热那亚。维托里奥·阿梅迪奥二世之前与法国签订的同盟条约将于1703年的最后一天到期失效。他向利奥波德解释说，当时为避免被法国占领，他除了签约别无选择。维托里奥·阿梅迪奥二世一直就想着条约一到期就改变立场，而且他也确实这么做了，目的是获得英国与荷兰的补贴，以及得到占有米兰部分地区的承诺。

意大利任人鱼肉。1702年，奥地利为赢得巴伐利亚的马克斯·埃马努埃莱（1679—1726年在位）的支持，向对方提出以巴伐利亚交换那不勒斯与西西里的方案。结果马克斯向奥地利催要米兰，而马克斯在1704年也向路易十四提出了这项要求，并且还附加上穿过提洛尔前往米兰的宽阔廊道。

战争解决了争端。1706年，由尤金亲王与维托里奥·阿梅迪奥二世率领的奥地利—皮埃蒙特联军打败了围攻都灵的法军。皮埃蒙特众议院将会一再强调这项重大成就，而这项成就也凸显了统治者与战争之间的联系。法国人战败后撤出意大利。反过来，1707年，奥地利人占领了那不勒斯。1708年，他们在英国海军的支持下夺得撒丁岛。

在战时秘密谈判中，米兰的未来起到了关键作用，而整个意大利则成了外交活动的沃土。1711年，法国人为赢得维托里奥·阿梅迪奥二世的支持，提出把米兰送给他，并封他为伦巴第国王。次年，即1712年，法国又提出除了将巴伐利亚归还给他们的盟友马克斯·埃马努埃莱外，还要把西西里岛分割给他。如果做不到这一点的话，那就把撒丁岛给他。法国拒绝了维托里奥·阿梅迪奥二世提出的扩大阿尔卑斯山脉屏障的要求，因为那会让法国的多芬省易受攻击。

到头来，根据1713年签订的《乌德勒支和约》的规定，奥地利统治者、查理六世皇帝（1711—1740年在位）获得了除西西里岛外的西属意大利，而西属意大利则归维托里奥·阿梅迪奥二世所有。萨伏伊家族获得世袭国王头衔，这对意大利的统一来说至关重要。维托里奥·阿梅迪奥二世是安妮女王（1707—1714年在位）的"表妹夫"，因为他的妻子新奥尔良的阿内—玛丽是安妮女王的小姨亨利埃塔的女儿。安妮女王乐意看到维托里奥·阿梅迪奥二世成为国王，因为英国政府需要一个弱小的盟友来牵制西西里岛。和约也解决了维托里奥·阿梅迪奥二世此前提出的阿尔卑斯山脉边境问题，但最终所得的没有如他当初想要的那般丰厚。不过，和约规定的安排比旧有边境在地理上更具连贯性。哈布斯堡王朝获得的曼托瓦公国得到了承认：此前与波旁王朝结盟的曼托瓦公爵被视为叛徒。他的国家与头衔都遭褫夺，公爵本人也逃往威尼斯避难并在那里去世。

查理六世不想放弃西西里岛，但被迫在1714年接受了和约条款。西班牙国王腓力五世（1700—1724年在位）未与查理签订任何协议。1714年，他（在第二段婚姻中）迎娶埃丽莎贝塔·法尔内塞也表明对意大利仍感兴趣。埃丽莎贝塔是无子嗣的帕尔马公爵的侄女，而维也纳宣称帕尔马公国是帝国封地。

1717年，战争再度在意大利爆发。在《乌德勒支和约》签订4年后，西班牙成功入侵撒丁岛。1718年，西班牙又向西西里岛发起进攻。1717—1720年、1733—1735年，以及1741—1748年，意大利战事不断。当时的紧张局势一直持续到1748年。就意大利而言，这主要是因为奥地利与西班牙的野心均未得到满足。感到满意的都是诸如威尼斯这样弱小的意大利国家。变化不能给它们带来任何收益。当地世家预料之中的绝嗣所带来的好处加剧了两个大国间的争端。1731年，帕尔马的法尔内塞公爵们的男性继承人绝嗣；1737年，托斯卡纳的美第奇家族大公们的男性继承人也没了后代。腓力五世支持由他与埃丽莎贝塔·法尔内塞的长子，即出生于 1716 年的唐·卡洛斯三世来继承两地。但是，查理六世试图将这些领地作为帝国封地来实行管辖。

对抗天花

致命的敌人除了其他人类还有许多别的威胁。天花曾是个需要认真对待的杀手，尤其是对儿童而言。它带来了死亡危机，包括 1707 年、1719 年在米兰，以及 1726 年在维罗纳的情形。18 世纪 50 年代，天花在意大利暴发；18 世纪 60 年代初，它在威尼西亚出现。天花也不分等级，1777 年，它夺去了那不勒斯的费尔南多一世兄长的生命，结果国王让他的孩子们都接受天花预防接种。

疾病难以战胜。人们常以不愿冒险扰乱神意为由，拒绝接受天花接种。这种行为并不总是无知的。1772 年，一位英国旅人诺顿·尼科尔斯牧师在罗马写道："这里的天花似瘟疫般肆虐。它带来了一场可怕的浩劫。人们对接种存有很深的偏见。他们荒谬地认为，混乱也许会卷土重来。但是，如果让它自然而然地结束的话，天花就会停止。"事实上，1714 年以后，接种在意大利的传播也许与天花的高发病率有关。因为进行过接种的人在没有隔离时会成为传染源。打预防针而非预防接种在击败天花时起到重要作用，但它直到 19 世纪时才被引进。

那个时期的冲突与外交将导致超过一半的意大利控制权的转移。在大多数情况下，这是在无视当地统治者与居民意愿的情况下发生的。意大利统治者们确实试图通过外交方式表明并捍卫自己的利益，但往往均以失败而告终。1710 年，托斯卡纳的科西莫三世为最终重建共和政府寻求支持，后来决定由自己的女儿在他那没有子嗣的儿子们之后继承王位。1713 年，佛罗伦萨参议院与二百人会议以法令的形式通过并认可了由科西莫三世之女继位的主张。但是，科西莫三世未能给女儿的顺利继位赢得多少国际保证。1714 年，查理六世拒绝了科西莫三世的主张。1716 年，科西莫三世选定由摩德纳的埃斯特家族作为女儿的继承人，以期实现领土统一。事实上，如此一来，也许能打造一个强大的意大利国家，成为萨伏伊—皮埃蒙特的代替品，但查理六世不愿接受这个方案。

其他意大利统治者的需求也遭到无视。查理六世拒不承认维托里奥·阿梅迪奥二世为西西里国王，拒绝保证其领地的完整性。1716 年，查理六世为推动一项边界争端，派军前往热亚共和国的诺крито。查理对米兰、曼托瓦与那不勒斯的控制，为这样的军事行动提供了基础。

1720 年，维托里奥·阿梅迪奥二世被迫以西西里岛交换更加贫穷的撒丁岛。这反映出意大利统治者们面对决策时缺乏回旋余地的被动地位。此前的这项协议结束了维托里奥·阿梅迪奥二世与西班牙在 1717—1720 年间的战争，而战争起因是西班牙入侵撒丁岛。这一交换对意大利的未来意义深远，因为它使萨伏伊—皮埃蒙特能与对它影响极少的领地相连。相比之下，正如 12 世纪末及 13 世纪时，西西里岛与霍亨斯陶芬家族间所展示的那样，西西里岛更加富庶、人口众多，在历史上也更易引起人们的共鸣。那种情况当时也许会对萨伏伊—皮埃蒙特国家及随后的意大利历史产生重要影响，尤其是通过加强意大利复兴运动与南方重要地区之间联系的方式。相比之下，南方人认为，意大利复兴运动就是接管。

以西西里岛换取撒丁岛满足了查理六世将西西里岛与那不勒斯王国再度统一在一起的心愿。有意义的抵抗不是来自维托里奥·阿梅迪奥二世，而是来自那些想把查理挡在西西里以外的更有实力的统治者。维托

115

里奥·阿梅迪奥二世此前能得到西西里岛，多亏了法国与英国的支持，特别是英国。1713 年，一支英国海军中队把他送到了那里。但是，乔治一世（1714—1727 年在位）并未贯彻执行安妮女王的托利党大臣们反奥地利的政策。1715 年，路易十四去世后，维托里奥·阿梅迪奥二世愤愤不平地抱怨法国未能遏制住奥地利在意大利的扩张。

1718 年，西班牙出人意料地进攻西西里岛。大多数西西里人并不支持自己的国王，而西班牙又迅速攻占了岛上的大部分地区。这使维托里奥·阿梅迪奥二世的外交手腕顿时失去了用武之地。2 万名西班牙士兵在巴勒莫登陆，维托里奥·阿梅迪奥二世的 1 万名士兵则散落于西西里岛各部，巴勒莫仅驻兵 1400 人。影响西班牙命运的不是维托里奥·阿梅迪奥二世，而是其他列强的军事行动。列强下定决心，只有在它们允许的情况下，《乌德勒支和约》才有发生改变的可能。此前，英国舰队的军备未能阻止西班牙人入侵西西里岛。但是，1718 年，英舰在离西西里岛的卡波帕塞罗不远的海面上，摧毁了大部分西班牙舰队。与此同时，查理六世已与英法签订协议，为交换西西里岛与撒丁岛做好准备。一旦帕尔马与托斯卡纳的本地世家绝嗣，查理六世就将为唐·卡洛斯继承两地做好准备。

有时，当地的一些人也起了些作用。就那不勒斯而言，大多数人在 1700 年西班牙国王卡洛斯二世去世时还是忠于西班牙的，而且尽管在 1701 年曾爆发过一场支持奥地利的失败政变，他们还是认可由腓力五世即位的。然而，面对 1707 年奥地利的征服，人们并没有反抗。与实用主义相对的是人们一直以来无论在哪位国王统治下，都想要为那不勒斯王国及其精英阶层尽可能地争取更多自主权。人们没预料到会有完全的独立，因此当它在 1734 年悄然到来之际，大家都喜出望外。人们的目标是避免完全、直接地隶属于某个专制君主的统治。

查理六世并不真的想在意大利确立唐·卡洛斯的统治。奥地利拒不屈服于西班牙的压力，这导致西班牙在 1729 年与英法签署了《塞维利亚条约》，以达成和解。条件是，英法支持西班牙在帕尔马与托斯卡纳驻军。人们也许会觉得不可思议，这样一个明显看来相对无足轻重的议题对当时的意大利与欧洲外交居然如此重要。但是，鉴于西班牙对国际担保缺乏信心，在两地的卫戍就成了确保卡洛斯顺利继位的唯一基础。同时，在欧洲其他国家看来，这些卫戍部队可能是西班牙摧毁现存的意大利体制、开创自己的意大利征服伟业的工具。在腓力五世的统治下，当时的西班牙刚好再度处于上升期。作为英国与奥地利和约的一部分，1731 年 3 月，奥地利同意接受西班牙驻军。一支由英国与西班牙组成的联合舰队护送西班牙军队前往里窝那（来克亨）。卡洛斯也在同样的陪护条件下，紧随其后。由于帕尔马的安东尼公爵在 1 月去世，而且让欧洲外交家们翘首以盼的安东尼公爵寡妻的孕事到头来又是空欢喜一场，卡洛斯继位成了新公爵。

法国反对奥地利主导的欧洲新秩序。1733 年，法国与西班牙一道攻打奥地利。维托里奥·阿梅迪奥二世的继承人卡洛·埃马努埃莱三世与波旁家族联盟，为他们提供援助。卡洛·埃马努埃莱三世在他的父亲迎娶情妇安娜退位之际，继承了王位。1731 年，在安娜的影响下，维托里奥·阿梅迪奥二世试图重掌王位，结果遭逮捕后被投进大狱。安娜被送进一所收容改邪归正的妓女的感化院，后来又被遣往女修道院。在很大程度上，奥地利的困境源于意大利。因为在那里，英国外交未能解决奥地利与卡洛·埃马努埃莱三世间就朗格边境地区最高统治者地位方面存在的分歧，也未能解决奥地利与西班牙就卡洛斯的领地及西班牙军队在意大利规模上的矛盾。在一个等级与认可度是地位与权势重要指标的社会里，这些问题是极其令人恼火的。但是，显而易见的是，腓力及其妻子正伺机恢复西班牙对意大利的影响。

1733 年，卡洛斯与卡洛·埃马努埃莱三世签订的《都灵条约》规定，卡洛斯将获得那不勒斯与西西里岛，米兰归卡洛·埃马努埃莱三世所有。那年冬天，法国与撒丁岛军队横行于米兰。次年夏，卡洛斯攻克那不勒斯，意大利南部的奥地利军队败于比通托。这是 18 世纪最关键的战役之一。尽管萨伏伊—皮埃蒙特也参与其中，但是它带来了在波旁王朝霸权统治下短命且松散的意大利统一。腓力五世将他在那不勒斯与西西里岛的权力割让给了卡洛斯。卡洛斯因此自立为那不勒斯国王。虽然卡洛·埃马努埃莱三世已按照《都灵条约》规定统治米兰，而且他试图占领仍为查理六世所有的曼托瓦，但是腓力两个国家都想要。腓力的妻子认为，帕尔马、托斯卡纳、那不勒斯与西西里岛将来应该由她的儿子们来继承。在某种程度上，这些要求是谈判筹码。但是，它们也意味着重新分配领土的大胆愿望。这是数百年间意大利历史上外交活动的常规。

　　1734 年，奥地利企图重新占领意大利北方，但是这个计划在帕尔马与瓜斯塔拉遭遇失败。1735 年，奥地利人被迫龟缩在曼托瓦的泥沙堡垒防御工事内，不过撒丁岛与西班牙间的严重分歧助了他们一臂之力。奥地利向英国施压，让后者派出海上援兵，却被英国避开了。然而，法国决定抢在盟友之前与奥地利单独议和，并且愿意在意大利问题上做出妥协。妥协与等价物是那个时期条约必不可少的特征。然而，1738 年条约的签订依靠的是撒丁岛的弱点及西班牙无力继续单打独斗的事实。和约使卡洛斯，即如今的那不勒斯国王卡洛七世，获得了那不勒斯、西西里岛与要塞城镇。但是，作为交换，帕尔马归查理六世所有，托斯卡纳重新回到洛林公爵弗兰茨一世手中。作为报答，法国国王路易十五的岳父，斯坦尼斯洛斯，吞并了洛林。因此，1766 年，他就替法国赢得了洛林。正如在《1698—1700 年分割条约》中所规定的那样，列强要求意大利给出等价物，弥补其他地方获益的亏空。1737 年，吉安·加斯托内去世，弗兰茨一世随即继承了托斯卡纳。因为弗兰茨一世之前在 1736 年迎娶了查理六世的继承人玛丽娅·特蕾莎。卡洛·埃马努埃莱不得不将米兰归还给奥地利，但他还是获得了米兰的部分地区，尤其是诺瓦拉周围的区域。这就使仍归查理六世所有的领地更易受到攻击。

　　1740年，查理六世去世后，奥地利王位继承战争爆发。查理没有儿子，因此就想把自己的全部遗产留给长女玛丽娅·特蕾莎。不过，其他统治者把这看作是获利的良机。可是，英国海军的军事行动影响了波旁家族在意大利的敌对活动。面对遭受轰炸的威胁，那不勒斯国王卡洛七世在1742年宣布中立。此事显示出18世纪最惊人的一场海军力量展示的效果。起先，卡洛·埃马努埃莱表示中立，结果在1742年将矛头指向西班牙。当时，西班牙军队前进到波河河谷。英国向玛丽娅·特蕾莎施压，在1743年签订了《沃姆斯条约》。在条约中，玛丽娅许诺将皮亚琴察与米兰的部分地区割让给卡洛·埃马努埃莱，而英国则要为玛丽娅的盟友们提供慷慨的财政支持，并为卡洛·埃马努埃莱提供海军支援。卡洛·埃马努埃莱此前决定，通过与奥地利、英国结盟而非对抗的方式，在米兰问题上使对方让步。一个月后，《第二次波旁家族盟约》使法国承诺帮助唐·菲利波一世攻克米兰、帕尔马与皮亚琴察。唐·菲利波一世是腓力五世与埃丽莎贝塔·法尔内塞的次子。1743年，西班牙军队占领了卡洛·埃马努埃莱的萨伏伊公国，并且一直控制着那里，直到战争结束。但是，波旁家族突袭卡洛·埃马努埃莱阿尔卑斯山脉防御工事的计划失败了。意大利战争诡谲多变。1745年，波旁家族与热那亚结盟后，在巴西尼亚纳打败了卡洛·埃马努埃莱，占领了阿斯蒂、卡萨莱与米兰。所有这些都发生在1745年年底前。随后，在圣诞节前，波旁家族又与卡洛·埃马努埃莱签订了停火协议。

　　法国外交大臣阿尔让松侯爵勒内·路易急于将奥地利人赶出意大利。于是，他提议让卡洛·埃马努埃莱成为伦巴第国王与意大利联邦首领。阿尔让松认为，意大利统治者们反对奥地利专横暴虐的统治、寻求自由，波旁家族应该利用这一点。但是，腓力五世反驳道，联盟并不可行，或者说要花数年时间才能谈妥。它将依赖于波旁家族的武力支持，而且，任何联盟都要由一些实力相近的国家组成，但撒丁岛（萨伏伊—皮埃蒙特）实力过于弱小，这样联盟就无法组建起来。卡洛·埃马努埃莱也不会捍卫计划中的"主权国家共和国"，反而会想方设法掠夺它，他也会掠夺而非帮助唐·菲利波一世。考虑到法国与萨伏伊—皮埃蒙特各自最终在推进并实现意大利统一时所扮演的角色，考虑到事实上其他意大利王朝，尤其是那不勒斯的波旁王朝，遭到掠夺的程度，这些论点看起来是有趣的。因为强大的法兰西王国阻止了萨伏伊众议院任何扩大自身实力的企图，而萨伏伊王朝的梦想又是重建勃艮第公国，所以，埃曼纽尔·菲利贝尔此前已将首都从尚贝里迁至都灵。直到维托里奥·阿梅迪奥统治时期，萨伏伊在意大利的扩张政策才开始奏效。维托里奥·阿梅迪奥给他的儿子及继承人卡洛·埃马努埃莱三世的指示是"意大利就像洋蓟一样，得一片一片吃"。腓力五世也深谙此道，他的发妻是维托里奥·阿梅迪奥的女儿，而且他也对萨伏伊王朝与英国间的密切联系表示怀疑。

卡洛·埃马努埃莱决定，不考虑法国的方案。这使阿尔让松的计划变得不切实际了。结果，1746 年，奥地利重新占领了阿斯蒂、卡萨莱与米兰。奥地利—撒丁岛联军在皮亚琴察告捷。这是那个世纪里又一场被大多数人遗忘的关键性战役。但是，奥地利人并没能如愿以偿地把卡洛七世赶出那不勒斯。此外，1746 年 12 月，当一场民众反叛将奥地利人逐出他们此前占领的热那亚时，奥地利人没能再夺回该城。这次反叛导致当地农民掀起党派之争，工人们组成部队。牧师受训参战，妇女在防御工事上忙碌着。这次起义所展现出的狂热往往未能引起它在意大利公共历史上应有的关注。部分原因是，人们把焦点放在了后来发生的全国性意大利复兴运动的叙事上去了。更普遍的情况是，热那亚历史在利古里亚与意大利之外的地方往往被忽视。

多亏了海军，英国人全程参与了这场意大利战争。1742 年，英国成功保护了尼斯，随后是卡洛·埃马努埃莱的部分领地。但是，1743 年，英国人却失败了。1744 年，英军为在罗马以南战斗的奥地利军队提供了补给，同时阻止法国、西班牙从海上向意大利输送军队。1746 年，英国帮助奥地利与撒丁岛攻克热那亚、重获尼斯。英国战舰也转移了撒丁岛军队，前去支持科西嘉反抗热那亚统治的叛乱。当热那亚反叛时，英国人通过封锁从旁协助盟友。虽然奥地利并不情愿，但是在最终的《亚琛和约》（1748 年）中，卡洛·埃马努埃莱获得了此前他在《沃姆斯条约》分割到的除皮亚琴察以外的土地。唐·菲利波得到了帕尔马、皮亚琴察与瓜斯塔拉，在意大利建起了新波旁领地与波旁王朝，但是其规模无法与那不勒斯及西西里岛相提并论。

正如热那亚在 1746—1748 年所显示的那样，意大利人受到了权力政治的影响。地方主义往往是他们的应对之策。在西西里岛与那不勒斯，鲜有人支持奥地利或萨伏伊—皮埃蒙特的统治，人们反而相当亲近西班牙，尤其是它的文化。因此，由强大守护神与民众坚定虔诚的宗教信仰构成的世界，继续横扫西班牙与意大利南部，并预示着下一个世纪的情形。

经济与社会

统治的本质，尤其是统治者们的本质，没能给英国旅行者们留下深刻印象。理查德·科里德将 1694—1727 年的帕尔马公爵弗朗切斯科描绘成严酷之人："公爵是大地主，所有臣民都是奴隶。他们对公爵言听计

从。"对曼托瓦公爵,科里德描述如下:

> 费迪南多·卡洛·贡扎加二世(1665—1707),其貌不扬,就像个英国农民。每天自己驾着一辆小蓬车周游城镇,车上带着四把手枪,随行的只有一名男仆;他约有50岁,却是个浪荡子,至少养了80名情妇,而且保证她们生活舒适;这些情妇为他表演歌剧,因为她们都生得健美且能歌善舞;他在镇上约有70个孩子,但没有一个是与公爵夫人所生;他很专制,随随便便就把人投进监狱;他随心所欲地把人吊死,全凭自己高兴去集资;因为没有继承人,他挥霍无度。乔万尼·加斯托内(1723—1737年在位)是美第奇家族的最后一位托斯卡纳大公。威廉·迈尔德梅将他描绘成一个乐于让人看他行房,尤其是鸡奸的人。不过,威廉·迈尔德梅酗酒成性,并不能完成性事。

经济对人口来说更加重要,但很难决定其整体趋势。人口显然增长了,尤其是与17世纪相比,增长显著。同时,人口增长也使机遇与挑战共存。18世纪,威尼斯人口依然保持在137000左右;都灵人口则从44000上升到92000;西西里人口从100万上升至150万;本土的那不勒斯王国人口翻了一番,达到500万。意大利总人口从1300万升至1700万。

最显著的经济相对衰退体现在外国商品与商人打入了地中海市场。例如,1675年,托斯卡纳的里窝那被指定为自由港。这让英国与荷兰商人从中受益。英国人在之前很长一段时间里已作为经纪人活跃于威尼斯。他们对威尼斯与土耳其帝国之间的转口贸易造成了打击。

与此同时,对一些领域的研究已经表明,意大利经济有着极大的韧性与适应性,并取得了增长。例如,对17世纪伦巴第与威内托的研究,或者是对18世纪威尼斯贸易与威内托工农业的研究均可证明这些。通常

122

情况下，最明显的是意大利情况的多样性。作为地力肥沃、得天独厚的农业区，自 18 世纪 30 年代起，伦巴第的水稻种植量就出现了增长。一部分原因是佃农的活动，一部分原因是有充足的当地资本保证必要的灌溉。18 世纪下半叶，虽然水稻需要一定程度的灌溉并由此给淡水供给造成压力，但是伦巴第农业出现发展迹象，尤其是大米、丝绸、奶酪与黄油出口量的上涨。当时，威内托农业也有重大发展，那里的玉米种植传播范围广。阿普利亚与卡拉布里亚的橄榄油生产高度产业化，且以出口为导向。葡萄藤是重要的经济作物，它在 18 世纪传到了弗留利。

但是，总而言之，意大利处境凄凉。在很大程度上，它是传统方式与粗放耕作的结合，没有农业改良与密集型方式。在伦巴第平原上，动物提供肥料（也因此提高地力）、产出牛奶。这种混合耕作在其他方面无甚建树，而且，人们扩大土豆种植的努力也收效甚微。地形恶劣、土壤剥蚀、供水不足、交通不便与投资匮乏的主要问题在半岛上依然普遍。这与英格兰及荷兰的情况截然不同。在托斯卡纳，犁只能使浅表的土隆起，而真正意义上的土地翻整只能通过铁铲实现。在托斯卡纳的阿尔托帕肖，平均结婚年龄从 1700 年前的 21.5 岁上升至 1700—1749 年的 24.17 岁。相应地，平均每对夫妻生育的儿童数也下降了。平均结婚年龄上升。这也许是因为收入的减少，而收入的减少又与 18 世纪初小麦价格的下跌相一致。

饥荒会导致大量死亡。例如，饥荒在 1709 年造成巴里、佛罗伦萨与巴勒莫死亡率激增，1764 年又使那不勒斯王国死亡率骤然上升。那不勒斯的那次饥荒使费迪南多·加利亚尼（1728—1787 年在位）在 1769 年撰文强烈谴责谷物自由贸易。他颇有见地地指出，这是以牺牲农村地区为代价让城市受益。毫无疑问，饥荒反映了社会救济与粮食供给系统的缺陷。1764—1768 年的饥荒也许是 1767 年袭击意大利中部的流行热病暴发的原因。饥荒也会引发暴动，正如 1773 年巴勒莫与 1790 年佛罗伦萨的情况那样。此外，庄稼歉收严重扰乱了经济秩序、威胁国家税收。集中于 18 世纪下半叶的人口增长让谷物供给成了老大难的问题。

面对灾祸，社会与个人向教会寻求帮助。教皇克雷芒十三（1758—1769 年在位）以祈祷仪式来应对 18 世纪 60 年代的饥荒。正如 1765 年与 1766 年在米兰那样，佛罗伦萨在 1765 年暂停了一切大众娱乐活动，举行公众祈祷仪式以求风调雨顺重返人间。1769 年 4 月，人们列队举着一幅圣母玛利亚的神像在泰拉奇纳的街道上游行，祈求有个好天气。许多群众参与进来。1755 年，威尼斯当局在遭遇饮用水匮乏引发的危机时，发掘出一尊圣母雕像。

产量增加的主因并不是生产率的提高，而是耕地面积的扩大，尤其是自 18 世纪中期以来。正如在英格兰一样，人们把公共用地围了起来。尽管 18 世纪下半叶，商业农业在意大利大部分地区普及开来，但是生存农业仍是常态。尤其是在意大利南部地区，粮食生产依然是传统生存农业的重要组成部分。这种情况在内陆许多地区还是很普遍的。那不勒斯除外，因为它的市场通常是当地的。贵族阶层从上涨的粮价中获益，他们基本上是一群寄生虫，将农村地区的租金用作城市支出。1781—1786 年，多梅尼科·卡拉乔洛侯爵担任西西里总督。他将落后的地方农业归咎于贵族阶层很少的投入。与英国贵族阶层对新农业方法的投入相比，整个意大利，尤其是南方地区，在这方面着力较少。

但是，意大利没能像英格兰、加泰罗尼亚与低地国家那样，发展出更加多产的农业经济，并不是因为不努力。18 世纪 60 年代，帕尔马公国才华横溢的法裔首相纪尧姆·蒂罗鼓励人们种植大麻、亚麻、红豆草、土豆、桑树与葡萄藤，改良家畜育种。他还资助出版了一本养蜂的专著。18 世纪 80 年代，卡拉布里亚贵族多梅尼科·格里马尔迪要求国家为橄榄油产业购置新压榨机提供贷款，建议国王任命指导者在农村地区巡回展示压榨机的使用方法。但是，事实表明，将新思想转化成实际行动是困难的。这些新思想包括许多农业学院或是 18 世纪 60 年代帕尔马创业中心所提出的观点。当时，小规模农场主兴趣不足。部分原因是，他们没有像在加泰罗尼亚与低地国家的一些地区那样，通过家庭农场继承获得普遍延续性与控制权。他们也没有如英格兰那般，通过定期续租获得优势。这种情况使贵族阶级的态度变得更加重要。政府从来自农村省份的税收中获得财政收入，却极少采取措施提高这种收入。一般来说，意大利没有致力于改革的社会团体，或者说这种社会团体是有缺陷的。

农村地区家庭生产规模的扩大可算作变化的例证。丝绸制品与羊毛织物依然是意大利大部分地区的基本产业。更加普遍的进程是，热那亚商人将城市周围乡村地区的农业工人组织起来，从事天鹅绒生产。农业工人长时间劳作，还必须保证织布机运作良好。这种情况为妇女提供了许多就业机会。

当时还出现了最初的工厂。1769 年，伦巴第的科莫镇成立了 25 家生产羊毛制品的企业，总共雇用了 180 名工人；科莫还有 2000 名工人在 155 家企业中生产其他织物；78 名工人工作于 4 家染坊；80 名工人劳作在 3 家制革厂里；23 名工人效力于 4 家肥皂厂；12 名工人受雇于 2 家制帽厂；20 名工人用 11 台织布机生产棉纺制品；120 名工人用 2 台织布机生产针织长筒袜。1774 年，在邻近的洛可镇，500 名妇女受雇从事制丝工作。同年，在位于科莫湖的贝拉吉奥镇，有 6 家肥皂厂，还有 7 台用于生产针织布的织布机。在上维内托，以家庭为单位的纺织业中的某些领域从"外包"转向了更加集中、基于工厂的机械化生产。

但是，国内市场疲软、资本不足、交通不便，外国竞争激烈以及技术落后制约了大多数意大利产业的发展。1767 年，伦巴第仅有 1.5% 的人口为工业工人。虽然当时的定量数据往往都有缺陷，但这个比例远低于英格兰。一些地区出现了工业扩张，但另一些地区存在着去工业化的趋势，例如博洛尼亚。

为意大利写诗

1729 年，约翰·赫维男爵在与年轻朋友史蒂芬·福克斯周游意大利时，写道：

"放眼望向意大利全境，

除了贫困与自大，还能看到什么？

愚蠢迷信的闹剧，

腐朽、贫穷与忧郁；

专制权力的洗劫，

国富民穷；

村无人居、地无人耕，

衣不蔽体、食不果腹。

贵族可悲地伟大着，

在绘着壁画的穹顶下，在空空如也的国家里，

骄傲得不愿劳作，贫穷得没有饭吃，

做事不择手段，

他们不思进取也就不配享乐。

苦难铸就圣人，

他因无所事事而祈祷，因缺吃少喝而禁食。"

交通设施

　　18 世纪 80 年代，意大利出现了更多变化。虽然交通设施依然普遍不足，但已有所改善。1748 年，500 多名劳工受雇修建一条从博洛尼亚到佛罗伦萨的新路。人们希望这条路会促进伦巴第与托斯卡纳间的贸易。18 世纪 70 年代，那不勒斯政府试图通过修路来开放诸省。18 世纪 80 年代，位于更北的阿尔卑斯山脉南麓的腾达山口成了阿尔卑斯山第一个通车的关口，从而改善了从皮埃蒙特到尼斯的陆路运输。腾达山口的修建历时 17 载。

　　然而，意大利大部分地区的地形十分不利于道路与水路交通。这种情况一直持续到 20 世纪 60 年代。当时，高速公路修建带来了许多大胆的工程方案。状况才由此得以改善。山区地形扩大了人们对耕畜的需求，也限制了运输速度。糟糕的路况使旅程变得漫长且充满变数。一位挑剔的英国评论员在 1772 年观察到：

　　　　那不勒斯一直通到巴勒塔的路都是极好的。从那不勒斯到罗马的路况之所以这么好，公众应该对国王陛下感恩戴德，因为这是国王结婚用道；这些地区的国王不是"人民的国王"，人民却是"国王的人民"。

　　事实上，在意大利南部，路况如此之差以至于人们发现用船运送橄榄油更容易。1766 年，托斯卡纳政府的一项调查表明，从陆上将商品由佩夏运往阿尔托帕肖的成本与通过水路将商品从阿尔托帕肖运往里窝那的成本是一样的，而后者的距离是前者的 6 倍。虽然 1777 年从米兰经阿达河，再到莱科的小马地山那运河已经开通，但是威尼斯内陆地区以外的意大利北部运河系统并无重大扩展。在那里，从 15 世纪到 18 世纪 90 年代奥地利接管期间，运河网与河道网合二为一。意大利大部分地区并不适宜开凿运河，但这并不是唯一的问题，尤其是在意大利北部。

精神生活

当时，出现了知识发展的迹象。但是，它大多依赖于特定的知识传统及具体的政治、文化情况。意大利启蒙运动的中心是那不勒斯、米兰，18 世纪末的托斯卡纳、摩德纳与帕尔马。相反，教皇国、热那亚，在最后一位美第奇统治者主宰下的托斯卡纳及萨伏伊-皮埃蒙特不太支持新思想。事实上，1737 年，教皇克雷芒十二（1730—1740 年在位）试图阻止人们在佛罗伦萨圣十字教堂为伽利略修建陵墓。1759 年，克雷芒十三抨击了法国进步思想的宝库《百科全书》。相反，那不勒斯的修辞学教授詹巴蒂斯塔·维柯（1668—1744 年）在他的《新科学》（1725 年）中强调指出人类社会的历史进化。时至今日，人们依然认为他是现代意义上历史学科的奠基人。

科学跨度很广，从不可思议之处到理性层面无所不包。博洛尼亚的医学教授马尔切罗·马尔皮基（1628—1694 年）是微观解剖学之父。他认为，所有人最初都是白种的，但后来罪人变成了黑人。1737 年，伯纳德·阿尔比努斯（1697—1770 年）错误地宣称，黑人的胆汁是黑色的。与这些胡说八道相比，令人感到欣慰的是，1760 年，前艾米利亚神父、学者拉扎罗·斯帕兰扎尼（1729—1799 年）指出，自然发生论所谓的实验证明是错误的。自然发生论认为，无机质能变活。斯帕兰扎尼的论断推动了弗朗切斯科·雷迪伯爵的研究。伯爵曾通过腐肉中苍蝇的诞生，证明自然发生论的谬误。斯帕兰扎尼证实，细菌无法自然产生。因此，自然生产根本就不可能。他还研究了血液循环、心脏在血液循环中的活动，以及消化。在那不勒斯，圣塞维罗亲王雷蒙德·迪·桑格罗进行了遗体防腐处理实验，研究了人体。人们可以在圣塞维罗礼拜堂看到亲王的研究成果。它们与令人惊奇、栩栩如生的雕塑放在一起。1736 年出生于都灵的朱塞佩·路易吉·拉格朗日是数学史上的重要人物。

另外一些理论更加重要，但并不总是那么易于付诸实践。1775 年，伦巴第官员马尔西奥·兰德里亚尼（1751—1815 年）提出了气体测定法（对空气质量的研究）。1776 年，他被任命为米兰物理学教授。人们宣称，他的研究有益于公共卫生研究。事实上，当时是不可能测出空气质量的。空气质量与适合呼吸度之间的关系本可通过估算样本中的氧气含量得出，但在当时是不清楚的。因此，气体测定法被舍弃了。

相反，多亏了威尼斯人弗朗切斯科·阿尔加罗蒂伯爵（1712—1764 年）的出版物，艾萨克·牛顿爵士的思想才在意大利传播开来。后来，意大利人推进了关于电现象的讨论。1791 年，路易吉·伽伐尼（1737—1798 年）发表了他始于 1780 年观察导电对蛙腿肌肉影响的实验结果。他提出了后来称为伽伐尼电流的“动物电学”理论。该理论称，动物组织本身就带电。1779 年，帕维亚大学物理学教授亚历山德罗·伏特（1745—1827 年）对这种理论表示反对。1800 年，他发明了电池组与干电池。

各个国家对改革措施的接受程度也不同。教皇国的情况极不乐观，当地人受到高文盲率、高乞讨率的影响。这种情况持续到 19 世纪。但是，其他地方大力改革，尤其是伦巴第、帕尔马以及在哈布斯堡王朝统治下的托斯卡纳。1771 年，蒂罗在帕尔马失势，部分原因是他反对改革。

1771 年，谢尔本伯爵二世威廉注意到："目前，从一个城市到另一个城市，一群又一群学者也许会向你提供建议，正如之前从一个修道院到另一个修道院人们给你忠告一样。""学者"通常聚集在文化俱乐部"学院"，他们在那里讨论许多问题。当时，考古学也兴起了，尤其是在托斯卡纳。乔瓦尼·拉米是那里的关键人物。在政治方面，重要群体是围绕着米兰报纸《咖啡》的一群人，其中包括皮耶特罗·维利伯爵及其弟亚历山德罗，还有切萨雷·贝卡利亚侯爵。切萨雷写了一本小册子，谴责严刑拷打与死刑。这导致托斯卡纳大公利奥波德将它们都取缔了，同时这也影响了美国的国父们。文学家包括洛伦佐·达·彭特（1749—1838 年）与歌剧剧本作家皮埃特罗·梅塔斯塔齐奥（1698—1782 年）。威尼斯律师卡罗·高多尼创作了成功的喜剧，皮埃蒙特伯爵维托里奥·阿尔菲耶里复兴了舞台上的古典悲剧风格。

许多关于意大利史的著作将改革视为一种世俗的进程，但这种做法弱化了教会问题与教会活动的重要性。复杂的局势因国家而异，但主要问题往往是政府决定避免让教会干涉自己的内部事务并打算制约教会的影响。政府希望教会控制人们的善恶观念，这样由天主教徒组成的政府就可以管好自己。威尼斯与罗马因此在 1611 年爆发了一场冲突。18 世纪，第一次摩擦发生在都灵与罗马之间，争论焦点是西西里岛。当代术语是属地管辖原则。这事关教会与政府的管辖权问题。它的第一位辩护人是那不勒斯律师皮埃特罗·吉安诺尼。1727 年，他撰写了一部那不勒斯民法发展史。本书索引中收录了这本书。该书指出，教会法庭权力过重且无法依。这种方式虽未获得官方认可，但几乎让每位意大利统治者拍手称快。

卢多维科·安东尼奥·穆拉托里（1672—1750 年）及其弟子也有权有势。穆拉托里在他的《基督徒的温和信仰》（1747 年）中，提倡简单的礼拜仪式与大众教育，反对巴洛克式的虔诚行为。他还批评了教皇权力与隐修制度。聪明的穆拉托里在年轻时是位牧羊人，后来被学校录取，成了牧师，并当上摩德纳公爵的图书馆馆长。他写了一部历史著作，讲述自罗马帝国灭亡至1749年间的历史。穆拉托里想"热忱派"之所想。自1727年起，"热忱派"的一群枢机主教就强烈要求建立更加严肃、真正意义上的基督教教会。

18世纪60年代，改革思想得到反对教皇主张的统治者与大臣的支持，在那不勒斯与帕尔马传播开来。此外，虽然政府限制教皇及修道院权力，奉行宗教宽容政策，压制帮会与教会法庭，下令以后所有教区牧师都要在帕维亚神学院受训，但是，在18世纪七八十年代，改革派主教与牧师在伦巴第有很大影响。当时，帕维亚神学院在改革派神职人员的管理下已要进行重组。1784年，米兰统治者、神圣罗马帝国皇帝约瑟夫二世（1765—1790年在位）亲自将金牌授予那里的改革先驱。1765—1790年，约瑟夫的弟弟利奥波德大公统治着托斯卡纳。他支持希皮奥内·利奇的改革，部分原因是利奥波德大公认为这是加强政府对教会控制的方式。希皮奥内是皮斯托亚与普拉托的主教。但是，希皮奥内为了让教区牧师获得更多权力、攻击隐修制度，进行了简化礼拜式活动、重组教会的尝试。这在1787年导致大多数托斯卡纳主教的反对，并引发普拉托叛乱。因此，利奥波德不再支持希皮奥内进行改革。

长期以来，耶稣会士都被视为教皇代理人。教会中有许多耶稣会的对手，尤其是方济各会修士与多明我会修士。他们赞成对耶稣会士的打压。1764年，法国镇压了耶稣会；1767年，西班牙与那不勒斯竞相效仿；1768年，帕尔马紧随其后。克雷芒十三想保护耶稣会士。但是，他的继任者克雷芒十四（1769—1774年在位）在波旁王朝统治者的恫吓下，于1773年取缔了耶稣会。波旁王朝统治者们手中攥着教皇在法国的飞地阿维尼翁及那不勒斯王国的飞地贝内文托。这次取缔行为表明，教皇的权威已经式微。单独来看，它已经在 1742 年导致与萨伏伊—皮埃蒙特之间的司法权争端了。此外，世俗权威在 1743 年控制了托斯卡纳的审查工作，在 1768 年掌握了伦巴第的审查环节。

艺术

在文化方面，意大利失去了 16 世纪时的中心地位。但是，它依然至关重要，尤其是在艺术、音乐方面。统治者们依然是重要的赞助人。1714 年，维托里奥·阿梅迪奥二世把西西里建筑师菲利波·尤瓦拉（1678—1736 年）请到都灵。后者重建了维纳里亚王宫的皮埃蒙特宫殿及里沃利，扩建了都灵皇宫，并于 1729—1733 年为维托里奥·阿梅迪奥二世在首都外的斯林皮尼吉建了一座享乐宫与狩猎行宫。那不勒斯王室一出现，建筑师路易吉·万维泰利就于 1752 年在卡塞塔为他们建起了一座相当壮观的新乡村宫殿。

君主们除了建造新宫殿，还重建旧宫殿。这些宫殿的变化常常反映出风格的转变。尤瓦拉为维托里奥·阿梅迪奥二世之母在都灵旧夫人宫正面建了一个精美的立面（1718 年）。立面由用作庆典的巨大楼梯组成。出于美化宫殿的目的，统治者们赞助了各种类型的艺术学科，包括像卡塞塔那样的园林景观、绘画，以及精彩的创作。

1737 年，第一座皇家歌剧院圣卡罗歌剧院在那不勒斯落成。它能容纳 1300 多人。1740 年，卡洛·埃马努埃莱三世在都灵建成第二座皇家歌剧院，名为皇家剧院，专供王室与特权阶层享用。1778 年斯卡拉歌剧院在米兰落成，它当时能容纳 3600 人。

富裕的贵族也是重要赞助人，尤其是对建筑、绘画与音乐的赞助。

赞助人往往决定了艺术作品的主题，并影响其谋篇布局。1734年，尼科洛·洛斯基伯爵委派詹巴蒂斯塔·提埃波罗（1696—1770年）用湿壁画装饰他在维琴察附近的别墅。伯爵让艺术家创作了一系列复杂的说教式寓言画。在威尼斯，所谓的"威尼斯观众"，尤其是乔万尼·卡纳莱托、贝尔纳多·贝洛托、弗朗切斯科·瓜尔迪与乔万尼·帕尼尼，用暗箱与冷色调创作了精美的画作。他们把画作卖给那些想要把意大利印象带回家的人。

艺术往往涉及宗教主题，主要是因为得到了教会的资助。例如，自1728年起生活在意大利，主要是罗马的法国画家皮埃尔·苏贝利亚斯（1699—1749年）的赞助人，全是教皇、枢机主教与宗教教团。他最著名的画作《圣巴西尔的弥撒》就是为教皇指定的圣彼得教堂所作。蓬佩奥·巴托尼（1708—1787年）最为人所知的是为参观罗马的游客，尤其是英国游客，绘制的肖像画。他也创作了许多祭坛画，其中包括为圣彼得教堂创作的《术士西蒙的覆灭》。许多神职人员是伟大的个体赞助人。例如，教皇克雷芒十二与佛罗伦萨大主教朱塞佩·马尔泰利（1722—1741年在位）。

宗教也为艺术提供了赞助与主题，教堂则为许多音乐家提供了训练及工作机会。亚历山大·斯卡拉蒂（1660—1725年）是那不勒斯乐派歌剧创始人之一。1703年，他为罗马蒙特桑托圣母教堂"我们的卡梅尔山夫人节"年度庆典活动创作了音乐作品。1707年，亚历山大成了那里圣母大殿的唱诗班指挥。他的儿子多梅尼科是位有天赋的著名作曲家。多梅尼科与路易吉·博凯里尼一样，都在意大利和西班牙工作。

风格与技巧也有重大进步。例如，阿尔坎杰罗·科雷利、安东尼奥·维瓦尔第与朱塞佩·塔提尼推动了弦乐器演奏的发展，巴尔托洛奥·克里斯托在1709年左右发明了钢琴。意大利风格与同时代的欧洲音乐密切相关，并对后者产生深刻影响。亨德尔年轻时去过意大利，认识科雷利，还在罗马与亚历山大·斯卡拉蒂同台竞技。亨德尔还为教会及贵族创作了许多歌剧与康塔塔。随后，他将意大利歌剧与许多意大利歌手带到英国。约翰·塞巴斯蒂安·巴赫认真研习了维瓦尔第的音乐。巴赫还模仿了维瓦尔第的几首协奏曲。

意大利与艺术的世界主义

意大利是十七八世纪艺术世界主义的核心。在欧洲贵族阶层中，文化在主题、风格，以及艺术家与表演者的层面上是世界性的。旅行、赞助、文化中间人的作用，以及效仿的过程促进了世界主义的发展。大多数重要的法国艺术家都或多或少地在罗马的法兰西学院学习过，而且他们并不是那里唯一的学生。1728—1741 年，纽伦堡画家卡尔·托施（1705—1751 年）在意大利进行创作，随后去了伦敦，最后成了哥本哈根宫廷画师。相当多的意大利人为许多王室效力，包括德累斯顿、马德里与慕尼黑王室。詹巴蒂斯塔·提埃波罗在马德里与维尔茨堡作画。意大利在艺术、建筑及音乐领域的影响最大，但在文学领域的影响明显较弱。意大利是艺术家们的重要灵感源泉。它为其他地方的艺术家们提供培训、带去灵感。虽然赞助量有所减少，但它仍是一个能提供大量赞助的富裕社会。

稳定性

变革造成的紧张局势并未引发冲突。与 1454 年签订《洛迪和约》一样，1748 年《亚琛和约》签订后，意大利经历了长时间的国内外和平与领土稳定。甚至可以说，这种和平稳定比 1454 年时的情况更好。奥地利与西班牙联盟极大地强化了这种稳定性。因此，皮埃蒙特的扩张主义倾向遭到有效扼制：没有哪个国家会支持萨伏伊—皮埃蒙特吞并热那亚利古里亚海海岸部分地区。1768 年，法国从热那亚手中购得科西嘉。虽然萨伏伊–皮埃蒙特对此表示强烈反对，但却无能为力。部分原因是，英国不愿支持萨伏伊—皮埃蒙特。1769 年，法国镇压了科西嘉的大规模民变。这为法国后来在意大利的政策带来了某种程度上的延续性。多亏了这笔交易，拿破仑在 1769 年出生时是法国人，而不是热那亚臣民。当时没有迹象表明大体情况会有所变化。意大利看似是个由独立国家组成的稳定系统。虽然它们有着共同的宗教信仰、语言与文化，但在政治上毫无相似之处。

第七章

拿破仑改写了意大利政治

拿破仑主宰一切的意愿在意大利展现得淋漓尽致。

1789 年对都灵人来说并不是个特别好的年份。次年 1 月发布的人口数据显示，1789 年死亡人数是出生人数的 155%，部分原因是麻疹流行。尽管人们从农村地区向城市迁移，但城市人口依然下降了。城中弃儿医院接收了 500 多名儿童，他们的父母大概已经去世或无力抚养他们长大。政府也同样面对着一些陈旧的问题。虽然政府在 1775 年颁布了规章制度，但公共财产管理仍有大量弊端。最终，政府不得不成立专门委员会来解决此事。

1789—1792 年，维托里奥·阿梅迪奥三世（1773—1796 年在位）由于担心法国扩张主义复苏，尤其是在萨伏伊，所以特别重视军事问题。相反，这又使热那亚在 1790 年年初担心自己受到攻击，但是并无来敌。

尽管 1790 年夏，在都灵附近租种卡里尼昂亲王土地的农民因反对征税而揭竿而起，但是当时少有迹象表明，现有秩序很快将被打乱。政府禁止公众讨论政治，违者将遭逮捕。政府还限制了可流通的报纸量。但是，这些限制并无新意：都灵长期以来都是个监管严格的城市，那里的言论自由向来都受到了限制。所有这些都没能让都灵城乃至意大利整个国家为法国大革命的冲击做好准备。

意大利的形象

意大利最强有力的形象出自安·拉德克利夫（1764—1823 年）的笔下。这位成功的英国小说家从未到过意大利。在她那相当成功的小说《奥多芙的神秘》（1794 年）中，故事的女主人公去了意大利。小说的续篇《意大利人》（或《忏悔者的黑色忏悔》）（1797 年）在英国受到热捧，并被迅速翻译成法语。在续篇中，被捕的艾伦娜看到阴森、强大、令人肃然起敬的意大利风景。

"当热气消退、光线暗淡下去时，马车驶入了布满岩石的峡道。

峡道歪歪斜斜，马车似驶过颠倒的凸透镜一般。远处平原广阔、群山连绵，紫色的落日余晖映照满天。顺着这深邃幽暗的地方望去，一条河沿山间悬崖飞流直下，冲击磨损着黑色岩石，下落时水花四溅。继而，清澈的河水流向其他悬崖的边缘，从那里再度以千钧一发之势堕入深渊。刹那间，水花四溅、云雾缥缈，似乎在这孤寂荒野里称霸一方。河床占据了整个峡谷。看起来，它是由强烈地震造成的。河床边上都没有足够的空间可用作道路。因此，路在高高的悬崖间，紧邻河水，恰似悬于空中一般。幽暗、巨大的悬崖既高且深，流水嘶吼着，以惊人的力量一落千丈。二者让山隘妙不可言。

艾伦娜坐在马车里，向山上驶去。她并非漠不关心，而是镇定自若。她在俯瞰那不可遏制的洪流时，体会到某种可怕的快感。但是，当她看到道路延伸向一座小桥，而这桥又横亘在深不见底的鸿沟上，连接了两处相对的悬崖，湍急的河水从悬崖间倾泻而下时，她之前的快感变得强烈，升华成了敬畏之情。保护桥的只有一排细细的扶手。这桥似乎悬于云朵间。艾伦娜在过桥时，几乎忘却了自己的不幸。"

1789 年，法国大革命爆发。它结束了一段整体来说和平稳定的时期。是年末，法军入侵意大利北部地区。在法国大革命前，意大利已经出现了政治、经济上的紧张局势，但规模不及法国。让人感到不满的，大多是些陈旧的问题。例如，18 世纪 80 年代，时任教皇市博洛尼亚总督的枢机主教邦孔帕尼不受当时贵族的待见。因为他此前引教皇军队入城，还进行了政府改革。在威尼斯统治的伊斯特拉，有个叫作卡波迪斯特里亚的城市。1769—1771 年，那里的"人民"在一些持反对意见贵族的支持下，试图在由寡头政治小集团控制的地方议会中获得代表权。威尼斯政府毫不退让，这次尝试遭到抵制后失败了。在皮埃蒙特，根深蒂固的寡头政治也继续保持着相对的同质性。

到处都有各色群体敲响权力的大门。18 世纪 90 年代，其中一些团体愿意向法国寻求援助，但没有多少迹象表明，这些群体数量巨大，或者说他们的反抗表现了激烈的社会紧张局势。18 世纪，在皮埃蒙特，有专业技能的平民阶层扩大了自己所拥有的土地，而未引发明显的社会矛盾。1723 年，维托里奥·阿梅迪奥二世褫夺了一些不合格贵族的封地，然后将封地与相关贵族头衔一并卖给上层中产阶级，由此产生了一群更有经济头脑的新贵族。但是，1792 年，英国驻萨伏伊—皮埃蒙特公使约翰·特雷弗从都灵汇报称：

> 不幸的是，在这个国家里，全社会分裂成两个阶级，即王室贵族与资产阶级，而且，二者间的界限如此令人不快且清晰明确，以至于双方长期以来都小心翼翼，不过仍很容易导致彼此敌视。两个对立阶级间没有中间色调能把它们融为一体。因此，意大利就没有我们生活幸福的英国那样一团和气。

与重重压力共存的是反对激进主义、反对法国的保皇派运动。注意到这一点很重要。18 世纪 90 年代，保皇派运动即将在意大利获得大力支持，尤其是 1794 年、1799 年在那不勒斯的情况。

1792 年，法国攻占萨伏伊与尼斯。守军准备不足、人手不够，被驱散后仓皇撤退，越过阿尔卑斯山脉后进入皮埃蒙特。作为回应，维托里奥·阿梅迪奥三世雇用了奥地利军队。是年 11 月，法国吞并萨伏伊。

像热那亚这样的中立国，因为担惊受怕而备感压力。交战国也对它们提出了截然不同的要求。意大利统治者向外来势力寻求帮助。1792 年，面对法国进攻的威胁，教皇庇护六世（1775—1799 年在位）向英国求助，希望英国能震住法国。教皇国不仅请英国公开宣称自己处于英国保护之下，还要求英国派出一支舰队前往地中海地区以证明宣言确有其事。在英国公使看来，托斯卡纳无防卫能力又难以控制，而且，它的统治者费尔南多三世（1790—1801 年在位）迫切想让英国中队来到里窝那。那不勒斯对法国充满敌意，但是在 1792 年 12 月，一支规模要大得多的法国舰队来到了那不勒斯城不远处。面对法军兵临城下的威胁，那不勒斯政府同意认可法兰西共和国，并宣布中立。然而，1792—1795 年，法国集结军队，在莱茵兰与低地国家采取军事行动。

自 1795 年起，拿破仑改写了意大利政治。他作为法国的意大利军团总司令驰骋沙场，在 1796 年形成了独特的军事领导才能：自信、当机立断、快速机动、集中兵力，而且在可能时利用内线。法国在蒙多维（1796 年）取得的大捷把萨伏伊—皮埃蒙特踢出了局，在洛迪（1796 年）、巴萨诺（1796 年）、阿尔科莱（1796 年）与里活利（1797 年）惊心动魄的胜利碾压了奥地利人。意大利统治者们做出了回应。1796 年，托斯卡纳大公费尔南多三世认可了法兰西共和国。

但是，事实表明，法国想要保持胜利是困难的。法国对伦巴第的残酷剥削导致那里在 1796 年爆发了一场民众起义，起义随后遭到严厉镇压。拿破仑冷漠的报告表明民愤深重："米兰暴动人群扯下并践踏法兰西三色旗……五六千名农民加入帕维亚暴民群体。"作为回应，法国进行了大屠杀，俘虏大批人质。

拿破仑率领军队行至维也纳边界外 112 千米的地方，迫使奥地利接受了《莱奥本条约》（1797 年）。奥地利同意把米兰割让给新成立的奇斯帕达纳共和国，后者是法国的卫星共和国。作为回报，奥地利将获得威内托，而威尼斯得到的补偿是博洛尼亚、费拉拉与罗马涅。这些领地是1797 年早些时候法国从教皇手中夺得的。拿破仑对意大利北部大部分地区进行了改造，将其并入奇斯帕达纳共和国与利古里亚共和国。利古里亚共和国是在热那亚的基础上建立起来的。奇斯帕达纳共和国在雷吉奥宣告成立，国旗由绿、白、红三色组成。后来，这些颜色成了意大利国旗的颜色。奇斯帕达纳共和国在吞并了伦巴第后，成为奇萨尔皮尼共和国。这个假称的民主国家的原型为后来的共产主义国家所采用。1797年，共和国颁布宪法称，国家主权存在于全体成年男性手中。但是，投票受到了限制，而且两个议会的立法者与管理共和国的负责人都是由拿破仑任命的。

后来，1797年，根据《坎波福米奥和约》的规定，奥地利同意由法国获得爱奥尼亚群岛与重要的意大利北部军事基地曼托瓦。奥地利则得到了威尼斯、威内托、达尔马提亚与伊斯特拉。威尼斯此前拒绝加入反奥地利联盟。条约将威尼斯共和国割让给奥地利的规定，残忍地打破了它长久以来的独立。法国雅各宾派，尤其是意大利雅各宾派，谴责这是对革命理念的背叛。但是，在大革命时期，情况大多如此。正如1798年2月教皇国被攫取的情况那样，在意大利，军事便利、对战利品的贪欲、战略性机会主义，以及大规模、肆无忌惮的盘剥行为，均使法国采取侵略性军事行动。1797年，教皇警察在一次暴乱中占领了法国公使在罗马的住所：暴民躲在那里。在随后的骚乱中，法国公使的副官莱昂纳尔·迪福将军遇害。但是，考虑到法国人此前意图挑起革命起义，他们的行为就一点儿也不光彩了。拿破仑掌握控制权后，立即宣布成立罗马共和国。教皇庇护六世遭放逐。

1798年，那不勒斯国王费迪南四世（1759—1825年在位）加入反法阵营中。他的妻子是法兰西皇后的妹妹。费迪南的军队曾将法国人赶出罗马，但不久后在12月遭到法军反扑，被迫退了回来。费迪南的军队乘坐霍雷肖·纳尔逊的旗舰撤出那不勒斯，逃往巴勒莫。那不勒斯面临着四方角力，它们是保皇党、前进的法军、意大利雅各宾派与贫民（赞成革命思想但不支持法军的穷人）。1月，意大利雅各宾派与贫民间爆发巷战。在法国人与意大利雅各宾派强制实行管控前，巷战导致逾4000人死亡。

在那不勒斯，法国建立了另一个卫星政权，即帕尔瑟诺佩共和国。但是，在那不勒斯与其他地方，这些新政府不得人心。它们还因与花钱如流水、爱管闲事的占领者法国搅在一起而受到拖累。在那不勒斯，新共和国引入了无神论的庆祝活动，奉行宗教自由，拒绝聘用曾效力于国王的人，但是它没能应对面包及柴火短缺的问题。位于大多数法国军队以北地区的活动也削弱了共和国。

因此，1799年1月，枢机主教法布里齐奥·迪奥尼吉·鲁福在西西里岛发起的保皇党起义，并未遇到多少抵抗。法布里齐奥组织神圣信仰军。2月8日，他们在卡拉布里亚登陆，向那不勒斯城进发。一支由整整32000人组成的俄国—土耳其远征军及40名战士攻克科孚岛后，抵达意大利得里亚海海岸。这支队伍在下阿普利亚地区登陆，然后向北行进，占领了塔兰托与福贾。之后，他们又向西拿下了阿里亚诺、阿韦利诺与诺拉。与此同时，英国与西西里联军威胁到那不勒斯。1799年4月15日，（西西里）那不勒斯保皇党常规军从英国船只上与英军一道登陆，占领了斯塔比亚海堡及其海军兵工厂。第二支英国与西西里联军在那不勒斯以南的萨勒诺登陆（这是1943年第二次世界大战时联军登陆地），向那不勒斯挺进。途中，他们攻克的城镇包括维耶特利、卡瓦、希特拉、帕加尼与诺切拉。尽管法军在应对来敌时表现良好，但后来在5月初，英国与西西里联军占领了伊斯基亚岛与普罗奇达岛，完成封锁。6月13日，那不勒斯也陷落了。意大利人不太关注这场有外国介入的解放运动，但它是可以与1943年英美联军的军事行动相提并论的。

贫民起义给那不勒斯的意大利雅各宾派带来打击，许多人惨遭谋杀。6月，随着100多人被处决，新秩序在那不勒斯确立。意大利评论者往往很关注这些处决活动，是因为它们可以让人据此谴责波旁王朝，而且被处决的都是改革者。人们并不太关注在较长一段时间内被法国人杀害的成千上万的意大利人。

以党派的方式看待过去的做法具有启发意义。在左派一方，人们认为，1943 年的外国干预是有益的。原因是，尽管它是英美的资本主义干预，但它支持"积极"力量，即左派。相反，人们认为，1799 年英国与俄国（而不是法国）的介入是反对"积极"力量的，因为在法国支持者与意大利复兴运动间被画了一条线。因此，外国干预也就与1943—1946 年诸如行动党这样的左翼群体发生了联系。行动党自称是意大利雅各宾派思想的继承人，而意大利雅各宾派的思想"优势"因其反对那不勒斯的波旁王朝而被强调，正如加里波第将在 1860 年所做的那样。

1799 年，那不勒斯君主制复辟。反法起义也在包括皮埃蒙特与托斯卡纳在内的其他地区爆发了。后来，1799 年，联军将法国人赶出了意大利，其中包括由英国海军对热那亚实施的封锁。

但是，1800 年，拿破仑卷土重来，在马伦哥会战中击败奥地利。1801 年，法国与奥地利通过协商签订了《吕纳维尔和约》。皮埃蒙特与伦巴第处于法国的控制下，威尼斯与威内托则归奥地利所有。西班牙将路易斯安那转让给法国。作为补偿，帕尔马公爵得到了托斯卡纳。1801 年，拿破仑吞并了厄尔巴岛；1802 年，他又兼并了皮埃蒙特。

随着第三次联盟战争的扩大，1805 年，意大利南部地区战火再起。法军占领了那不勒斯王国部分地区。结果，1805 年 11 月，一支英俄联军赶到，法军被迫撤退。人们制订了保卫那不勒斯王国的诸多计划，但鲜有民众支持，部分原因是俄军的勒索。此外，1805 年发生在远处的事件对意大利局势产生重要影响。特拉法尔加海战意味着，在距离那不勒斯不远的地方奉命介入的法国与西班牙联军军舰失败了。但是，拿破仑在如今捷克共和国内的奥斯特里茨村，力挫奥地利与俄国军队，结果导致意大利南部地区的新秩序崩溃。俄国与英国先后撤兵，而国王费迪南未能平息拿破仑的怒火。在各个层面上，意大利人都不得不应付更加强大的外来势力。

相反，1806 年，卡拉布里亚成了一场重大起义的战场。事实表明，各地农民对所有军队与大多数政府都充满敌意。但是，意大利保守主义最终在卡拉布里亚被法军压制下去了。他们还残忍地强制推行新秩序，包括调遣一支 48000 人的军队，以及使用突击卫队作为惩罚手段。针对法国对"武装平民"展现出的"显著严酷"，英国观察家发表了评论。"武装平民"因"极度缺乏枪支弹药"遭受重创。

1806 年，英国对卡拉布里亚的军事干预时间太短，因而未能真正让法国的脚步变慢。但是，国王费迪南此前已在西西里岛避难，并处于英国舰队与守军的保护下。英军指挥官威廉·本廷克勋爵将英国立宪政体引入西西里。相似地，皮埃蒙特的维托里奥·埃马努埃莱一世（1802—1821 年在位）逃难到了撒丁岛。

法国不再建立共和国了。1806 年，拿破仑把那不勒斯托付给自己的哥哥约瑟夫；1808 年，当约瑟夫成为西班牙国王时，拿破仑又把那不勒斯送给了自己最小的妹妹卡罗丽娜。与卡罗丽娜共同统治那不勒斯的是她的丈夫约阿希姆·穆拉特。穆拉特还是拿破仑的元帅与骑兵指挥官。1805 年，在拿破仑当时还活着的妹妹中，年龄最大的埃莉萨成了卢卡公主；1809 年，她又获封为托斯卡纳女大公。拿破仑的另一个妹妹波莉娜成了瓜斯塔拉公爵夫人。拿破仑任命波莉娜的丈夫卡米洛·博尔盖赛王子为意大利北部法国诸省总督。

拿破仑主宰一切的意愿在意大利展现得淋漓尽致。1802 年，他在那里自封为意大利共和国（这是对奇萨尔皮尼共和国的重新命名）总统。1805 年，他自立为意大利国王，还任命继子欧仁为总督。同年，拿破仑在米兰大教堂用伦巴第铁王冠为自己举行了加冕仪式。1806 年，法国打败奥地利后，将威尼斯与威内托并入王国版图；1808 年，教皇区紧随其后；1810 年，特伦蒂诺也加入了进来。拿破仑提到了意大利王国的意大利民族精神，但却把意大利的大部分地区并入法国，其中包括 1801 年兼并的要塞，1802 年吞并的皮埃蒙特，以及 1805 年时夺下的热那亚、帕尔马。利古里亚共和国在君主制的法属意大利显得很多余。1809 年，伊特鲁里亚（托斯卡纳）被吞并。1806 年，伊斯特拉、达尔马提亚、的里雅斯特与阜姆港被让渡给意大利王国。当时，就像伊利里亚行省一样，它们在 1809 年成了法国的一部分。

1810 年，法国兼并教皇国。1811 年，拿破仑之子出生。他被封为罗马王，成了帝国王位的继承人。教皇庇护七世（1800—1823 年在位）被捕后让人遣送到了法国，而且，许多拒绝宣誓效忠的神职人员也遭到逮捕。对传统天主教的攻击包括关闭、毁坏修道院，禁止许多事实上作为世俗主义组成部分的宗教节日与游行活动。在贯彻这种新秩序时，警察派上了用场。但是，由于这些政策，合作的基础遭到破坏，民众陷入恐慌。

拿破仑最后一次前往意大利是在 1807 年。他加紧了对意大利的文化掠夺，而这场文化掠夺始于法国大革命。许多画作与雕塑为法国攫取，尤其是在意大利北部地区，包括威尼斯在内，还有罗马。其中一些艺术品仍可见于许多法国博物馆之中。此外，意大利还要为法军提供大量男丁。他们中的许多人在 1812 年入侵俄国时死于非命。

然而，随着战事吃紧，拿破仑并不愿在 1813—1814 年与奥地利谈判议和，因为他不愿将交出意大利王国的统治权作为签署和约的部分代价，他不愿因此只能控制法国。1814 年，战败的拿破仑被流放到厄尔巴岛，该地在他统治时成了公国。1815 年，拿破仑重返法国意图夺权，穆拉特前往驰援。两人均遭遇惨败。

意大利解放者的失败

与妻子卡罗丽娜共同治理那不勒斯的约阿希姆·穆拉特曾试图培养一种意大利民族主义精神。1815年3月15日，当穆拉特对奥地利宣战时，他自称意大利解放者。当时，他试图帮助从厄尔巴岛重返法国的拿破仑，并从中获益。1814年，穆拉特背弃了拿破仑，从而保全了那不勒斯王国。但是，当他意识到如今奥地利人乐于看到自己被废黜时，天生野心勃勃的穆拉特不愿听从拿破仑相机而动的建议。3月19日，穆拉特进入教皇国，侵略意大利中部，以进一步向北挺进，攻打奥地利人。他占领了罗马与佛罗伦萨。3月30日，穆拉特在切塞纳击败意图阻止他前往博洛尼亚的奥地利军队。穆拉特之所以能取得这种程度的胜利是因为许多奥地利军队当时位于阿尔卑斯山脉以北。3月31日，他在里米尼向全体意大利人民发表声明，呼吁他们建立新秩序，为意大利发动一场"独立战争"。

但是，不受欢迎的拿破仑统治与奥地利军队的集结让穆拉特遭了殃。4月16日，奥地利军队占领博洛尼亚；4月21日，他们拿下了切塞纳；5月2日、3日，他们在托伦蒂诺击败穆拉特。战败后，穆拉特的军队因士兵开小差而瓦解。

英国通过海军力量起到重要作用。他们出现在距安科纳与加埃塔不远处的地方，包括西西里岛。随后，一小支英国中队抵达那不勒斯不远处，迫使那不勒斯海军投降。穆拉特的阵地土崩瓦解了。5月20日订立的公约让穆拉特黯然离去。他的地位被西西里国王费迪南四世所取代。5月23日，英国海军与奥地利陆军占领了那不勒斯。

由于穆拉特之前的屡次背叛，拿破仑并不欢迎他。于是，穆拉特先逃到土伦。然后，由于法国王权复辟，他又去了科西嘉。穆拉特在那里集结了一些追随者，躲进无法进入的内陆地区。因为匪首的角色不太光彩，穆拉特试图回到他之前的王国。10月8日，穆拉特适时地向卡拉布里亚发起进攻，但很快就被击败并俘虏。经过法庭审判，费迪南军中的行刑队在10月15日处决了穆拉特。人们可以在皮佐参观穆拉特的囚室与坟墓。蜡像给昏暗的囚室带来了生气。

法兰西时代

在随后关于意大利发展的种种描述中，人们认为拿破仑时期起到了主要作用。尤其是，人们觉得，拿破仑时期带来意大利民族主义的兴起，促进了资产阶级的发展。拿破仑为人称道之处是修路、推行宗教自由政策、允许离婚，还进行了一系列行政改革。1809年，托斯卡纳语成为意大利王国规范用语。事实上，1814年，当哈布斯堡王朝重新获得控制权后，他们所实行的制度立刻让人感到，在很大程度上，那是对拿破仑体制的借鉴。随着法国中央集权对教皇国地方机构自主权的清除，教皇权力被削弱。这些举措时常挑战教皇的政治权威。因为当这些地区此前接受教皇作为它们的统治者时，人们订立的协议就包括对教皇古老特权的尊重。

拿破仑的侄子，即后来的拿破仑三世路易·拿破仑，在他的《拿破仑思想》（1839年）中指出："他在意大利缔造了一个伟大王国。意大利王国有独立的行政机构与军队……意大利这个名字是如此美丽，数年来却被废止。当时，它被归还给了此前被分割出去的诸省。那名字本身预示着它未来的独立。"

但是，事实上，拿破仑政权不受欢迎，它导致政府与社会的分歧，而且分歧变得突出。时至今日，它依然是意大利的一个特征。拿破仑政权不受欢迎的原因包括，它给人们带来沉重财政负担，7万人因拿破仑战死。具有讽刺意味的是，拿破仑时期是自罗马帝国以来，意大利在政治上最团结的时候，尤其是在试图塑造政治文化方面。但是，在很大程度上，一如征兵制、征税及宪兵队的建立，这是法国为自身利益，基于法国模式强加给意大利的。

在法国的控制权已长久确立并获得当地精英阶层配合的地区，即伦巴第与艾米利亚，法国人做得最为成功。然而，在更南部的地区，尤其是意大利中部农村地区，法国人做得就没那么出色了。在利古里亚，拿破仑依靠法国行政官员，不太顾及当地的传统习俗与民意。但是，在皮埃蒙特，他起用了当地官员（正如他在其他地方所做的那样），并授予其中许多人高位。在伦巴第、艾米利亚与之前的奇斯帕达纳，也就是当时的奇萨尔皮尼共和国，拿破仑赞助的大多是意大利人，而且，在很大程度上，拿破仑依靠地方自治。这样做使他从这些地区已经显而易见的发展及启蒙程度中获益，尤其是在帕尔马公国。拿破仑根本就没有支持资产阶级。自1808年起，他确立了许多贵族头衔。1811年，他允许"旧秩序"贵族申请新的拿破仑头衔，然而后一种头衔远没有前者受欢迎。

被迫加入拿破仑体制的重重负荷预示着，1943—1945年，在墨索里尼的萨罗共和国里，人们在关于德国人的问题上将会遇到的情况。直接比较可能不太受人欢迎，但随后人们会看到二者均试图改写历史，而历史是应该严格审查的。

第八章

拿破仑之后的复兴与统一

1848 年是"革命之年"。许多国家的紧张局势引发了一场席卷大半个欧洲的统治危机。

维也纳会议完全重新界定了意大利的边界。通过吞并热那亚与整个利古里亚，皮埃蒙特的地位得到了巩固。它成了奥地利与英国抵御法国扩张的一道屏障。由于伦巴第—威尼西亚成了奥地利的一部分，托斯卡纳又成为哈布斯堡王朝次子的遗产，法国可能的扩张与势力影响被进一步降低。威尼斯与热那亚并未恢复独立，而且意大利共和主义在很大程度上被削弱了。帕尔马重新成为波旁—帕尔马王朝，但却是在玛丽·路易斯去世后。她是拿破仑的第二任妻子，也是神圣罗马帝国皇帝、奥地利的弗朗茨一世之女。与此同时，波旁—帕尔马王朝"进驻"如今已经成为公国的卢卡。当玛丽·路易斯在 1847 年去世时，王朝重新回到帕尔马，卢卡则并入了托斯卡纳。摩德纳公爵们如今成了哈布斯堡—埃斯特家族成员。

　　当时还存在着重要的文物归还活动。1814—1815 年，法国不得不将此前攫取的许多画作与雕塑归还原主。教皇任命伟大的新古典主义雕塑家安东尼奥·卡诺瓦为教皇委托工作总指挥，卡诺瓦收回了许多艺术品。奥地利要求法国归还此前伦巴第与威尼斯失窃的作品。由于联军对法国的占领直到 1817 年才结束，这些要求得到满足。

　　由于许多变化的出现，当时意大利的独立主权国家数量少于 1792 年之前的数量。虽然教皇国与那不勒斯都被根深蒂固的旧政府体制削弱，相应地其合法性如今也受到挑战，但是它们都恢复了此前的组织形式，统治者也重新掌权。那不勒斯国王费迪南四世（西西里国王费迪南三世）从巴勒莫回到那不勒斯，废止了之前西西里推行的更加开明的 1812 年议会宪法。两个王国合二为一，费迪南成了两西西里国王费迪南多一世。两西西里是新王国的称号。目前，英国控制了马耳他与爱奥尼亚群岛，基本上形成在地中海称王称霸的局面。面对这种情况，意大利政局最终有赖于奥地利陆军与英国海军。法国已经基本上被清理出局。

正如 1843 年尼古拉·法布里齐计划在教皇国北部辖区与那不勒斯率先掀起一场意大利全境范围内的革命一样，革命密谋仍在继续。教皇国北部辖区与那不勒斯之所以被当作起事地点是因为两地民怨最深。梅特涅对伦巴第一威尼西亚的局势信心满怀，因此把革命计划传递给了那不勒斯与罗马，结果却发现那里的政府对此反应平平。最终，革命者考虑到政府采取的防御措施，放弃了起义计划，只采取了小规模的革命行动。然而，紧张局势并未因此而得到缓和。1844 年，那不勒斯王国的科森扎爆发叛乱，后来被镇压下去。但是，这些联盟政府显然无力应对一场大规模起义。

与此同时，激进分子的失败导致越来越多的意大利民族主义支持者会聚到皮埃蒙特的领导下。由于皮埃蒙特政府对民族主义运动的影响，许多意大利民族主义支持者变得更加保守。这种转变在很大程度上与卡米洛·迪·加富尔伯爵（1810—1861 年）有关，他自 1852 年起出任皮埃蒙特首相。

1848 年是"革命之年"。许多国家的紧张局势引发了一场席卷大半个欧洲的统治危机。这些国家中有些在本质上还是民族主义的。在意大利，人们对奥地利统治与日俱增的敌对情绪是个重要因素。意大利复兴运动是追求统一的事业。在意大利与对手奥地利及盟友皮埃蒙特竞争关系中，意大利复兴运动成了不可分割的一部分。1 月，意大利革命在巴勒莫爆发。博洛尼亚、佛罗伦萨、里窝那、摩德纳、那不勒斯、帕尔马与威尼斯也相继起事。在西西里，人们恢复了 1812 年宪法，议会控制着岛上大部分地区。那不勒斯的叛乱迫使国王通过一部宪法。相比之下，皮埃蒙特无须为民族主义的挑战而担忧。

最著名的奥地利指挥官陆军元帅约瑟夫·拉德茨基（1766—1858年）曾参与过拿破仑战争，他收复了奥地利的阵地。拉德茨基从米兰向东撤退，进入"四边形"坚固的堡垒中。"四边形"是莱尼亚诺、曼托瓦、佩斯基耶拉与维罗纳。联合意大利爱国军指挥官是皮埃蒙特国王卡洛·阿尔贝托（1831—1849 年在位）。拉德茨基利用内线，集中兵力对付一字排开的皮埃蒙特军队，制胜率部前进的卡洛。拉德茨基军队中约有 1/3 的士兵是意大利人，奥地利军队中的大多数意大利士兵也都战斗在意大利战场上。1848 年，拉德茨基在维罗纳附近的库斯托扎取得了压倒性胜利。此后，他又夺回了米兰及伦巴第大部分地区。1849 年，拉德茨基在诺瓦拉战役中，力挫卡洛·阿尔贝托，迫使后者退位。接着，拉德茨基对威尼斯实施封锁。那里的人们在饥饿与霍乱的折磨下投降。1850—1857 年，拉德茨基升任伦巴第与威尼西亚总督。此举传达了一个明确无误的信号，即奥地利依靠武力维护统治。

1848 年 5 月，波旁王朝军队通过许多流血事件压制住了那不勒斯的反叛。1848 年年末，1849 年年初，这支军队恢复了对西西里岛的控制。在罗马，改革者庇护九世（1846—1878 年在位）当选为教皇。他开始了大刀阔斧的改革，尤其是放宽了审查制度，在罗马组建了经选举产生的当地政府，并于 1848 年在教皇国颁布宪法。但是，庇护不愿与皮埃蒙特一道，向信奉天主教的哈布斯堡王朝开战。因此，庇护在 1849 年被人推翻。一个共和国宣告成立。此举是对旧秩序富有戏剧性的排斥。它对整个信奉天主教的欧洲来说意义重大。这些地区大多联合起来支持庇护。势不可当的法军乘坐轮船，从土伦快速来到奇维塔韦基亚，成功包围罗马。1849 年，他们占领了罗马。西班牙与那不勒斯军队也伸出援手。是年 9 月，庇护为聚集在那不勒斯皇宫滨海大道上的那不勒斯军队祈福。与此同时，奥地利军队在亚平宁以东地区恢复了教皇的统治，并在托斯卡纳恢复了旧秩序。藏于那不勒斯圣马丁诺国立博物馆的阿基莱·韦士柏画作，描绘了教皇为那不勒斯军队祈福的场景。它捕捉到的那场胜利庆典似乎反映出旧秩序的强大。

1850 年，庇护九世返回罗马。他不再是一位开明人士了。1854 年，庇护将圣母无染原罪教义定义为信仰教条。这是圣母崇拜的关键一步。1864 年，他发布了《谬论举要》，并将其附在通谕《何等焦虑》之后。在《谬论举要》中，他谴责了宗教信仰自由与议会制政府。1870 年，庇护召集梵蒂冈第一届大公会议（1869—1870 年），会议发表宣言《教皇无误论》。教皇国公开处决反叛者，它成为神权国家。更加具有积极意义的是，19 世纪五六十年代，教皇国试图进行改革。但它并不具备必要的行政结构与资源。聆听罗西尼的《小庄严弥撒》（1863 年）能让人体会到当时许多人感觉到的宗教狂热。

罗马共和国此前已将朱塞佩·马志尼推到前台，他成了三人统治集团的首脑。作为意大利复兴运动的重要思想家，马志尼对意大利的民族性有一种伪宗教的看法。这种意大利民族性与他所谓的必要的道德重生息息相关。在他的推动下，这项事业得到了国际社会的尊重。马志尼是位鼓舞人心的舆论领袖。他认为，自由是释放人类潜力、赋予意大利人以自主权的方式。马志尼的自由观结合了其理想国家的内部条件。尤其是，基于 1789 年法国大革命的模式，为弘扬社会正义，马志尼想要建立的国家就算没有均等化，也要做到在法律面前人人平等。为实现这一目标，马志尼还热衷于调动工人合作社。与后来出现的墨索里尼一样，马志尼也是一位修辞学大师：这种比较并不广泛地受人欢迎。为有效地发动人民，将宗教与世俗的语言、观点融为一体，马志尼与墨索里尼一样，积极主动地利用报界。在他看来，上帝与人民的精神结合是民主的民族主义的奋斗目标与实现途径。马志尼的宗教是非教条主义的，但是意大利复兴运动的许多思想与大部分语言均表明天主教的影响。

细思意大利

意大利复兴运动唤醒了人们对意大利的兴趣。英国及其他国家的政治家与知识分子接受了它表现出的对自由的追求，在某种程度上认可了它对以往所主张形象的弃绝，认同它是个"正派的"国家。例如，融合古典文明及风景与现代复兴希望的意大利"思想"深刻地影响了诗人威廉·华兹华斯（1770—1850 年）。他在一首十四行诗中赞美了古老的威尼斯共和国。华兹华斯还与意大利诗人、道德家与历史学家交好。乔治·拜伦伯爵（1788—1824年）明显享受在意大利的生活，他还深切同情意大利追求政治自由的壮志。拜伦要不是参与了作为现代十字军东征一部分的希腊自由之战，很可能会死在意大利。然而，19 世纪初，意大利在英国的名声也许因为激进分子将那里选作藏身之所而受到损害。这些危险分子有着可疑的生活方式。例如，拜伦与生活无拘无束的诗人珀西·比希·雪莱。自 1818 年起，雪莱就生活在意大利，直至 1822 年在那里溺亡。

19 世纪后期，意大利的事业变得更加流行，尤其是因为革命看似不大可能会在英国发生。诸如 1846 年私奔后搬到佛罗伦萨的布朗宁夫妇这样的作家，以及特别是像乔治·特里维廉这样的历史学家，对意大利的现状特别感兴趣。查尔斯·狄更斯积极支持意大利复兴运动，还有像威廉·尤尔特·格莱斯顿与帕尔姆斯顿子爵亨利这样的杰出政治家。例如，19 世纪 50 年代，人们认为托斯卡纳的政策构成了宗教迫害，尤其是对新教徒的迫害。这使人们支持意大利复兴运动。一般说来，反天主教教义起到了重要作用。但是，它也确保了爱尔兰人对主教的普遍支持。

当时，有许多公众演讲与报纸文章支持意大利复兴运动。在威廉·贝尔·斯科特完成于 1861 年的画作《19 世纪：铁和煤》中，当地报纸上刊登着当年 3 月纽卡斯尔一场演出的广告，说它是一幅"伟大的全景图！！！意大利的加里波第。为自由而战……"当年，英国是第一个正式承认意大利王国的国家。1864 年，当朱塞佩·加里波第（1807—1882 年）访问英格兰时，成群结队的工人阶级人士对他的到来表示热烈欢迎。他还在当时掀起一股服装、饰品热潮，获得许多支持。有种饼干以他的名字命名，叫作加里波第。

然而，这种热情并未持续多久，意大利统一后，人们就失去了对它的同情与兴趣，而且，甚至于在意大利复兴运动期间，之前对运动的支持就明显有种纡尊降贵的成分，尤其是在英国。

意大利复兴运动的胜利

大多数评论者若知道 1860 年年末，时局即将发生剧变，定会大吃一惊。1859 年，法国支持皮埃蒙特在意大利北部对奥地利作战，结果奥地利战败。法国这么做是皮埃蒙特首相加富尔伯爵斡旋的结果。能干的加富尔是奥地利梅特涅的翻版。虽然他们的社会追求并不见得有多么不一样，但是加富尔与梅特涅的政治理想不同。1852—1859 年、1860—1861 年，加富尔担任皮埃蒙特首相。1858 年，他与拿破仑三世达成共识，打算背地里激怒奥地利，使其参战。同时，奥地利参战也是自身愚蠢所致。1859 年，法国军队起到了关键作用，因为皮埃蒙特军队只有近 6 万人。1917—1918 年，甚至更多地在 1943—1945 年，人们可以看到，外来势力在意大利历史关键时刻所起到的作用。但是，这种情况并非意大利所独有。例如，1918 年与 1944 年，法国也有过类似经历。

拿破仑三世是那个时代墨索里尼式的人物。他十分自负地装模作样并追逐荣耀。这些对意大利统一大业来说至关重要。拿破仑三世自认是在追随叔父拿破仑一世的脚步，觉得自己是在做好事。他也受到了皮埃蒙特的影响。自 1855 年起，皮埃蒙特与法国结盟（还有英国及土耳其），并派出 18000 名士兵参加 1854—1856 年对俄国的克里米亚战争。拿破仑三世与卡斯蒂廖内伯爵夫人间的风流韵事也对加富尔产生了影响。维琴妮是加富尔的表妹，1858 年，加富尔为使维琴妮成为拿破仑三世的情妇，特意将她送往巴黎。

为将部队运往意大利，法国动用了汽轮、火车。这些交通工具缓解了阿尔卑斯山脉带来的阻碍，尤其是它们使得军队向前行进，阻止了奥地利军队从米兰进犯、蹂躏皮埃蒙特。铁路将法军运到土伦与马赛的港口。他们可以从那里乘汽轮，再坐火车前进。1859 年 5 月 4 日，法国在马真塔战胜奥地利，后于 6 月 24 日在索尔费里诺打败敌军。法军的新式回旋加农火炮让他们在对阵奥地利的滑膛加农炮时占了上风。法国加农炮以精准的反炮兵火力打掉了大部分奥地利滑膛加农炮，从而摧毁了奥地利步兵。因为奥地利步兵不能很好地利用自己手中性能更优良的步枪。此前，奥地利步兵在测距与瞄准方面受训不足，结果导致法军能靠近他们展开刺刀战。法军采取的战术与拿破仑一世统治时期的类似，都使用了密集部署与纵队策略。

交战双方均计划不足、指挥不连贯。特别是，在有效、快速决策的系统化过程方面，它们既无原则指导，也缺乏实践经验。将军们尚未达到即将成为理想的状态：根据特定时间的军事决策与相互关联的战术行动来实施战略计划。这种失败与毫无章法、松松垮垮的指挥有关：这种特征造成战略前后不一致，战斗缺乏有效的整体规划，还导致战术零碎。这些指挥实践反映出指挥官们的禀性，尤其是拿破仑三世糟糕的军事领导。

大量军队的部署加剧了运输、补给与管控士兵的问题。当时，约有25万兵力集结于苏法利诺。如此多的士兵给指挥与管控带来了巨大问题，双方统帅部基本上都失去了对战局的控制。战争变成消耗战。

然而，法国伤亡惨重，战役将给法军带来重重困难。这对皮埃蒙特的军队更是如此，而且，奥地利在苏法利诺取得后卫战斗的胜利。部分基于这些原因，法国并未加紧进攻奥地利坚实的"四边形"堡垒，也没有攻击威尼西亚。这在当时本可能构成可怕的挑战，尤其因为奥地利陆军中的意大利部队战斗力强且极少有临阵脱逃之辈。当时，人们害怕奥地利可能会恢复元气。拿破仑三世担心法国取胜后普鲁士的态度，也担心法国国内天主教圈子因关心教皇处境而施加的压力。所以，1859年7月，拿破仑三世转而通过协商签署了《维拉弗兰卡停战协议》。加富尔因为这份单独和约而辞去相位，但是他在1860年再度掌权。

威尼西亚归奥地利所有。反过来，奥地利也是希望和平的。因为它担心万一战争继续，革命民族主义将给奥地利带来挑战。皮埃蒙特获得了伦巴第与帕尔马。尽管根据1860年3月24日签订的《都灵条约》规定，皮埃蒙特不得不将萨伏伊公国与尼斯县割让给法国作为战争赔偿，但是它们也利于保持与法国的同盟关系，这是皮埃蒙特对付奥地利的有力保障。出生于尼斯的朱塞佩·加里波第因割地而愤愤不平地抱怨着。在两地政府与法军的双重压力下，尼斯与萨伏伊人民就合并事宜举行公民投票。伦巴第因工业与农业的重要性，以及它作为意大利北部中央舞台的政治声望成了皮埃蒙特的重要收获。米兰在意大利国内及意大利周边地区的号召力仅次于罗马。

长期以来，萨伏伊与尼斯都是皮埃蒙特统治者萨伏伊王朝的领地。自此之后，它们一直都归法国所有。一直处于热那亚统治下的科西嘉岛也经历了相同的命运。但是，它是法国在 1768 年购得的。在墨索里尼统治下，1940 年在法国战败后的意大利占领期内，当时存在着恢复失地的希望。但是，自此以后，这些希望就再也没有得到广泛认同。

　　战争结束后，皮埃蒙特国王维托里奥·埃马努埃莱二世（1849—1861 年在位）禁止意大利复兴运动代表人物加里波第攻击教皇国，推进统一大业：通常情况下，民族主义的条款把它的支持者们搞得四分五裂，而这也是民族主义的控制权从马志尼转向加富尔的一方面。

　　相反，1860 年，加里波第辞去了他在皮埃蒙特军队中的将军一职，率领 1000 名红衫志愿兵从热那亚扬帆前往马尔萨拉。5 月 11 日，他们登陆了。这次军事行动的目的是帮助西西里岛上的一次反叛，共同反对那不勒斯波旁王朝统治下的两西西里王国（西西里岛与意大利南部）。叛乱此前于 4 月 4 日在巴勒莫爆发。加里波第向前挺进时采取了速战速决的战略方针，并在战斗（在卡拉塔菲米与米拉佐）与巷战（在巴勒莫）中获胜。士气的作用很重要。在米拉佐，波旁王朝的军队虽然伤亡更少，但他们却后退了。英国人的合谋不仅体现在他们没有动用皇家海军试图阻止远征队，也未阻挠他们后来向本土地区的前进，还体现在英国把军舰挡在加里波第的汽船与那不勒斯的轮船之间，使后者无法攻击汽船。

　　1860 年，加里波第从西西里越海在意大利南部登陆。9 月 7 日，他占领了那不勒斯。后来，加里波第又在沃尔图诺河之战中击败弗朗切斯科二世。接着，他将自己占领的领地拱手让给了维托里奥·埃马努埃莱，使后者能建立起意大利王国，从而取得 19 世纪最大的一场胜利。与攻城略地同时发生的是那不勒斯人民发起的一场革命。也许加里波第能够快速取胜更多的是由于人们对波旁王朝的敌对情绪，而不是加里波第的共和主义，更别说来自掌权的皮埃蒙特议院的支持了。那不勒斯的波旁王朝是不再坐在法国国王王位上的波旁家族中的一个支族。他们没有在那不勒斯国内外获得有效支持。从另一个角度来看，外来秩序当时被强加给那不勒斯。在很大程度上，这种秩序是由外界干预所带来的破坏因素所造成的。虽然当时及此后的一些那不勒斯人表达了这种观点，但其他意大利评论者并未对此大加宣传。相反，他们强调与外部敌人奥地利之间的斗争。

1859年，奥地利从博洛尼亚与安科纳撤走了卫戍部队。在维托里奥·埃马努埃莱率领下的皮埃蒙特部队，利用局势从中获益。他们占领了罗马涅，随后向南进发，击败教皇与那不勒斯的军队，使加里波第不能决定意大利的未来。1860年3月，公民投票结果导致罗马涅正式被皮埃蒙特吞并。1859年，教皇军队在佩鲁贾残酷镇压了一场民众起义。但是，1860年，当皮埃蒙特军队抵达时，象征着教皇权威的堡垒被人摧毁。公民投票决定，翁布里亚成了新的意大利王国的一部分。撒丁王国在1859年获得伦巴第；随后在1860年3月吞并了摩德纳、帕尔马与托斯卡纳；同年10月，它兼并了两西西里王国；11月，它取得了罗马涅、教皇区与翁布里亚。

战争带来的经济压力

法国大革命与拿破仑战争极大地扰乱了意大利诸国的经济，使其此后也继续苦苦挣扎。部分原因是，其他地区的技术变革给意大利的农业与工业造成压力。这种情况带来累积压力，因为投资资本无法轻易积聚起来。此外，还存在着因资本主义与资源争取而引发的社会、政治紧张局势。由于王政复辟时期（1815年后）各国竞相恢复贵族阶级统治，更加开明的中产阶级受到了限制，经济选择也受到影响。资本主义的压力给个体农民家庭所扮演的角色带来冲击，尤其是在有着大农庄的平原地区。因此，个体农民沦为没有土地的日薪工的情况更突出了。为此，民众充满敌意的举动包括攻击稻田、发动罢工。

大多数人都面临着巨大的压力。1816年，由食物短缺与疾病暴发导致的生存大危机使死亡率攀升。因为人口整体呈上升趋势，越来越多的人寻找着土地、就业、食物与济贫供应的机会。这给经济体制带来更大压力。农业生产技巧与农业技术原始，土地面临的压力成了严重的问题。家中年纪较小的儿子与更加贫穷的佃农，处境尤为艰难。日益加重的农村贫困与散工数量增加有关。意大利南部，尤其是卡拉布里亚的贫困问题十分尖锐。

就像许多国家一样，营养不良曾是许多意大利人的永久性生活状态。人口增长导致人们把更多的注意力放在谷物生产上。当时的普遍情况是，人们对动物饲养关注不足，而动物是肥料的主要来源。当时不仅存在着食物匮乏的问题，而且人们可获得的食物种类也不足。意大利面与干豆是主食。在许多地区，例如西西里岛西部与中部，面包常常短缺。于是，人们就用刺梨来代替面包。农民极少吃肉，食物常常是汤。

女人的处境尤为凄凉。在许多被遗弃的孤儿中，女孩的数量占绝大多数。许多女性从事着艰苦的农业、制造业工作，尤其是除草、编织与纺织。据说，1835年，西西里岛上大部分农妇要么从事着工业生产，要么给人当用人。

按照西方的标准来看，意大利经济落后、资本匮乏、国内市场有限，而且无意推动经济增长、现代化与变革。教会方面尤其如此。全球化的重重压力让人们清楚地认识到，意大利已经失去了许多工农业的相对优势，并由此导致市场与就业机会的流失。这削弱了传统经济中对补充性收入来源的依赖。相反，专业分工此时开始崭露头角。

与此同时，区域差异依然在人们应对经济压力时居于中心地位。在皮埃蒙特，不像在波河下河谷或是阿普利亚那样，占有土地的小农依然重要。因此，那里的阶级矛盾不突出，政治也更加稳定。但是，当这样的小农极少时，社会就会更加分裂。区域差异与地区内部分歧同时存在。这一点在意大利历史上普遍存在。

技术与基础设施取得重大进步。地中海地区的第一艘蒸汽船是1818年在那不勒斯试航的"费迪南多一世号"。1839年，意大利修建了第一条铁路。1851年，人们在焦维山口，人工挖掘出意大利第一条主隧道。隧道全长3.2千米，位于海平面以上472米。这条隧道连接了利古里亚与皮埃蒙特，在1852年通了火车。为了在皮埃蒙特开发铁路系统，加富尔大举借贷。1866年，全岛通火车。1847年，电报开始出现。截至1851年，铁轨与电报覆盖了半岛，并将意大利与法国、奥地利相连，继而通往英国与德国。意大利理所当然处于变化之中。

第九章

意大利人的大国梦

意大利决意赶上那些已经取得大量殖民地的欧洲列强，尤其是英国与法国。这种决心使他们争勇好斗。

1861 年 3 月 17 日，意大利王国诞生。皮埃蒙特国王维托里奥·埃马努埃莱二世（1849—1861 年）此时当上了意大利国王（1861—1878年），加富尔则升任首相。意大利半岛因此而动荡不安。奥地利依然统治着重要的地区与领土，尤其是威尼西亚地区与一些民族主义者视为真正能够代表意大利的领土，即伊斯特拉、达尔马提亚与特伦蒂诺。此外，在意大利中部，教皇国反对新政治秩序。事实表明，庇护九世带头反对意大利统治与自由主义。1861 年，新成立的国家实行宗教自由。这项政策遭到了教皇庇护的谴责，因为它动摇了天主教会的地位。

1862 年、1867 年，加里波第试图解放罗马，均以失败而告终。1862年，意大利军队在阿斯普罗蒙特山，血腥阻挠往罗马行进的加里波第军队。拿破仑三世保护了教皇的阵地，因为他想建立意大利联邦，而非单一制国家。这种保护比"十字军"的保护更加重要，因为后者是被教皇武装起来，来自信奉天主教的欧洲与加拿大。1867 年，当加里波第的部队在蒙特罗通多击败教皇军队后，法军与教皇军一道在 1867 年的门塔纳战役中打败了加里波第。即使加里波第也许至少是在按一些当局人士的意愿办事，他在教皇国也没得到多少支持，此时还成为让意大利政府蒙羞之人。此外，马志尼对民主的追求，更别说革命共和主义，也宣告破产。

1866 年，意大利在拿破仑三世的鼓动下，与普鲁士一道对奥地利作战。奥地利在库斯托扎战役（6 月 24 日）中击败了意大利，并在亚得里亚海取得利萨海战（7 月 20 日）的胜利。意大利政府不仅占领了威尼西亚，还有意夺取亚得里亚海另一侧的伊斯特拉与达尔马提亚。它先计划拿下利萨岛，但是意大利舰队遭到一支人数与装备更少的奥地利舰队的攻击。战斗变成一场舰对舰军事混战。其中，意大利军队毫无准备且缺乏指挥技巧，结果导致意方伤亡更加惨重。在战斗中，威尼斯水手为奥地利而战，对抗皮埃蒙特人与伦巴第人。意大利舰队依然控制着利萨附近的水域。但是，报界宣称，这场战役是失败的。

7 月 3 日，普鲁士在今捷克共和国境内的萨多瓦对奥地利造成致命打击。他们继续向维也纳逼近。由于奥地利人民的意志崩溃了，而意大利人如今也在向着的里雅斯特与特伦托前进，奥地利要求议和。在随后签订的和平协议中，意大利得到了威尼西亚。这样的安排主要是因为普鲁士想要削弱奥地利的实力。这是一项重大收获，很难想象，如果意大利不通过这种方式，还能有什么办法得到威尼西亚。此前，意大利通过法国而受益，如今它又沾了普鲁士的光。意大利之前分散了奥地利与普鲁士作战的军队。

如果威尼西亚依然处于奥地利统治之下，那么不管是故意还是无心，这在当时也许会导致奥地利与意大利为此开战。此外，如果这场战争没有打起来的话，意大利也许会在"一战"早期加入协约国。但是，任何以威尼西亚作为奥地利一部分而展开的战争，均将给意大利人带来大麻烦，尤其是当奥地利人集中精力应对这项挑战时：奥地利军队当时会将总部设在米兰附近。

1870 年，意大利再度从普鲁士的胜利中获益。由于与德国的战斗迫近，拿破仑三世从罗马撤军。面对权力真空，意大利军队向罗马发动进攻。罗马在经过了名义上的短暂抵抗后投降了。教皇国被兼并，这是对传统天主教的重大打击。罗马成了意大利的首都。1849—1870 年，罗马在意大利追求独立、表明自身立场的过程中所体现出的政治重要性，使它成为当之无愧的首都。因此，新成立的国家吞并了 1849 年罗马共和国与古罗马的遗产。

庇护九世引退到梵蒂冈宫。他在那里将维托里奥·埃马努埃莱二世逐出教会，并对新秩序表示拒斥。庇护九世的继任者们贯彻了这一方针，直到 1929 年《拉特兰条约》的签订才结束。反过来，因为教皇反对意大利复兴运动，开明的民族主义也对它持否定态度。伽利略成了意大利的民族英雄。此事具有象征意义。1887 年，罗马竖起纪念伽利略的大理石圆柱。这件事受到反对教会干预的报界的赞扬，但却遭到梵蒂冈官方报纸的严厉批评。博洛尼亚新建了伽利略广场。事实上，正如在第三共和国（1871—1940 年）统治下的法国一样，作为一场政治运动的意大利自由主义，在某种程度上就是一场反对教会干预的运动。斯波莱托新剧院是那个时期价值观的典型代表。它是在一座修道院的遗址上修建起来的，在 1864 年正式开放。

再一次地，意大利和法国一样。事实表明，这种政治文化在一个天主教信仰深厚的国家具有高度的分裂性，尤其是它引发了政治立场与宗教信仰的危机，并因此削弱了共和国。意大利的情形更加严峻，因为国家根基更弱。由于意大利复兴运动对教皇的处理，它无法再作为具有凝聚力的民族神话。对许多人来说，意大利复兴运动是一场内战，而不是像在一些国家那样是人们可以欣然接受，甚至是能让大多数人欢迎的裁定。例如，日本面对 1868 年明治维新与 1877 年萨摩藩叛乱的遗产时的态度。此外，从世俗宗教团体的旺盛精力上来看，该时期经历了明显的天主教复兴。

教皇的反对并不是反抗新政府与国家建设的唯一形式。在罗马涅，教会分子与激进人士均反对新政府。在意大利南部，普遍的强盗行为是农业秩序转变的一方面，其中包括旧地方家族的没落与新精英阶层的兴起，以及后者立桩标出自己的财产与地位的行为。面对持续不断、大多具有政治性的大规模强盗行为，以及当地支持的匮乏，地方对政府支持的缺乏以 1866 年巴勒莫的全面叛乱而告终。新政府废除了它不信任的民事法律体系，部分原因是当时存在着恐吓目击证人的做法，政府还派出军队强制执行新秩序。当时存在大量军队暴行，包括向平民开枪射击。

紧邻地区而非遥远政府依然是人们身份、兴趣与忠诚的来源。对一些人而言，意大利复兴运动看似是一场外国征服。马志尼民主的民族主义仅仅获得了零星支持。此外，当意大利全国的人均收入没有增加时，它在南部地区面临着特别的问题，尤其是人口过剩。正如 2003 年的伊拉克一样，意大利的新秩序在对待那不勒斯军队时也是粗鲁无礼的：大部分退伍老兵无薪可领、无工可做，有些人甚至还被投进监狱。

人们的另一种应对方式是大规模的迁移，尤其是但不仅限于，从西西里岛与那不勒斯的人口迁移。意大利与法国的经济战催生了这场向外移民潮。经济战的起因是，1873 年后，意大利决定增加钢产量。目的是为铁路提供铁轨，为海军供应防护钢板。于是，意大利就对钢铁征收了进口税。为此，法国对从意大利，尤其是从意大利南方来的食品，征收进口税。因此，当更便宜的美国硫黄出现在国际市场上的时候，它对西西里岛的硫黄生产造成了冲击，导致就业市场的新一轮崩溃。

离开意大利的移民在美洲大陆寻找经济利益，尤其是在阿根廷、巴西与美国。这些国家都有许多意大利定居地，这是更普遍的人口流散的一部分。意大利民族主义评论者哀叹劳动力的流失，却又无计可施。当时以及后来的人口外移将会成为意大利历史的一条主线，而汽轮服务的发展与为新移民提供帮助的家庭及其他联系，对这股移民潮起到了推动作用。意大利的大西洋航线兴旺起来。事实表明，热那亚作为意大利的海事中心，地位尤其重要。那不勒斯也意义重大。

波士顿、纽约与里约热内卢成了意大利历史的一部分。在巴西，政治家与雇主鼓励意大利移民，因为他们想要减少经济对整个非裔人口（包括奴隶与自由人在内）的依赖。美国的情况不大好，因为本土主义将敌对情绪特别对准了既信奉天主教，又来自地中海地区的意大利人。因此，美国人对只是天主教徒的爱尔兰与波兰移民的敌意就没有那么明显。这种仇视导致 1924 年美国对移民实行限制。

与此同时，美国的经济发展给意大利以沉重打击，尤其是美国的粮食出口。自 19 世纪 70 年代初期起，欧洲粮价下跌，意大利也不例外。这影响了所有的产粮区，包括翁布里亚在内，因此也进一步刺激了移民。

税收及公共开支政策很少能提高普罗大众的生活水平。政府过半的税收收入来自对生活必需品的间接征税，尤其是食盐与磨粉用谷物，还来自进城关税。但是，政府很少将钱花在工人阶级身上，不论是城市还是乡村里的工人阶级。相反，钱用在了供中产阶级与国家享用的军队及新城市景观建设上。例如，那不勒斯的维托里奥·埃马努埃莱大街与翁贝托一世拱廊街。1884 年，那不勒斯遭遇了一场霍乱。

经济政策使北方工业区受益。19 世纪 50 年代，加富尔曾支持那里的工业化。相对开明的关税政策打压了南方试图将工业发展到手工以上水平的尝试。此外，意大利的统一导致北方商品能自由进入南方地区，从而影响了那里的就业水平。面对热那亚以及那不勒斯附近的彼得拉萨这两个主要的钢产区，议会委员会决定，钢生产应该集中在热那亚。这项决定是由更加有效的游说导致的。

外居地主是南方地区的特殊问题。面对 19 世纪 90 年代西西里岛频繁的农民暴动，政府宣布实行军事管制，并将农民领袖流放到用于刑事惩罚的岛屿上。但是，相比之下，政府提出的土地改革政策却遭到地主阶级的阻挠。莱奥波尔多·弗兰凯蒂在《1876 年的西西里岛》中，描绘了当时普遍贫困的生活状况。莱奥波尔多在书中写道，当他靠近内陆的一个村庄时："在山坡顶上，你会看到排泄物经雨水冲刷后布满斜坡，然后是一长串破旧平房。透过敞开的门，你会看到一个肮脏的房间。房子通常没有窗户。这是农民全家的共同栖身之所。如果农民还饲养了动物的话，那也是动物的巢穴。"这些房屋黑暗、潮湿。1871 年，西西里岛上 87% 的人都是文盲。

为历史创作歌剧

　　威尔第与普契尼是那个时期伟大的作曲家。他们对历史做出了史诗般的解读。在《诺尔玛》（1831 年）中，温琴佐·贝利尼（1801—1835 年）比较了罗马统治下的高卢与奥地利统治下的意大利的异同。朱塞佩·威尔第（1813—1901 年）坚定不移地投身于意大利复兴运动之中，但他也清醒认识到了奥地利审查制度导致的种种问题。他像罗西尼对《威廉·退尔》（1829 年）的处理一样，经常使用历史久远的间接指涉。《纳布科》（1842 年）中被流放到美索不达米亚（伊拉克）的希伯来奴隶是受压迫的意大利人的隐喻，而《莱尼亚诺之战》（1849 年）则以 1176 年伦巴第同盟击败（德国）皇帝巴巴罗萨的典故，号召今天的人们行动起来。《弄臣》（1851 年）的故事背景设在曼托瓦。它描绘了一位穷凶极恶的公爵，原型人物也许是 1328—1708 年统治那里的贡扎加家族中的一员。威尔第在《命运之力》（1861 年）中再现了 1744 年那不勒斯人在韦莱特里击败奥地利人的故事——在这种情况下，那不勒斯人被看作是意大利人。威尔第支持加里波第在 1860 年的远征，他还效力于意大利议会。

　　在《托斯卡》（1900 年在罗马首次公演。它是基于维克托里安·萨尔杜 1887 年的戏剧《托斯卡》而创作的）中，贾科莫·普契尼（1858—1924 年）展现了 1800 年处于反革命军控制下教皇统

174

治的罗马。反革命军在此前一年镇压了罗马共和国，事实也确实如此。剧中主人公卡瓦拉多西与安杰洛提是自由的忠诚支持者，反派人物斯卡比亚男爵则是秘密特工头子。他想方设法镇压所有寻求变革之人。全剧整个故事情节都对应着拿破仑的成败。当拿破仑在马伦哥战役初期失利时，剧中响起了《感恩赞》。但是，拿破仑最终的胜利既使被捕的卡瓦拉多西备受鼓舞，他因此得意扬扬地歌颂着自由，拿破仑的成功又让斯卡比亚感到沮丧。卡瓦拉多西是一个未婚同居的自由思想家。这出歌剧在法西斯主义的意大利上演时，由于使用了现代布景而破坏了故事刻画的历史时刻的张力，而且，它对各个事件与文化冲动之间联系的解读，不仅显得油腔滑调，还常常漏洞百出。

其他歌剧直面当下，尤其是19世纪90年代写实主义风格对农民的刻画。正如皮埃特罗·马斯卡尼的《乡村骑士》（1890年）与翁贝托·焦尔达诺的《悲惨的生活》（1892年）中刻画的贫民窟居民一样。这两出歌剧的背景分别设在西西里岛与那不勒斯。它们也为意大利别处的观众展现了"南方的问题"。

大国梦

虽然意大利面对着许多社会、经济、政治问题，但是，它在统一后，即刻就想成为一个大国。这种雄心壮志是受到了民族主义及自信心的驱使，而意大利的自信来自北方大规模的工业化，尤其是米兰与都灵，还有其他方面，例如热那亚的造船业。铁路使意大利本土各地相连，并为意大利北方地区提供了宝贵的运输网络。

民族主义的立场积极强硬，部分原因是人们的理智信仰认为，斗争是自然与人类生存、发展的主要特征。文化观点也觉得，斗争表现并巩固了阳刚之气，因此使社会与文明生机勃勃。这种观点为意大利的民族主义者、未来主义者所共有。战争信仰表现出尚武精神与男性气概，大众文学又使这种信仰生生不息。1909年，未来主义在意大利兴起，刻意活跃的未来主义想要破旧立新。1910年，未来主义创始人菲利波·托马索·马里内蒂呼吁人们为威尼斯大运河铺上沥青或是筑路。因为据说它是过去及过去价值观的象征。

意大利复兴运动与斗争、战争理念相关，因此它是新成立国家的历史核心叙事。弗朗西斯科·克里斯皮在1887—1891年及1893—1896年出任首相。此前，他参加了1848年革命，在1860年与加里波第一道，入侵西西里岛。意大利全境范围内的街名与雕像铭记着胜利。街道与广场以萨伏伊王朝的统治者，即如今意大利国王们的名字命名，还以推动意大利复兴运动的政治家、大臣与军事领袖的名字命名，尤其是马志尼、加富尔与加里波第。因此，此前是教皇小镇的安科纳，如今修建了加里波第大街与马志尼大街。另一个教皇小镇乌尔比诺也建了一条加里波第大街。锡耶纳市立博物馆里有个意大利复兴运动大厅。它向人们展示了那个时期标准的湿壁画，画作描绘了意大利复兴运动的故事。在马萨马里蒂马，大教堂广场成了加里波第广场。在地方层面上，当时出现了许多马志尼协会，但它们并不有意破坏政治体制。

在1848年宪法的规定下，国王地位变高，他们成了重要人物。君主有权任免首相、提名参议院成员，对外交政策的制定也起着决定性作用。大臣逐个对国王负责。这种情况减轻了集体责任。

"变形主义"的做法使政局复杂起来。正如在美国南方一样，它是通过将区域权力让与当地掌权派，从而在罗马议会中赢得选票的方式。这种（更加普遍的）交易政治不是原则性妥协。它削弱了人们对基于英国模式建立起来的、流行于19世纪60年代与70年代初的两党制的支持，尤其是乔万尼·兰萨当年主张的两党制。能干的乔万尼在1860—1873年担任首相。西班牙的君主立宪制也效仿了这种体制。当时，意大利政党内部的分歧是个大问题，还有就是众议员对选民特别利益的关注。

众议员对国际关系的理解往往不足。这导致人们对殖民地的热切追求，并视其为民族威望的象征。例如，1876年所谓的历史极左派当权就反映出这种情况。这是由加里波第的拥护者与共和党人共同组成的强大民族主义联盟；他们想要建立所谓的"第三罗马"。

自19世纪70年代末起，公众对议会组织管理的评价明显变差。政府虽然强调更加亲民的公众神话，但是未能缓解舆论评价的恶化。政客有时在议会里互相攻击，他们还明目张胆地谋求私利。只有少数男性可以投票。

1889年，意大利政府用修订后的刑法典与警务守则来抵制社会主义与无政府主义，尤其是判处煽动、姑息政治犯罪与阶级仇恨为非法，判处组织危害公共道德、私有财产与国家的犯罪团体为非法。预防性警务实践得到大量应用。地方行政长官充当省警察局局长，镇压所谓威胁公共秩序、操纵选举的行为，他们还呼吁军队前来帮助。1898年，军队残酷压制一场饥饿骚动，在米兰杀死至少80人。几位画家在作品中都描绘了这一事件。是年，军队被调动起来打击艾米利亚—罗马涅大区的农业罢工者。1900年，一位无政府主义者行刺国王翁贝托一世（1878—1900年在位）。前者称，他的罪行是对1898年血腥镇压的复仇。19世纪90年代，由于政府以强硬手腕打压罢工与群众性政党的发展，人们明显感到危机四伏。这凸显了公众对自由主义的理想幻灭。这种理想幻灭既是保守主义者自身所感觉到的，也是人们对保守主义者的理想幻灭。自由主义者本身悲叹保守主义的假定与权力集团的影响，尤其是支持教权主义观点的影响。

反过来，政府政策有某种程度的自由化，包括 1901—1903 年，在朱塞佩·扎纳德利左翼自由党政府领导下，自 1901 年起实施的法典。在左翼自由党政府中，乔万尼·乔利蒂成为内政大臣。这种自由化的立场符合维托里奥·埃马努埃莱三世的意愿。他的政策不同于父王翁贝托一世，反映了与社会党改良主义领导层的联盟。双方一致支持不经过革命就能推动经济增长的政策。这种政策旨在帮助北方工人阶级，但在南方未能得到广泛认同。在南方，自由党出于议会与政治层面的考量，继续保持着与控制该地区的地主阶级间的同盟关系。但是，自由党与社会党的联盟关系在 1903 年破裂，部分原因是警察对罢工者的暴力行为。1904 年，迫切要求采取激进行动的革命者推翻了社会党的改良主义领导。是年，第一次总罢工紧随其后，人们对此的反应使乔利蒂组建新右派政府并在普选中胜出。

1903—1905 年、1906—1909 年、1911—1914 年与 1920—1921 年，乔利蒂担任首相一职。他当时试图寻求中间路线，镇压暴力罢工。但是，乔利蒂也在 1907—1914 年通过了社会立法，包括穷人医疗、伤亡保险与退休金计划。他希望通过这些措施保住自由党政权。乔利蒂的政策也反映出意大利自由主义思想的丰富性。人们很容易看出，这些年的问题与这个时期的态度预示着战后法西斯主义的发展，就好像意大利自由主义的失败是受到诅咒，必然会发生的一般。事实上，即使自由党人能避开议会且依法行事，这种方法也是错误的。

开明的自由主义思想、契约与意见一致对许多人来说，都是有意义的，即便它们在实施过程中常有瑕疵。在某种程度上，自由主义思想的出发点是它决意取代教会，成为社会福利提供者及界定者。这种思想利弊参半：反教权主义被当作非教权主义，被当作使国家变得团结统一、现代化的尝试。但是，自由主义政策难以践行，尤其是因为它在地方上缺乏支持，没有相关资源。结果就是杂乱无章的社会自由主义，而且，它也没有英国的社会自由主义那般行之有效。

大多数人的生活依然动荡不安，尤其是在南方。1915 年，在接受了战争动员的男性中，官方公布的文盲率只有 37.6%，南方的情况尤为糟糕。与这种保守主义同时存在的是传统主义。新体制中的一些元素，尤其是平等主义的法律秩序与政治代表的涌现，给传统贵族阶级以沉重打击。在变化的世界中，贵族阶级投资工业，他们发现自己不得不与新兴商业利益相融合。阶级障碍减少，尤其是为钱结婚的情况变少。

1911 年是意大利复兴运动 50 周年，正值经济快速发展期。当年的领导是两届自由党政府。之前，正是这两届政府的前身使意大利复兴运动成为可能。为此，人们对意大利复兴运动的记忆不由得涌上心头。据说，人们认为，只有通过进一步的收益，才能保障并完成意大利复兴运动。在议会民主制中，意大利人觉得，这样的主题是适宜的。他们在 1913 年实行男性普选，取代了此前在 1882 年的有限选举权。意大利推动这种政策是适应改革社会主义的一种策略，同时也是对自由党人明确表示自身意识形态需求的回应，虽然自由党人担心南方保守主义对此的反应。1911 年，马克思主义者批判意大利复兴运动，说它带来了资产阶级的民族主义，而不是社会公正。同时，右派抨击自由主义未能使意大利变得强大、伟大。

意大利决意赶上那些已经取得大量殖民地的欧洲列强，尤其是英国与法国。这种决心使他们争勇好斗。意大利与法国的竞争尤为激烈，尤其是在 1881 年法国将突尼斯变成它的受保护国以后。突尼斯是奥斯曼

（土耳其）帝国附近的一部分，而意大利与奥斯曼帝国有密切的利益关系，并对后者垂涎已久。在1878年、1884—1885年召开的柏林会议中，意大利没能从决定巴尔干半岛与非洲大部分地区前途命运的协议中获得任何收益。1882年，意大利与法国的殖民争夺使它加入了三国同盟，与法国的敌人奥地利、德国达成防御约定。法国已进入阿尔及利亚，英国则占领了埃及。战争被认为是加速实现现代化、带来进步的方式，而且持这种观点的不仅仅是激进的民族主义者。

在翁贝托一世与弗朗西斯科·克里斯皮的大力支持下，意大利先是在非洲东北部追逐其领土扩张的野心：在厄立特里亚、索马里，最终是阿比西尼亚（埃塞俄比亚）。1887—1891年、1893—1896年，弗朗西斯科·克里斯皮出任意大利首相。意大利人希望这种扩张将为意大利农民提供土地，给意大利工业带来市场。厄立特里亚与索马里证明是相对易攻的，尤其是因为它们都易成为海军与两栖进攻的目标。在厄立特里亚，意大利占领了阿萨布（1882年）、马萨瓦（1885年）与整个厄立特里亚港口（1889年）。埃及与土耳其无法保护它们在厄立特里亚的利益（1889年）。1889年，索马里也被占领了。1894年，英国—意大利协议将哈勒尔置于意大利的势力范围内，把阿比西尼亚作为意大利的受保护国。这是1889年意大利宣布的情况。

但是，1896年，当阿比西尼亚皇帝孟尼利克二世在阿杜瓦战役中重挫意大利军队时，意大利的耻辱感汹涌而来。孟尼利克是非洲东北部令人肃然起敬的帝国缔造者。法国与俄国为孟尼利克提供军火，但关键因素是孟尼利克杰出的才干及意大利指挥官的无能。意大利指挥官将军力分散成冲锋队，因此在面对人数相当多的阿比西尼亚军队时，无法彼此驰援。6000名意大利士兵丧生。1887年，一支人数较少的军队已经在多加利战役中覆灭。1894年，一份关于意大利军队调遣的英国军事报告满是轻蔑。它捕捉到了那个时代的刻板印象："专制主义与迷信滋生了意大利人性格中的恶习。意大利没有健康的爱国主义精神与宗教道德——不存在责任感——也没有任何军事美德的完美融合，而这对于组建一支值得依赖的军队来说是必不可少的。"

随后，意大利人开始攻击土耳其人。作为对法国在摩洛哥扩张主义的回应，1911年，意大利入侵土耳其殖民地利比亚。在很大程度上因为利比亚的阿拉伯人奋力反击，这次进攻远比当初料想的要困难得多。意大利人是第一个在战争中使用飞机的国家。战争扩大后，1912年，意大利占领了爱琴海的多德卡尼斯群岛，而罗得岛是群岛中最重要的一个岛屿。意大利人也与土耳其人在红海上交战，摧毁了当地的土耳其海军。

1898年的现代罗马

在阿瑟·柯南·道尔令人印象深刻的短篇小说《新地下墓穴》（1898年）中，与"旧罗马"形成对比的是"电灯长长的双链、灯火通明的咖啡馆、奔驰的四轮马车与小路上川流不息的人群"。虽然福尔摩斯从未出现在意大利，但是道尔自己去过那里几次。

第一次世界大战

1914年，当第一次世界大战爆发时，意大利没有义务向盟国德国与奥地利伸出援手。因为它们之间的联盟是防御性质的，而奥地利与德国发动的都是侵略战争。但是 1915 年 4 月 26 日签订的《伦敦条约》把意大利争取了过来。根据条约规定，英国、法国与俄国向意大利许诺，它将从奥地利那里获得大量收获：特伦蒂诺、南蒂罗尔、的里雅斯特、戈里齐亚、伊斯特拉与达尔马提亚北部。但是，这意味着，这些领土是需要被征服的。意大利官方对外宣称，这是他们抗击奥地利独立战争的最后阶段。在德国的恫吓下，奥地利把特伦蒂诺送给了意大利。但是，奥地利不愿交出协约国向意大利提供的其他地区。协约国挖走意大利就打破了德国潜在的同盟体系。此外，同盟国（德国、奥地利）如今不得不在意大利与奥地利两国漫长的共有边境线上配备人员、守卫前线。这是协约国从意大利获得的首要战略利益。

1915 年 5 月 20 日，当议会就战争进行投票表决时，意大利国内只有社会党是反战的。政界剩下的人想让意大利变成一个大国。1914—1916 年的保守主义首相安东尼奥·萨兰德拉将意大利的政策称为"神圣的自私自利"。维托里奥·埃马努埃莱三世（1900—1946 年在位）是亲英派。他反映出萨伏伊王朝与英国的密切联系。贝尼托·墨索里尼（1883—1945 年）当时是社会党报纸《前进报》富有煽动性的编辑，他因为支持战争被开除出党。墨索里尼觉得，主战是爱国主义与社会主义调和一致的结果。在意大利及法国实业家的支持下，墨索里尼创办了干涉主义的报纸《意大利人民》。

当墨索里尼与他的朋友彼得罗·南尼在弗利躺在铁轨上阻止满载军队的火车开往利比亚时，反对利比亚战争的左翼反战和平活动就开始了。这场战争始于 1911 年意大利对利比亚的侵略。1914 年出现了更多的左翼政治活动，尤其是在 6 月"红色周"期间，一场总罢工引发大规模骚乱，尤其是在艾米利亚。军队因此被调动起来。第一次世界大战爆发后，人们立即再度表达了和平主义的观点。1914 年 8 月，社会党人安吉洛·塔斯卡宣布,"在法国与德国之间,我们选择共产国际"。事实上,1915年5月,意大利的战争策略引发当月充满敌意的大规模示威游行与罢工,尤其是在工业重镇都灵。但是,此前反战的社会党如今聚集在了战旗下。

1915年5月23日,意大利对奥地利宣战;8月21日,意大利对土耳其宣战。但是由于意大利政府不想激怒德国人,让他们把军队派往意大利前线,所以意大利政府直到1916年8月27日才对德宣战。意大利的这种不情不愿惹恼了英法两国。它们认为,意大利不想兑现诺言。此外,意大利一宣战,德国人确实立马就派出了军队。

为了打开通往戈里齐亚、的里雅斯特与伊斯特拉的通道,意大利军队在伊松佐河前线崎岖不平的恶劣山地上,不断攻击奥地利人,但却没有取得成功。在重兵集结的前线上,意大利无法从侧翼包抄奥地利军队,也很少有机会改变攻击轴线。因此,奥地利的防御火力占了上风。1915年,意大利军队在向山上挺进时,伤亡人数达到25万左右(相较之下,奥地利军队折损约16万人)而收益甚小。在很大程度上依靠地形优势,奥地利防御阵地坚如磐石。1914年,意大利总参谋长向政府报告说,军队并未做好战争准备。1915年,意大利军队参战时,仅有618台机关枪、132台重型火炮。意大利军队未能开辟出战场,也无法取得机动性。英法军队也面临着同样的情况。

相反,1916年5月,奥地利军队自特伦蒂诺发起进攻,取得重大收益并造成巨大伤亡。之后,意大利军队用菲亚特卡车与铁路运送预备役,守住攻势。8月,在新一轮的伊松佐河进攻战中,意大利军队占领了戈里齐亚城,但未取得突破。英法军队在西线也一直没有什么进展。因此,意大利总参谋长路易吉·卡多尔纳缺乏想象力地强调攻击的做法,证明了当时人们普遍存在的问题,即无法反思作战目标与方式。1916年6月,意大利政府在议会中失去信任投票后解散。这是未能取得战争胜利,无法就战事达成一致而付出的代价。

看起来，意大利是联盟中不稳定的成员。奥地利虽然遭遇重创向德国求援，却还未崩溃。意大利军队在利比亚遭到塞努西部落的强烈反抗。土耳其在背后支持塞努西部落的抵抗。但是，更糟的情况即将到来。1917 年 10 月 24 日，德奥军队在科波雷托进攻战中给意大利军队以沉重打击。德奥联军强调突袭与速度，而非消耗战。他们在雾气的掩护下，用卡车快速转移军队、机关枪与轻型火炮。在前进中，他们避开了意大利要塞，突破连贯的防线，切断了交通线。意大利军队被向后推了 128 千米。这与意大利早期取得的成果形成了明显对比。意大利损失惨重，2 万人死亡、4 万人受伤、35 万人被俘，3152 门大炮落入敌手。由于奥地利与意大利的疏忽，双方的战俘也将吃尽苦头。

这种战败与发展较缓的政治、社会危机息息相关。危机让人们担心，意大利会像此前俄国在 1917 年那样崩溃，会如奥地利与德国在 1918 年那样瓦解，会似法国在 1940 年那样垮掉。1917 年 8 月，都灵人走上街头，举行反战游行。人群呼唤着和平与面包。这重申了市民对战争爆发的担忧。此事意义重大，因为都灵是战略物资的重要提供者。

但是，科波雷托也注意到大多数农民不想为国而战的可能性，并质疑意大利的区域凝聚力：人们特别担心南方对战争不够支持。这让人们想起上一次，当意大利在 1866 年遭受奥地利攻击时令人担忧的情况。事实上，1917—1918 年，南方爆发了呼吁和平与面包的示威游行。他们的着眼点是，男人都去前线打仗了，家中无人收割庄稼。天主教对战争的抨击与这种农民抵抗有关。然而，逃兵与不愿应征入伍的问题仍然影响着意大利中部与北部的军队。卡尔多纳不愿承担责任，将失败归因于部分军队的不愿战斗。这种情况也见于法军之中，1917 年在俄军里更是普遍。意大利社会作为一个整体来看，似乎是疏离的。一场政治危机因此爆发。意大利的盟友担心它会崩溃。这种情况与自由党的政治秩序受到墨索里尼挑战时其所面临的问题十分不同，但却有些联系。

到头来，1917年10月，新政府在维托里奥·奥兰多带领下组建了起来。奥兰多是位有手腕的政治家。他提出的就职前提是让国王免去卡尔多纳的职位。维托里奥·埃马努埃莱乐意摆脱卡尔多纳，法国人也迫切要求把他赶下台。1917年11月，意大利在皮亚韦河上加固了一条新前线。

面对侵略者，意大利人民重整旗鼓、团结一致。他们对共同的遗产与文化、对同一个民族与国家，产生了强烈的归属感。这使抵抗活动持续不断。1866年，在弗留利失势的奥地利人卷土重来。除一些人外，人们普遍不欢迎他们。随后，奥地利人开始搜刮食物、木材、动物与教堂钟。如此一来，人们就开始忍饥挨饿。在意大利，议会方式击败了和平主义。人们并不理会墨索里尼提出的军事独裁呼吁。意大利的奥兰多相当于英国的大卫·劳合·乔治与法国的乔治·克里孟梭。他用行为证明自己是位得力的首相。奥兰多采取措施解决严重的食物、煤炭与钱财短缺问题。在很大程度上，美英贷款足以负担意大利的亏空。政府加强价格管控，严格限定面包供应量，为了节煤还大大减少民用铁路服务。

1918年6—7月，在冬至之战中，奥地利人试图复制自己在1917年的胜利，结果遇挫。他们越过皮亚韦河，但无法守住西岸的阵地。反之，面对着补给线可能遭突袭的压力以及雨后河水暴涨的情况，加之受到意大利能够调遣预备役，以及意大利火炮破坏力的影响，奥地利军队士气低落，最后不得不撤离。

是年秋，奥地利（奥匈帝国）土崩瓦解。意大利政府面对民族主义暴动，越来越担心自己会错失良机。他们还担心，自己的领土主张在认可民族自决论的和约中会被排除在外。更具体的是，随着南斯拉夫的成立，这两点将限制意大利的收益。政府下令让意大利指挥官阿尔曼多·迪亚兹发动进攻。1918 年 10 月 24 日，他依命行事，发动了维托里奥·维内托战役。意大利对格拉帕山附近奥地利阵地的攻击以惨败而告终：他们直直地进入了奥地利的火力范围内，却没有任何收获，反而在 6 天内折损了近 25000 人。但是，在更东边的地方，10 月 26 日夜，意大利军队渡过皮亚韦河。奥地利军队守卫桥头堡直到 10 月 30 日才结束。当时，他们接到了撤退命令。也只有在那时他们才垮掉，这是他们泄气的部队在撤退时造成的。奥地利人开始从意大利撤离，他们的许多战俘落在了乘胜追击的协约国军队手中。

11 月 3 日，奥地利接受了没有商量余地的协约国停火条款。同日，意大利军队占领了的里雅斯特与特伦托。维托里奥·维内托战役结束，意大利俘获成千上万名奥地利人。11 月 4 日，停火协议开始生效。随后，意大利人开始计划经布伦纳山口与奥地利，对巴伐利亚发动军事进攻。这一威胁影响到德国的决策。值此关键时刻，德军依然占据着比利时大部与法国部分地区，但那里如今变得易受攻击起来。

胜利是令人沮丧的。意大利有 3500 万人口，战争夺去了 60 万人的生命，并导致 250 万人受伤，其中 50 万人永久伤残。幸存者们也面临着巨大的压力。由战争带来的毁灭、中断与疾病造成了平民伤亡。其中，1917 年，面对奥地利与德国的进攻，人们大规模奔逃。更高的赋税与借贷打击了整个国民经济，预算赤字飙升。然而，西班牙的经济因中立而大大受益，日本与美国也在战时取得了经济增长。意大利经济受到战争的重击。借贷与资源、劳力短缺共同导致通货膨胀，资源、劳力短缺是由意大利向战时经济转移的政策及征兵制造成的。1915—1918 年，意大利国债上升了 500%，通货膨胀增加 300%。乔利蒂认为，战争是"自《圣经》中的大洪水后，人类面临的最大灾难"。

战前的自由党体制及战后 1922 年法西斯主义接管，预先决定了人们对二者的评价。但是，事情的发展方向出乎预料。事实上，在 1919 年 11 月的选举中，法西斯主义者表现不佳。他们没有在争夺中取得 508 个席位中的任何一个。相比之下，社会党赢得了 156 个席位，而他们在 1913 年的成绩是 52 个。如今更名为人民党的天主教徒在本笃十五世（1914—1922 年在位）的支持下，获得了 100 个席位（1913 年是 29 个）。传统的自由党与民主主义群体从 1913 年的 427 个席位，暴跌到 252 个席位。它反映出，与战争相关的巨变已给自由主义带来了严峻挑战。选举还有着明显的区域差异。113 名社会党人的选区在亚平宁山脉以北，来自罗马以南选区的社会党人仅有 10 位。人民党不仅赢得了此前许多自由党中产阶级的选票，还削弱了社会党在农村地区的优势地位。事实上，人民党在农村成了一个农民政党。

社会党在农村地区的协会与工会正变得日趋活跃，尤其是在波河河谷地区。这对意大利而言，预示着一种截然不同的结果，这种结果即将在 1922 年来临。在很大程度上，波动是由战争带来的变化造成的。但是，它也是对战前变化发展的一种延续，尤其是由经济破坏、大众社会崛起、实行男性普选权以及天主教徒重新参与选举政治所带来的重重挑战。

第十章

从和平到战争，从战争到和平

人人循规蹈矩、忠心耿耿，希望自己能谋得部长职位作为奖励，或者至少不会失掉既得利益。法西斯党为墨索里尼提供的人都是经过审查筛选的。这么做的目的是确保忠诚。

法西斯主义孳生

正如 1919 年选举所反映的那样，第一次世界大战使意大利如欧洲大部分地区一般，处于狂热之中。人们普遍对意大利新获得的领地感到不满，因为这远少于当初协约国的允诺，而且也远少于英法所得。维托里奥·奥兰多因为之前在凡尔赛和谈中未占到上风，如今失势了。这种不满情绪导致 1919 年在加布里埃尔·邓南遮（1863—1938 年）带领下，一支志愿军占领了伊斯特拉东部城市阜姆。邓南遮是一位热情洋溢、自私自利且自我中心的诗人。他醉心于民族主义。这正是他那个时代所有国家的常态。这位骁勇善战的诗人经历过陆战与空战。他将凡尔赛和谈结果称为"面目全非的和平"。1918 年 10 月，意大利裔占人口绝大多数的阜姆投票决定加入意大利。这次尝试引发了意大利与美国、法国军队间的冲突。投票过程最终被叫停。这损害了意大利政府的权威。早些时候，自由党政府已经表明自己对和平协议的愤怒，因为和约将诸如阜姆这样意大利认为理应是自己领土的地方，分给了南斯拉夫。意大利人认为，根据 1915 年签署的《伦敦条约》规定，这些地方也是之前已经许诺给意大利的。墨索里尼进一步发展了民族主义的抗辩理由。他指出，意大利被剥夺了应有的收益。邓南遮将成为墨索里尼坚定的支持者。

意大利的论点很有逻辑。既然意大利的盟友们如此强调民族自决，那么阜姆就应该归意大利所有。但是，美国总统伍德罗·威尔逊是亲南斯拉夫的。法国为了抑制意大利、保持自己在巴尔干半岛的主导地位，也支持希腊与南斯拉夫，反对意大利。法国对捷克斯洛伐克、希腊、南斯拉夫与罗马尼亚的支持，削弱了意大利在巴尔干半岛的势力。

意大利对战时盟友的行为感到愤怒，尤其是因为自己未能得到它们此前许诺给自己的土耳其帝国的领土。结果意大利在战后占领土耳其时，阻挠盟国意图保持对土耳其控制权的企图，并且意大利向凯末尔·阿塔图尔克领导的民族主义者提供武器，助他们重击法国与希腊的占领军。这两个国家都遵循了反意大利的政策。

但是，事实上，奥地利的垮台极大地增强了意大利的区域实力。此外，意大利得到了特伦蒂诺、南蒂罗尔、的里雅斯特、戈里齐亚、伊斯特拉与扎拉。举国上下用这些新领地作为新街道名，以示庆祝。

战争的结束也带来了严重的经济问题。战时对食物及商品的需求结束，军人复员给劳动力市场造成冲击，失业率上升。由天主教徒、社会党人组成的两大政党均威胁着传统的自由主义，而且双方拒不合作。重要的战前政治家与坚定的议会议员乔万尼·乔利蒂作为老式首相在1920—1921年重返政坛，但他无法真正理解这些年间的大众政治，不能控制其发展态势，尤其没能遏制住法西斯主义的发展。在意大利，一些老兵转向支持政治极端主义，加入了墨索里尼在1919年成立的"战斗团"或曰法西斯主义小队，接受了法西斯主义。墨索里尼称他们为"战壕中的贵族阶级"。

墨索里尼从其他国家的"恐慌"中学到不少东西。1919年，一群反对党内大多数人的社会党知识分子，创办了日报《新秩序》，并号召将政党彻底改造成革命无产阶级政党。他们迫切要求建立工厂委员会，但未能说服社会党支持他们提出的在1920年发动总罢工的方案。相反，在列宁的鼓励下，1921年1月，他们成立了意大利共产党。墨索里尼的小分队与左翼农业工人交战，尤其是在托斯卡纳与波河河谷地区。他们攻克了共产党占领的工厂，以至于许多自由党人愿意将他视为对阵社会主义与共产主义的堡垒。反对党派的暴力并不是对法西斯主义的防御性反击，而是积极主动的选择。因此，在某种层面上，他们的所作所为让人觉得，法西斯主义是一部分中产阶级对社会主义的武装反动。这是一段特别让人感伤、充斥着暴力的时期，暴力从双方蔓延开来。

法西斯主义在不同地区对不同群体而言，含义千差万别。这使它更强大，也更兼收并蓄、令人困惑。它历时的变化，尤其是暴露在权力之下，更是加剧了这种情况。农村地区的法西斯主义是个重要元素。因为，法西斯主义最初正是在农村小镇上发展成强大的群众运动的。法西斯主义的辩护者将法西斯主义称为"第三股力量"。它是资本主义与劳工分歧的社团主义替代方案，也是朝气蓬勃地实现现代化的方式。但是，与墨索里尼的共和主义和社团主义方式同时存在的这种方案，包括社会主义的元素。法西斯主义的现实是粗野的，它常常暴力反抗社会主义，并愿与新旧精英阶层联盟，果断坚决地对抗劳工。农村地区当然是这种情况，例如，托斯卡纳，以及费拉拉与博洛尼亚两省。法西斯主义者表明，他们愿意为地主效力，而且后者也开始在组织中扮演重要角色。

另外，法西斯主义也利用了知识分子、未来主义者及许多其他人对自由主义的敌意。就像在第一次世界大战前邓南遮所做的那样，法西斯主义呼唤着复兴与变革，却厌恶大众、现代化与中产阶级文化。战争危机导致精英主义者对自由党进步主义的唯理论，对实证论、议会民主制、社会主义与工业主义的蔑视。武力被看作是一场促进复元的精神革命、一种需要与一种反物质享乐主义的方式，并因此对墨索里尼产生吸引力。他将法西斯主义视为一股进步的政治力量。

与此同时，墨索里尼没有一套复杂的政治理论。在许多方面，他是一个想要夺权、懂得军队调动之道与夺权之策的人。他与法西斯党都特别钦佩技术革新，因为技术进步反映出19世纪思想的实证主义与唯物主义基础。1919年，没人知道法西斯主义是什么，它将会成为什么样子，因为连墨索里尼自己也不知道。为了取得优势，他日复一日、步步为营地继续前进着，但却没有制定长期方针。墨索里尼是反对自由主义的，因为他作为工人阶级出身的人，认为自由党人是工人阶级的压迫者。

法西斯主义的不同倾向使其在本质上变得动荡不安且混乱无序，它要靠花言巧语来试图形成自身极其缺乏的凝聚力。法西斯主义的倾向体现在它倡议的新旧建筑风格中。法西斯主义风格是许多其他国家建筑风格的意大利版。它是与中产阶级妥协后的产物：根据当时人的喜好，建筑设计空间很大，包括装饰艺术运动与对18世纪皮埃蒙特巴洛克风格的模仿。

墨索里尼认为，雄辩术是感情与热情的一部分。这不仅因为他需要用雄辩的言论来领导众生，还因为，正如他在1932年所写的那样，法西斯主义是一个"宗教概念"。在某种程度上，这种方式是对所谓的自由主义与议会政治缺陷的回应。许多评论家认为，这些缺陷是文化、神话、美学与政治上的。在寻求更广泛的支持，降低对国力与目标过高（且无根据）的期待时，墨索里尼的激进民族主义得到了其意欲取而代之的大半个政治界的支持。这些期待是过去的重担、对现在的失望及对未来的希冀共同作用下的产物。具有讽刺意味的是，墨索里尼招致讥讽也是可以理解的。工人阶级中的一些人是被墨索里尼的路线所吸引的，包括他许诺并实现了福利国家政策；中产阶级为墨索里尼承诺的维持社会秩序、为他们提供挤进上流社会的机会所打动，而且墨索里尼也都做到了；墨索里尼又向统治阶级打包票说，他会维持现状。事实表明，这就是当时的情况：贸易保护主义被保留下来，国家为工业体制提供了大量资金，地主也未被剥夺地产。

墨索里尼夺权

政府不受人欢迎，甚至都没有明确目标。因此，1922 年，在墨索里尼夺权的压力下，政府屈服了。全副武装的法西斯主义者占据要职，因此维托里奥·埃马努埃莱三世要求墨索里尼组织内阁，而不是像现政府希望的那样实行军事管制。墨索里尼的"向罗马进军"运动无疑是可以避免的。但是，当时的政治秩序缺乏愿意为之而战的支持者。尤其是，在维托里奥·埃马努埃莱统治下的军队，没有被调动起来打击法西斯主义者。他们本来可以这么做。当时在意大利没有发生类似于德国在 1923 年的事件。当时，德国用武装警察成功阻止了较小规模的纳粹分子在慕尼黑发动政变的企图，并将对方置于死地。法西斯黑衫军当时应该没超过 25000 人，他们的武装也不够精良。罗马卫戍部队整整 28000 人全副武装。他们在与城市有一段距离的道路与铁路上建起行之有效的检查站。火车要在诸如奥尔维耶托这样的站点停下来。其他军队按政府的要求实行军事管制，例如在佛罗伦萨的军队。因此，国王对军队下达的放行黑衫军的指示是后者成功的必要条件。国王欣然接纳了墨索里尼，后来还愿意与之共事。结果，1944—1946 年清算时，这些情况都对国王不利，尤其是在 1946 年意大利变成共和国时起到了重要作用。

"政治艺术家"墨索里尼

1926 年，"九百派"艺术展开幕。墨索里尼在发言词中称："政治是一门艺术……在政治中，有许多直觉性的东西……在某个具体时刻，艺术家用灵感进行创作，政治家则是依靠决断力。"

墨索里尼上台

　　起初，墨索里尼为了使内阁更能为人接受，任命了许多非法西斯主义者，第一届内阁中仅有 3 位法西斯主义者。尽管武装部队未被拿下，但是墨索里尼一旦掌权就控制了政府中的大部分职位。1919 年，法西斯主义纲领号召组建民兵，它将成为在政党控制下的人民军队的前身，但是，该纲领并未付诸实践。法西斯主义者虽然忌惮军事指挥官，但是并未组建类似的军事力量。事实上，墨索里尼让 1923 年组建起来的民兵隶属于军队，并试图发展现有的职业武装部队。

　　这让墨索里尼赢得了军队支持。他所做的调动全国资源与能源的承诺也起到了相同的作用。据说，他做出的这一承诺是民主体制所缺乏的。1923 年，意大利成立最高国防委员会与全国动员筹备附属委员会。然而，不管墨索里尼对权力有着怎样的雄心壮志，法西斯主义政权的巩固都需要一段时间才能实现。1922—1924 年，法西斯主义政权还是很有限的。1924 年，议会议员、统一社会党总书记吉亚科莫·马泰奥蒂发表的谴责法西斯主义暴行与选举操控的演讲，引发了一场危机。事实上，这场危机是严重的。他遭到了战斗团的绑架与谋杀。

　　这次谋杀引发了一场政治危机，但是墨索里尼在国会中赢得了信任投票，维托里奥·埃马努埃莱也拒不将其免职。这是独裁专政真正的开始。墨索里尼接着在 1925—1926 年成功扩大了控制权。1928 年，选举被取消。死于 1928 年的乔利蒂拒绝谴责自由主义，但大多数其他的自由党人接受了墨索里尼。

　　为了让墨索里尼的工作变得更加轻松，意大利在很大程度上弱化了社会的政治色彩。政治协会的各种早期形式要么被取缔，要么改头换面了。具有讽刺意味的是，法西斯党与法西斯主义工会也只获得了有限的官方角色。在某种程度上，在佛朗哥统治下的西班牙，长枪党也经历了相同的命运。但是，佛朗哥的统治权是建立在军队支持的基础上的。与之相反，墨索里尼需要法西斯党，因为它为墨索里尼提供了可以信任的忠臣。政党无处不在，它控制、监视一切。加入法西斯党意味着工作保障与事业晋升，非党员则面临着许多工作与日常生活方面的问题。政党坚持着对政务与日常生活的广泛控制。墨索里尼即党，根本就没有内部选举的空间。墨索里尼采取了分而治之的方法，让政党首领反目成仇。此外，一旦他觉得某人权力过大或太受欢迎，就会上演卫兵换哨或是明升暗降、剥夺实权的戏码。因此，当墨索里尼认为伊塔罗·巴尔博过于受欢迎时，后者被提拔为利比亚总督，他在罗马的影响力也就被移除了。

部长更迭就像走马灯，而且每次人事变动都出人意料、难以预测。这导致人人循规蹈矩、忠心耿耿，希望自己能谋得部长职位作为奖励，或者至少不会失掉既得利益。法西斯党为墨索里尼提供的人都是经过审查筛选的。这么做的目的是确保忠诚。

尽管法西斯政权意识到了农村地区仇视变革这个大问题，但是意大利为了能够自给自足，还是打算发展工农业，尤其是扩大小麦种植面积。意大利还面临着养活人口的压力。墨索里尼把法西斯主义看作是维护男性气概的方式（他对女性粗俗且具有掠夺性的个人态度也体现了这一点）。他认为，人口外移与生育率下降均挑战了建立强大的意大利这一愿景。因此，他反对人口外移，并采取鼓励提高人口出生率的政策：墨索里尼想让更多的男人去当兵，从而有更多殖民者去建设帝国。他不仅想打造新一代的意大利人，还想有更多意大利人。

女人主要不是工人，而是生育工具。这种方针也让天主教会感到满意。在法西斯主义统治下，母乳喂养的医学化水平得到进一步提高。喂奶次数需严格遵照时间安排。1927年，墨索里尼在耶稣升天节演讲中称，意大利有能力"在世界上有所作为"，而这种能力与意大利人口在20世纪下半叶达到6000万有关。按照法西斯政权的要求，电影、文学作品、广播与广告宣传都重复着这一讯息。与此同时，意大利成立"全国妇女儿童组织"，以保护母亲与儿童。电影重新界定了女性应扮演的角色。法西斯主义沙文政权试图限制妇女权利。1927年，女性的工资被固定在只有男性同事一半的水平上。1938年，公司中女性能从事的工作岗位所占比例固定在10%。1936年，节育变成"反种族纯洁与健康罪"。人们也以同样的眼光看待本已被认定为违法的堕胎。

对女性的态度意味着，任何认为法西斯主义与自由主义之间有延续性的倾向都值得商榷。墨索里尼大力推广社会福利，把它作为国家建设的一部分。但是，在某种程度上，以独裁主义的方式推动社会福利建设并不是自由主义的特征，而且这在文化问题上尤其如此。1930年，墨索里尼在演讲《女人与机器》中称，女人工作是"所有政治与道德疾病的根源……把女人与儿童从工作场所清除出去，不仅能把工作交还到一家之主手中，还捍卫了种族的实际完整性"。他频频提及种族主题，这在意大利政客中并不常见。

1929年2月，墨索里尼与罗马教廷通过协商签署《拉特兰条约》，解决了意大利与教皇之间的一些问题，其中就包括梵蒂冈城的地位问题。这座仅有0.44平方公里的城市成了世界上最小的主权国。梵蒂冈认可意大利的地位。作为在1860—1870年占领教皇国的补偿，意大利向梵蒂冈支付7亿5000万里拉赔款。意大利还承诺：天主教将成为意大利的唯一国教；婚姻要遵循教会法规；学校将实行宗教教育；主教由梵蒂冈任命，但要宣誓效忠国王。梵蒂冈教廷得到保证，遇来敌进犯时，罗马将受到意大利的保护。

这些协议的签订是法西斯主义合法化的关键。它们使墨索里尼获得大多数人民群众的支持，进而巩固了自身地位。它们也是更广泛的反共产主义的一部分，表明墨索里尼想要控制社会的愿望。这种态度与政策体现在教育体制改革中。改革后的课程聚焦工人阶级学生职业就业与天主教价值观培养。这些学生是被单独挑选出来，要成为中产阶级的。庇护十一（1922—1939年在位）此前批判过在马泰奥蒂危机中将改良主义社会党与天主教人民党联合起来的提议，这种联盟旨在对付墨索里尼。庇护十一称赞墨索里尼是"上帝派给我们的"，他试图用权威、秩序与家庭这些共同的价值观来支持自己的论点，结果发现墨索里尼是靠不住的。事实上，庇护在1931年的教皇通谕《我们不需要》中，谴责了对国家的异教崇拜，以及法西斯主义对教会的暴行。但是，1939年，他的批评被后继者庇护十二（1939—1958年在位）排除在外。庇护十二是庇护十一的前教廷国务卿。在很大程度上，出于保护教会的目的，庇护十二与墨索里尼政权达成和解。庇护十二对法西斯主义的手段心知肚明。

很多人都反对法西斯主义，但法西斯通过对媒体的控制，通过恫吓、囚禁与暴力手段，镇压人民反抗。独裁主义者墨索里尼是法西斯主义"领袖"与政府首脑。部长听命于他而非议会，墨索里尼提名法西斯大委员会成员。唯一获准存在的政党就是法西斯党。地方行政机关接受自上而下的管理。法西斯主义控制着各种机构。1926年，随着意大利皇家学院的成立，科学、文化组织开始处于政府管理之下。1931年，教师与大学教授被迫宣誓效忠（1200名教授中只有13人拒绝宣誓）。与此同时，1938年，意大利开始实行对书籍的审查制度。墨索里尼认为，教育可以使社会变成法西斯主义的，由此建立了准教育机构。知识、教育与社会动员的目的不仅是培养模范公民，还是发明一种能够使意大利变成现代化强国的技术。青年运动"意大利青年刀斧手"（刀斧手是古罗马执法官的扈从。他们手持束棒，即一捆象征着权威与威力的棍棒）吸纳了

6～21岁的男孩与9～17岁的女孩。运动的目的是指导年轻人，控制他们的娱乐休闲活动。爵士乐遭到禁止。墨索里尼试图改善工人阶级的命运，部分原因是为了兑现承诺，部分原因是他确实想做成这件事，部分原因是他能因此改变现有的非法西斯主义统治阶级。墨索里尼的做法是把一些依靠政党升了官的人安插在重要职位上。

意大利恢复了死刑。奥弗拉（全称"监视镇压反法西斯事业"，它是正规警察的秘密分支机构）是个重要组织。它对1937年罗塞利兄弟遇刺事件负有责任。这兄弟二人是法西斯党的政敌，此前离开了意大利。法西斯主义暴徒也会攻击其他人。1931年，在博洛尼亚，当作曲家阿图罗·托斯卡尼尼拒绝在音乐会上演奏国歌时，法西斯主义暴徒照着他的脸就是一拳。托斯卡尼尼后来去了美国。反对者因持异见而入狱。1921年，安东尼奥·葛兰西（1891—1937年）创立了意大利共产党，后来还当上共产党书记。1926年，他被判处颠覆罪并一直被囚禁到死前不久。

出人意料的是，这个时期有着丰硕的文化成果。在音乐领域，普契尼依然活跃，还有诸如马斯卡尼、雷斯庇基与沃尔夫—费拉里这些作曲家；作家包括皮兰德娄、黛莱拉、莫拉维亚与嘉达；诗人有翁加雷蒂、夸西莫多与蒙塔莱。国际奖章包括多个诺贝尔奖。知名画家是基里科、卡拉、莫兰迪、西罗尼与巴拉。还有一些新画家，尤其是古图索与阿尼戈尼。曼祖在雕塑界享有盛誉。建筑师有皮亚琴蒂尼、庞蒂、特拉尼与利贝拉。其中，法西斯政权的建筑师皮亚琴蒂尼在建筑中引入钢筋混凝土。上述许多人根本不是法西斯主义者，或者就像翁加雷蒂一样，最初是法西斯主义者，但后来退党了。但是，他们没有受到迫害。政权关注的是那些公开反对法西斯主义的人。

始于1929年的经济大萧条给意大利经济带来了沉重打击。到1934年，约有10.7%的男性劳动者失业。由于其他地方机会更少，人口外移

200

在大萧条时变得更加困难，工资收入也没有增加。虽然政府自 1935 年起进行的部分重整军备有助于增加就业、提高收入，但是法西斯主义失去了吸引力。工业方面的情况有所好转，但农业问题依然存在。墨索里尼提出的"粮食之战"聚焦于南方地区。它虽然不像同时代的苏联政策那般血腥，却遭遇了国家经济管理的常见问题。

此外，墨索里尼不喜欢南方地区，因此为南方提供的支援也极少：法西斯主义在那里不受欢迎。意大利在 1925 年开展的打击黑手党的运动对西西里不分青红皂白地实行了严厉的监管，这没给法西斯政权赢得多少群众支持。官方宣称取得了胜利。但是，根据同时代撒丁岛的描述来看，成功只是表面文章而已。实际上，政府对令人不快的事实秘而不宣，其中就包括可怕的贫困。意料之中的是，人们大多对政府疏离。卡洛·里维在描写意大利南部的巴斯利卡塔地区时，提到了这种情况（《基督停在了埃博利》，1945 年）。1935 年，里维因反法西斯主义政治被"困在"南方的卢卡尼亚。

作为一位敌视共产主义者，墨索里尼在国际社会上得到的评价整体上是正面的。然而，墨索里尼认为，国际关系的本质是竞争，武力是这种竞争的核心。这种理念影响了他在所有领域的全部政策，包括文化、经济、金融与社会政策。墨索里尼像许多 20 世纪三四十年代的政治家与评论员一样，对新技术痴迷。他认为，机器就是他想要推行的强大独裁主义革新论的化身。飞机特别让法西斯主义者神魂颠倒。墨索里尼派意大利军用飞机飞出国门，打出自己的旗号，尤其是在南美洲地区。在阿根廷与巴西，墨索里尼的政治模式格外受人欢迎。它在巴尔干半岛地区也是重要的。墨索里尼除了通过这种方式卖飞机外，还热衷于输出自己的意识形态优势。

墨索里尼将国际竞争当作汇聚举国之力的必要焦点，当作是一种取代社会矛盾的方式。这样的政策需要政府去宣传伟大成就。例如，国内政策包括抽干罗马附近的彭甸沼泽地，以消灭疟疾；宣布罢工非法，压低工人工资；保障火车准点。据称，更著名的一项成就是开始实现电气化。但是，这在某种程度上实际是为了拆散相关的工会，因为这些工会是极左的。警察被安插在火车上。虽然法西斯主义对人们态度的影响要小得多，但雇主从政府对工会的打压中得利。彭甸沼泽变沼为地的模式被视为法西斯主义海外扩张的样板。1933年，富兰克林·德拉诺·罗斯福总统在成立田纳西河流域管理局时，将其视为国家干预的典范。

墨索里尼很乐意调动军队来实现自己的目标。这在很大程度上是因为，意大利的民族主义理想经过他的重新规划后，在本质上是机会主义的，尤其好勇斗狠。1923年，意大利为使希腊在阿尔巴尼亚争端中让步，占领了科孚岛。事件源于希腊的扩张主义，但是最终意大利的计划奏效了，使用武力让部队感到很高兴。

1928—1932年，意大利对平民采取了极其野蛮残暴的行动，这导致约5万人丧生。利比亚因此被制伏了。这一过程增加了墨索里尼的威信，让人们觉得，他比之前的历届政府都更能干。法西斯军队阻塞水井、屠杀畜群，粗暴地强迫人们迁移。1935—1936年，墨索里尼在征服埃塞俄比亚时，恶贯满盈，其中就包括毒气的大规模使用（这违反了1925年签订的《日内瓦议定书》）。法国与西班牙在20世纪20年代攻打摩洛哥时，曾使用过毒气。意大利在这次军事行动中，调遣了包括殖民地军队在内的557000名士兵。国际联盟认定意大利的行为属于侵略，但这并未引发严重后果。

1936年5月9日傍晚，墨索里尼在罗马发表了一篇经过精心安排、充满戏剧性的演讲，宣布古罗马帝国"再次出现"。意大利在埃塞俄比亚的统治一旦确立起来就证明是严酷的。这种严酷性遵照了普遍存在的种族主义的帝国范式。由此产生的抵抗运动遭遇了野蛮凶残的镇压。在很大程度上，这是因为意大利人不愿被打败。大多数驻守在埃塞俄比亚的军队来自其他非洲殖民地，他们是严厉的：厄立特里亚人长期以来都与埃塞俄比亚人有着激烈的冲突，而利比亚军队自视为白种的阿拉伯人。他们觉得自己比黑皮肤的埃塞俄比亚人更接近意大利人。虽然意大利没有做出类似于德国国防军实施大屠杀那样的暴行，但是认为意大利必定比德国更仁慈（而不是简单的更软弱）的观点，在利比亚人与埃塞俄比亚人看来是有待商榷的，而且意大利军队并非如此。

在战争如火如荼地进行的同时，意大利政府也发动了舆论攻势。负责协调这项工作的是 1935 年成立的宣传部。它鼓励有利报道、控制不利描述，试图控制信息传播。战争也被用来让法西斯体制看似必不可少且具有优越性，还用来给墨索里尼与军事化披上一层合法外衣。人们对冲突导致的严重财政消耗闭口不提。由于法西斯主义是一种政治信仰，所以对公民进行军事训练的政策对政府来说是重要的。这些侧重意味着，社会政策的社会福利性被边缘化了。

事实上，意大利无法轻松应对在埃塞俄比亚战场上，以及在西班牙内战（1936—1939 年）中对佛朗哥阵营实行援助的繁重军事任务。它也无法从容解决普遍存在的军事集结问题。在西班牙内战中，意大利派出73000 名士兵驰援佛朗哥。这个人数要比希特勒派出的多得多。意大利军队的飞机轰炸了西班牙共和国的城市，如巴塞罗那与马拉加；他们的潜水艇攻击了开往西班牙共和国港口的苏联船只。墨索里尼想要塑造佛朗哥政权，但佛朗哥无意破坏自身的独立性。意大利投身的事业可谓五花八门。例如，1937 年，意大利的加里波第营作为志愿军，与共和党人并肩作战，在瓜达拉哈拉战役中对抗意大利军队。这个营的名称有着巨大象征意义。

当时还存在着更广泛的外交与地缘政治冲突。墨索里尼任命各式各样的专业人士与法西斯党要员为使者。外交家们要顺从墨索里尼的反自由主义意识形态，并像他一样鄙视英国与法国。意大利起用持此种观点的法西斯主义外交家。1932—1939 年，意大利驻伦敦使者迪诺·格兰迪就是一例。结果，这些外交家导致意大利对英国优势的忽视及可能的合作机会的丧失。同样地，虽然意大利外交家警告墨索里尼与希特勒合作可能会有种种危险，但墨索里尼都听不进去。1933 年，墨索里尼提议，在英法德意《四国公约》的基础上成立"欧洲理事会"，以修订 1919 年巴黎和会上签订的条约。这个构想没能实现。

为了与英法在地中海地区一争高下，意大利人支持壮大海军的重要计划。虽然 1934 年墨索里尼将部队调至布伦纳山口，以应对奥地利纳粹分子控制奥地利的失败企图，但是到 1938 年，当墨索里尼成功接管后，意大利就与希特勒结盟了。墨索里尼长期以来都视希特勒为自己在奥地利与巴尔干半岛地区的竞争对手，因此英国一而再再而三地把意大利当成是可能的盟友。但是，墨索里尼和希特勒一样，对民主国家不屑一顾，反对英法。这些观点在 20 世纪 30 年代末对他来说变得更重要了，而且，人们也不再觉得德国是阿尔卑斯山脉另一端的野蛮国度了。德意两国间的政治、经济联系得到加强。

双方采取联合措施，打击意大利的犹太人。1938 年，所有犹太裔儿童均被逐出公立学校。法律禁止犹太人执教（200 多人被解雇）、从事政务工作、参军，他们也不能做许多其他事情。犹太人与非犹太人不得通婚。"过量的"财富也是不允许的。人们欣然执行这些政策。除了极少数正直的人仗义执言外，教会统治阶级很少对此发表批评意见。与德国和奥地利相比，意大利人民不大有反犹情绪，因此也就不太支持对犹太人的遣返与大屠杀。与此同时，意大利人虽同情他们认识的一些犹太人，但不愿将这种同情心延伸到其他人身上，更不要说为他们抗议了。新成立的政府机构"人口统治与种族总务处"负责法律的执行，并坚决有力地开展执法活动。结果表明，法院轻易就范，常常决定了结针对犹太人的案子。在许多方面，《种族法》意味着意大利要重新实行过去的社会规范。尤其是到1870年为止，意大利要实行教皇统治下罗马的社会准则。此外，许多人参与了意大利境内的大屠杀活动，尤其是从掠夺犹太人中谋利。

1935—1936年，由埃塞俄比亚问题引发的一场大战似乎迫在眉睫。英法已制订许多计划，包括关闭苏伊士运河，以及轰炸意大利北部城市。到头来，冲突并未爆发。这进一步助长了墨索里尼的气焰，他已积极与英法的敌人密谋，包括阿拉伯与巴勒斯坦的民族主义者。意大利向阿富汗与也门提供军火，还支持马耳他的反英民族主义者。有些马耳他民族主义者还提议与意大利联合。

在墨索里尼的字典里没有"极限"这个词。意大利投身的事业，范围大得让人精疲力竭。潜在的国际对手没能意识到，意大利虽然有优势，但也有缺点。20世纪30年代末，当墨索里尼计划攻打埃及时，英国人急切地考虑着，如何才能更好地守住自己在那里的阵地呢？1938年11月，意大利众议院回应了夺取"突尼斯、科西嘉、尼斯与萨伏伊"的呼声，这些地方全是法国的领土。次年4月，意大利成功入侵前附属国阿尔巴尼亚。这次侵略使墨索里尼能向世人宣布，意大利像最近占领了捷克斯洛伐克的希特勒一样，也在攻城略地。维托里奥·埃马努埃莱三世在意大利国王与埃塞俄比亚皇帝之外，新增了阿尔巴尼亚国王的头衔。

1939年4月7日阿尔巴尼亚侵略战

阿尔巴尼亚侵略战是意大利对易攻的近邻阿尔巴尼亚发动的一场处置失当的战争。在某种程度上，这场由无能的意大利统帅部策划的侵略战之所以最终能成功是因为寡不敌众、四分五裂的阿尔巴尼亚人没进行多少抵抗。入侵的政治决策来得有些突然，因为它在很大程度上是意大利对德国占领波西米亚及摩拉维亚的回应。这个决定是为了让意大利受益。武装部队在入侵开始前不久才知晓这项任务：命令下达时间是3月31日。突如其来的决定影响了军队可获得的包括商船运输在内的资源，而且计划也不周全，长期两栖作战的准备不充足。统帅部在制订计划时未考虑到近岸水域的水深。早上4点50分，意大利船队的第一艘船进入都拉斯海湾。上午9时，那里的卫戍部队就被清除了。在整个军事行动中，意大利方12死81伤。他们驱散了50500名阿尔巴尼亚士兵，大多数人后来加入了意大利军队。由于大雾，运输先遣登陆部队的意大利船只延误了，而当都拉斯被占领后，本来要用作卫戍部队的军队作为第一拨军队登陆。码头不够，船只难以卸货下人。次日，虽然机动队因为在黑夜中备战时得到的是柴油而不是必需的汽油而有所延误，但是他们仍然向阿尔巴尼亚首都、内陆城市地拉那前进。

当从阿普利亚的格罗塔里埃机场空运的第一架飞机在地拉那机场着陆时，机动队赶到了地拉那。空运进展顺利，运来整整一个团的士兵，但飞机无法装下迫击炮与火炮。航空运输工具的匮乏意味着军队是被90架轰炸机运来的，飞机上加装了由木板组成的应急层。索古一世国王逃走了。

意大利官方记录将这次军事行动描绘成一场组织有序的胜仗，而促成这场胜仗的是子虚乌有的部队的绝妙行动。

1939 年，意大利没有参与盟友德国与英法之间的战争，反而宣称自己并不好战。1939 年 2 月 4 日，墨索里尼向法西斯大委员会提交了一份强有力的报告，明确表示对法国的反对。虽然意大利与希特勒的关系有所改善，尤其是随着 5 月 22 日《钢铁条约》的签署，但是这依赖于双方达成的口头谅解，即德意两国不会在 1943 年前挑起战争。墨索里尼的女婿加莱阿佐·齐亚诺伯爵在 1936—1943 年担任意大利外交部长。他反对与德国结盟，宣称希特勒让墨索里尼感到怒不可遏的原因是，前者没有就侵略波兰一事与墨索里尼事先协商就妄自行动。墨索里尼意识到，他与希特勒的地位并不平等，希特勒声望日隆。墨索里尼在夸大其词之余，也对意大利军队的先进性存有疑虑。

意大利参加第二次世界大战

1940 年，德国战胜了丹麦、挪威、荷兰、法国与英国。这让墨索里尼在当年 6 月不顾军队警告，即对英法宣战。最终的结果对意大利来说是毁灭性的，失败、侵略、占领与内战席卷而来。

但是，最初的情况是让人感到乐观的。6 月 10 日，在法军明显战败、英军从敦刻尔克撤退后，墨索里尼参战。因为他担心如果不这么做的话，自己将错失赢得荣誉、攻城略地的良机。战争看起来会是短暂的。他希望自己能捞上一把，得到媲美德国此前所获的那种收益。墨索里尼觉得，意大利的伟大需要建立在掌握地中海地区控制权的基础上。因此，他就得打败英国。墨索里尼想要从大英帝国与法国那里谋得好处，想要在巴尔干半岛获得更大的权力。在巴尔干半岛地区，墨索里尼长期以来都以牺牲南斯拉夫为代价，支持着那里的克罗地亚分裂主义者，并对希腊采取反对态度。

德国的胜利让墨索里尼觉得时机已经成熟。他在意识形态上接近希特勒，对民主国家不屑一顾。墨索里尼认为，由于英国在地中海地区势力强大，意大利只是处于半独立状态而已。但是，墨索里尼政权的本质是充斥着暴力与侵略的扩张主义。这些因素占了上风，让他无视意大利糟糕的财政、军事状况，让他忽视战争支持者实际上少之又少。意大利民众对战争不感兴趣。事实上，墨索里尼私下常表露出对意大利人民的轻蔑。

墨索里尼的政策包括压倒后勤主任们明显的悲观主义，摧毁英国外交部认为意大利会保持中立的坚定信念，并打破与之相关的墨索里尼会打开英国与希特勒沟通的"秘密渠道"、充当和事佬的幻想。这是英国那些热切希望通过协商途径结束对德国战争的人所期望的。

人数少得多的法军在阿尔卑斯山脉拖住了意大利的进攻。双方伤亡不多，但意大利军队相对较重。更让意军感到耻辱的是，他们无法打败明显已经失败的敌人。部分原因是，法军已在这里的少数几条前进路线上筑好了一流的防御工事，这反映出阿尔卑斯山脉前线的本质。法军为保卫战做足了准备，没给意军留下模仿德国人机动作战的机会，也没让后者有效利用自己的人数优势。意大利通过战争夺回了1860年的失地尼斯与萨伏伊，但也就仅此而已。希特勒想要撑起维希政权统治下的法国，这种顾虑对战争条款来说是重要的。但是，同样重要，甚至更加重要的是，意大利未能通过打胜仗的方式来攻城略地，而这种胜利是希特勒所熟悉的。意大利直到1942年才攻占科西嘉岛，那也是德军占领维希政权统治下的法国的时间。

在与英国的关系上，德国与意大利也起了冲突。希特勒乐意让英国保有大英帝国，只要英国接受德国在欧洲大陆的统治地位即可。但是，墨索里尼想从大英帝国分得一杯羹。意大利参战前，空军中将、利比亚总督伊塔罗·巴尔博提议正面交战、突袭马耳他。空降兵与海军陆战队最先登陆，一个师的军队紧随其后，而这个师此前在登陆希腊科孚岛作战计划中接受过登陆训练。墨索里尼觉得，巴尔博提议的军事行动不是必要的。理由是，他错误地认为，因为法国覆灭在即，战争几乎已经结束。

墨索里尼的雄心壮志与支持他的人的观点都不是基于对意大利军事机器力量的合理评估。这种不足，以及他们误将虚化辞藻与幻象当作现实的做法，即将导致一系列的灾难。为了抵消德国对罗马尼亚政策的影响，为了保证巴尔干半岛地区依然明显处于意大利的势力范围内，1940年10月，意大利从处于自己控制下的阿尔巴尼亚进军，入侵希腊。但是，进攻被击退，希腊人反过来进入阿尔巴尼亚南部地区。墨索里尼以为，意大利能轻松取胜的坚定信念被残忍地削弱了。寡不敌众、训练不足、装备匮乏的意大利军队在恶劣的地形上作战时，被人数更多、适应性更强、训练有素且士气高昂的希腊军队击败了。本来要突袭马耳他的意大利部队，最终到阿尔巴尼亚做援军去了。

意大利军队从意属殖民地利比亚出发，入侵埃及，是为了在赢得胜利时扮演重要角色，从大英帝国攫取领地。意军遭遇了人数比自己多得多的敌军（对方的215000名对阵31000名意大利士兵）。1940年12月，意军这次准备不足、指挥不利的侵略战在英军面前遭遇大溃败。当时的英军包括帝国军队，尤其是澳大利亚人。英军在一场精彩的反击战中奋勇向前，征服了利比亚东部地区，并获得大批战俘。因此，许多意大利家庭的男性成员都成了英军的俘虏。这极大地削弱了意大利国内对战争的信心。这些囚犯当时比留在意大利军队中的士兵们吃得还好。

1941年3月，英军也在东非击败了意军，并收复了英属索马里兰。虽然意军在埃塞俄比亚北部地区一直坚守到1941年年底，但是自1941年1月起，英军占领了包括意属索马里兰、厄立特里亚与埃塞俄比亚在内的大片土地。这对英国人来说是一场惊人的胜利，再次有近25万意大利人沦为俘虏。但是，后来随着帝国渐渐老去，加之在人们关于这场战争的记忆中主要是与德国的斗争，这项成就被大多数人遗忘了。

1940—1941 年，英国攻击地中海地区的意大利舰队并取得成功，尤其是英军对意军在塔兰托军舰的突袭，以及 1941 年 3 月 28—29 日夜的马塔潘角海战，最终导致德国向意大利派出援军。英国原打算对地中海地区的意大利岛屿潘泰莱里亚岛或是十二群岛实施两栖进攻的计划，此时这变得不可能实现，或者是说多余了。英军在利比亚击败意军，导致希特勒在 1941 年 1 月 11 日下令调兵支援利比亚，做好西部地区守卫工作。次月，这支军队得名"德国非洲军团"。德国飞机与潜水艇在地中海中部地区起到重要作用。与此同时，德国开始在意大利感兴趣的地区变得举足轻重，即北非与巴尔干半岛地区。意军参与了始于 1941 年 4 月 6 日的南斯拉夫、希腊侵略战，其中包括 5 月对克里特岛的入侵。但是，德军才是主力。此外，意大利虽然也从最终的南斯拉夫及希腊领土协议中受益，但领地分割基本上是按德国要求进行的。意大利占领了此前曾为自己所有的领地，如爱奥尼亚群岛。

参战导致意大利开始强调对犹太人的歧视性对待。但是，再一次地，意大利人的反犹远不及德国人强烈。1940 年 6 月，费拉蒙迪集中营开始运作。那里关押了来自罗马的 160 名犹太人。1943 年，当英军解放那里的时候，集中营里关着 1604 名犹太人与 412 名非犹太人。无人遭到杀戮，也没有人被遣送到德国控制的欧洲地区。在这个阶段，费拉蒙迪集中营相对来说是有人情味儿的，而且自然原因导致的死亡率也低。集中营内有两座犹太教堂。意大利人拒不将外国犹太人遣出意大利。他们对犹太人的强制劳动也不是致命的。1938 年后，犹太裔陆军及海军军官还在"桌子后面"躲了好几年。

与德国相比，意大利的工业基础要弱得多，褐煤与钢铁产量也很低。因此，意大利不能像德国那样建立起能有效满足自身需要的军工补给体系。这导致意大利的失败，并让人们普遍觉得战争已经成了随波逐流。

在第一次世界大战中，意大利严重依赖英法物资，但这条路如今走不通了。此外，虽然墨索里尼满口大话，还发表了种种独裁主义的效率理论，但是意大利无法像在 1915—1918 年墨索里尼前任统治时那般，实行资源的有效动员，也未能打造出强大的战时经济。经济没有实行军事化。税收目标未能实现。意大利对大型工厂下达的指示也是有限的。武器与武器系统的质量与数量均不足。在某种程度上，基于这些原因，意大利在早期惨败于希腊与英国后，难以重建自己的军队。

例如，因为意大利工业基地不能提高产量，也无法赶上飞机技术的发展速度，意大利无法保持住 20 世纪 20 年代与 30 年代初建立起来的空军相对优势。1940 年，意大利的大部分空军已经过时，较新的飞机也没有英式飞机那般性能良好。自 1941 年起，意大利人在使用德国发动机后，确实开始造出更有战斗力的战斗机，但是数量不足。1941 年是意大利飞机制造的顶峰；1942 年与 1943 年年初，飞机产量却明显下降。当时，可用资本、专业技术与生产设施都成问题。

人们的生活受到了严重冲击，包括取缔跳舞（1940 年）、禁用汽车（1941 年）。1939 年，意大利开始实行配给制，后来这种政策扩大化，但是也有人逃避配给制。通货膨胀变得严重起来，赋税增加，结果导致大范围逃税。当兵不像在 1915—1918 年时那么容易被躲过去了。

意大利面临的更严峻问题是战略性与战斗层面上的，尤其是陆上作战指挥不利，以及未能联合陆海作战。这些问题而非武器匮乏使意军在东非与利比亚屡次失败，同样的情况也出现在了地中海地区。在那里，虽然意大利海军装备了许多现代战舰与潜水艇，但他们还是被打败了。意大利的 32 艘潜水艇以波尔多为基地，参与了 1940 年 7 月的大西洋海战。但是，它们取得的胜利十分有限，就像意大利在 1940 年德国攻打英国的闪电战中为德国提供了飞机援助一样。

德国的联盟政治不等于协作。德国及其盟国未召开过类似于同盟国那样的峰会，各国之间也无共享情报，并且普遍无法维持合作关系。直到1940—1941年意大利在希腊、北非与东非战败后，墨索里尼才不再拒斥德国在轴心国中的主导地位。这些败绩影响了墨索里尼对1942年、1943年战略性局势的看法：他敦促希特勒与斯大林媾和，集中兵力守卫西欧。这一政策旨在保护墨索里尼自己的阵地，但并不合希特勒的心意。

　　在战争中，意大利对巴尔干半岛实行了野蛮占领。这种暴行利用了法西斯主义的意识形态、帝国扩张主义、种族主义，以及殊死"一战"还时常凶残蛮横的反抗组织。他们犯下的战争罪行是意大利人往往避而不谈的。此外，虽然意大利军队的残忍没达到德军的程度，但东线上的意军对待平民也是野蛮粗暴的。1941年，东线上的意军有整整6万人；1942年，达到22万。意大利虽有大批部队陈师东线及巴尔干半岛地区与北非，但未能对"轴心国大战略"做出巨大贡献。意大利在北非与地中海地区的战局失利，使德国不得不执行新军事任务，补意大利的缺，而且，意军与德军在协同作战方面问题严重。最显著的是，他们没有与日军合作。在索马里，意大利在印度洋上有一个殖民地，在摩加迪沙有个港口。然而，意大利驱逐舰的基地却建在意属红海上厄立特里亚的马萨瓦港。在出现任何合作可能之前，这两个港口就被英国攻克了（分别是在1941年2月25日与4月8日）。

　　然而，1942—1943年，意大利军队依然在北非起到了重要作用。1943年，意军在西西里岛保卫战中也贡献了力量。人们存在着低估意大利战斗力的错误倾向，但事实是意大利确实没有担任起与其资源相当的责任，而且，意大利的努力也不成功。1942年11月，德意联军在埃及阿拉曼被英军击溃。之后，英军攻克利比亚，德意军队退回到突尼斯。德军极大地巩固了轴心国在突尼斯的阵地，但是遭到经利比亚前来的英军及当年11月入侵摩洛哥、阿尔及利亚的美军的双重攻击。1943 年 5 月，突尼斯的德意军队投降，这使被捕的意大利人人数骤增。两个月后，西西里岛沦陷。

1943 年 7 月 10 日"哈士奇行动"

两栖作战能力与空中支援使同盟国掌握了战争主动权，并使得他们大规模进攻地中海上最大的岛屿西西里岛。同盟国起先派出由 18 万士兵组成的军队，750 支战舰、2500 艘运输船与 400 艘登陆艇。这将成为欧洲战场上规模第二大的两栖作战，1944 年的诺曼底登陆是第一。这些登陆比同盟军的 1942 年北非登陆要更加复杂。同盟军采用了相应的船岸协同技术，尤其是两栖浮箱栈桥的运用与训练有素的海滩小分队的调动。英军在西西里岛东南部登陆，美军在更西端的斯盖拉米亚角与利卡塔之间上岸。

同盟军一登陆就遇到岛上敌方守军带来的种种麻烦。意大利第六集团军在阿尔弗雷多·古佐尼将军的指挥下，守卫着西西里岛。第六集团军中有海军与空军。古佐尼率领着 31.5 万人，其中有 4 万名德国军。他的军队主要由海岸师构成，即 9 支海岸师中的 5 支。此外，他只有一些过时的坦克。古佐尼经过一番深思熟虑后，将兵力集中于西西里岛东南部，因为那里是同盟国在领土争夺中想要拿下的目标。意大利军事情报处（SIM）通过特工在里斯本获得确切消息，相信同盟国将在西西里岛登陆。然而，德国情报机构认为，同盟军会从撒丁岛或希腊上岸。德国指挥官阿尔贝特·凯塞林置意大利情报于不顾，将德国第 14 装甲师的坦克调至西西里岛中、西部地区。7 月 7 日，古佐尼接到警告，说同盟国将于两三日内登陆。尽管凯塞林得知了从里斯本传来的情报，尽管同盟国在一通狂轰滥炸后于 6 月 11 日占领了近岸潘泰莱里的亚岛，凯塞林还是将部队留在了内陆，没有守卫西西里海岸地区。相反，意大利军队陈兵海岸，并于 7 月 10 日炸毁了杰拉岛与利卡塔岛，以免它们落入同盟国手中。

意大利军队虽顽强抵抗，但还是被打败了。例如，当第八集团军登陆时，他们遭到分散在那里 131 千米海岸线上的意大利第 206 海岸师的抵抗。第一拨英军以 3 比 1 的人数优势，远远压制住了守在那里的意军。意军没有坦克，被全歼。但是，当英军继而进攻由意军守卫的卡塔尼亚时，苦战 23 天才拿下这座城市。美国第七军在杰拉岛以南地区登陆。意大利海岸部队尽力抵抗，伤亡惨重。第 429 海岸警卫队的伤亡率达到 45%。在 50 台过时的意大利坦克与飞机轰炸滩头堡的助力下，里窝那步兵师发动了反击战。但是，进攻失败了，伤亡人数达到一半。德军坦克远水难解近渴，最初无法给意军提供支援。当它们最终赶到时，进攻得以继续并首次获胜。但是，美军在海军火力的帮助下，英勇奋战，扩大了滩头堡阵地。同盟国从当地黑手党那里获得帮助。有些试图建立组织反抗同盟国的意大利官员被枪毙，而一些美军则接受了黑手党成员的指导。

随后，英军守住卡塔尼亚，乔治·巴顿率美国第七军向北进发，前往巴勒莫，创造并利用从侧翼包抄敌军的机会。人手严重不足的阿希埃塔步兵师无法阻挡巴顿。巴顿在攻克巴勒莫后，击退了特罗伊纳的反攻，向东朝着墨西拿进发。美军用事实证明，自己比在突尼斯时更有战斗力了。他们反复获得并利用了部队的机动性。但是，德军作战力也很强。出于地形原因，装甲部队受到限制。德军就利用了地形优势。8 月 16 日、17 日，同盟军完全占领了西西里岛。结果表明，这里为同盟国提供了进攻意大利本土的宝贵基地。

墨索里尼垮台

意大利军事系统危机演变成一场法西斯主义危机。在某种程度上，这是因为二者有着相似的局限性，墨索里尼无法也不愿面对这点。他下定决心让意大利人坚持战斗。他认为，妥协有辱法西斯主义。墨索里尼这种无视现实的做法，反映出他掌权初期的故作姿态与死要面子。这种态度灾难性地延续到了战争时期。直到 1945 年被处死前，墨索里尼都将战争的失败归咎于除自己外的所有人：国王、教会、资产阶级、众将士与人民。

1943 年，同盟国的轰炸严重挫伤了意大利人民的士气。人们对政府无法保护平民的无能感到愤怒。同盟国刻意通过轰炸来激起民愤，广发传单来强调这点。意大利防卫防御工事与民用避难所的匮乏导致这种情况的发生：许多人逃往乡下，大后方崩溃在即。2 月，米兰与都灵发生罢工。

同盟国入侵西西里岛。因此，法西斯主义领导集团内部及其他意大利领导人，尤其是国王，对墨索里尼越来越不信任。墨索里尼曾许下豪言壮语，誓要带来极权主义的效率、实现国家现代化；此时，泄气的墨索里尼给国家带来的只有失败而已。这是继 1896 年阿杜瓦、1917 年科波雷托之后，意大利面临的第三次屈辱，也将成为最严重的一次。

1943 年 7 月 24 日，法西斯大委员会召开。这是自 1939 年后首次召开的法西斯大委员会。会后，7 月 25 日，应国王要求，墨索里尼被捕。虽然佩特罗·巴多格里奥元帅一直以来都是碌碌无为之辈，但还是由这位前总参谋长组建了新政府。新政府将法西斯主义者排除在外。它得到了军队与教会的支持。巴多格里奥是个优柔寡断的蠢人。他试图在不必承认战败的前提下与同盟国达成协议。与此同时，德国迅速壮大兵力。

1943 年 9 月 3 日，新组建的意大利政府与同盟国签署了《卡西比莱停战协议》。5 天后，停战协议公之于众。但是，德军迅速占领了意大利大部分地区。由于意大利新政府此前已从罗马逃往布林迪西，所以未能组织起有效的抵抗。虽然大多数舰队即便在德军突袭下仍能与马耳他的英军会师，但是意大利军队并未接到适当的指令。军队实际上已经分崩离析。指挥官为避免与德军发生冲突，解散了部队，也有部队自行解散的情况。继续存在的常规军在法律上仍效忠于国王，但一些人加入了游击队或被德军俘虏。墨索里尼在德国占领区成立了萨罗共和国。后来，许多拒绝支持萨罗共和国的意大利士兵被遣往意大利与波兰的德国拘留营，从事强制劳动。他们大多工作在兵工厂中。在另一条轨道上，教皇不再与法西斯主义串通一气。在某种程度上，教皇此前与法西斯主义联手是为了反对自由主义、反对民主与共产主义。与之形成对比的是，教皇下定决心，墨索里尼不可留。

墨索里尼政权的覆灭让许多同盟国战俘有机会逃走。他们往往从意大利人那里得到庇护。这些意大利人通常是冒着极大的危险这么做的。

本土的战火

1943 年 9 月 3 日，英军从西西里岛入侵卡拉布里亚，未遇抵抗，并于 9 月 4 日、8 日完成登陆。9 月 9 日，在更北部的地方，一支英国两栖部队占领了重要的塔兰托港口。英军从那里进发，占领了布林迪西与巴里。9 月 14 日，巴里陷落。意大利停火协议的签订给阿普利亚的这些军事行动带来极大便利，因为此处没有德国军队。

9 月 9 日，侵略军主力在"雪崩行动"中，登陆那不勒斯以南的萨勒诺海湾。但是，德军对过度扩张的萨勒诺登陆做出的回应，比人们预想的更加迅速、坚决，尤其是在阻止同盟军使用蒙特科尔维诺机场的行动上。这个机场是同盟军在登陆日占领的。同盟军在费了很大力气才巩固、扩大了浅滩头阵地。这使他们在占领了萨勒诺与维耶特利港口后，无法使用这些地方。德国表明自己能比同盟国更快地壮大队伍。9月12日，德国的反击极大地考验了同盟国，使他们耗尽预备役军人，还迫使美国从各滩头堡派出了空降部队。德军遇围堵后，在9月16日开始撤退到那不勒斯以北地区。同日，萨勒诺的巡逻队第一次与从卡拉布里亚经陆路前进的英军会师。

10月1日，同盟军继续前进，进入那不勒斯。面对之前那里爆发的一场无法镇压的民众起义与同盟军的迫近，德军已经撤退了。同盟国得以控制意大利南部，但德国人在半岛上拉起了一道坚固的战线，充分利用多山的地形有效巩固己方的防御阵地。德军从阵地中巧妙回击，给进攻的同盟军以沉重打击。

9月9日，撒丁岛上的德国人与当地的意大利当局达成协议，他们将在不遭遇任何抵抗的情况下撤离撒丁岛。9月14日，在没有遇到撒丁岛一兵一卒的反抗下，美国伞兵代表同盟国登陆。德军向北撤至科西嘉岛，但遭到驻守在那里的意大利部队的抵抗。从撒丁岛来的德军占领了科西嘉岛的巴斯蒂亚港，但意大利装甲部队拿下了巴斯蒂亚，并迫使德军从海上撤离。当同盟军登陆时，岛上的其他德军逃走了。在同盟军的压力下，意军从科西嘉岛撤退到撒丁岛，并将他们的辎重与车辆留下了。

1943年10月，新成立的意大利政府对德宣战。虽然此举对战争进程影响甚微，但它缓和了由同盟军占领产生的诸多问题，并确保意大利在战后将不会被占领，获得了比奥地利更好的待遇。

在9月11日一次大胆的空降作战中，德国人救出了被俘的墨索里尼。他们让墨索里尼负责管理意大利北部一个傀儡政权，即成立于9月23日的意大利社会共和国，或曰萨罗共和国。但是，墨索里尼此时没那么重要了。他穿梭于妻子与情妇之间。德国人基本控制着轴心国中意大利剩下的地盘。墨索里尼宣称，法西斯主义确实是一种革命的意识形态。意大利与意大利政府早已分崩离析。

人们通过萨罗共和国可以看到意大利在大屠杀中的罪责。萨罗共和国在没有受到胁迫的情况下，主动逮捕犹太人并将他们遣至灭绝营去屠杀。墨索里尼的态度暧昧不明。虽然他本人并不反犹，但他也接受了在1943年11月14日签署的《维罗纳宣言》中的第一条。第一条规定，"犹太裔是异族也是敌人"。1944年3月，乔万尼·普雷齐奥西获准成立人口统治与人种部。随后，种族检查团也组建起来。逾8000名犹太人被遣送，主要被送往奥斯维辛集中营。他们中只有约1000人活了下来。德国人在意大利处决了7750名犹太人，意大利官员往往助纣为虐，参与其中。在威尼斯以前的贫民窟里，遇害者名单是令人心酸的纪念物。但是，近35000名犹太人躲过了被捕与遭遣送的命运。其中，约有29000人在当地人的帮助下，隐姓埋名地躲在城市与乡村。其他人逃往同盟国占领的南方地区与瑞士，或是在教堂中寻求庇护，包括梵蒂冈。近2000名犹太人加入了游击队的抵抗运动。并不是所有民众都遵从当局政策，许多犹太人正是由于这些人的慷慨、勇敢的帮助才活了下来。

意大利的战争是场苦战。同盟军在萨勒诺（1943年）与安其奥（1944年）登陆，本想扩大战局，但未能达到预期效果。1943年7月、8月，看起来同盟军将迅速占领意大利，但罗马直到1944年6月才陷落。在战役中，同盟国调用的资源数量惊人。1944年5月，在最后以胜利告终的第四次蒙特卡西诺战役中，同盟国投入了25个师、2000台坦克及3000多架飞机。圣本尼迪克特建于529年的修道院毁于轰炸中。

在 1944 年作战季结束时，德国人依然控制着意大利北部地区，而且，他们只用了相对较少的军力就做到了这一点。在某种程度上，希特勒坚守阵地的原因是，他想限制同盟军从意大利基地对德国南部的突袭。

相反，由于同盟军突袭是胜利征服的一部分，意大利冲在了空战前线上。这些突袭造成破坏，导致战争中的社会动荡。早在 1943 年，英美联军的狂轰滥炸已毁掉意大利 60% 的工业产能，严重削弱了士气。轰炸集中在工业中心与港口，尤其是米兰、都灵、热那亚与那不勒斯。罗马也未能幸免。诸如威尼斯之类的其他城市就没有遭受那么多的轰炸。正如里米尼在 1944 年所经历的那样，靠近前线的城镇遭到严重炮轰。

事实表明，受到破坏的社会结构、失去的社会资本，难以在战后数十年内恢复。在很大程度上，这是在墨索里尼完全始料未及的失败所带来的增大压力的作用下，由墨索里尼制造的分歧的后遗症。直到 1945 年 4 月，同盟军才实现突围，进入意大利北部地区。这次突围复兴了意大利抵抗运动。前一年秋冬时节，尤其是冬天，德国血腥镇压了意大利的抵抗运动。在同盟军挺进前，游击队已解放了热那亚、米兰与威尼斯。4 月 28 日，当墨索里尼试图逃往瑞士时，被意大利游击队捕获，随后被处决并暴尸米兰示众。另外，由于英美联军步步紧逼，在意大利的德军无条件投降。

在抵抗运动与萨罗共和国之间展开的这场内战中，墨索里尼是伤亡名单中最引人注目的一个人。交战双方集结起来的军队，人数大体相当，但双方均未获得广泛支持。这种情况也是可以理解的，因为双方对抓获的嫌疑人均施以暴行。人们在恶劣环境下疲于奔命，也就没了献身的念头。1943—1945 年，当反德的爱国主义战争在意大利展开时，意大利还有一场法西斯主义者与反法西斯主义的内战，以及一场阶级战争。人们还不愿参与其中。例如，人们不愿参军。在抵抗运动内部，共产主义者与非共产主义者有着严重分歧。在实际战斗中，占主导地位的共产主义者基本上唯莫斯科马首是瞻，而这些来自莫斯科的指令在人们看来是民族解放委员会的"人民阵线"路线。这些冲突导致了人们信仰的瓦解、对体制信任的丧失，以及战后影响深远的暴力。经得起时间考验的家庭、邻里关系变得更加重要。

自 1915 年起，意大利屡战屡败，人们对成功看得不再重要。二者可能共同导致了所谓的意大利男人"表述行为的男性气概"告急。简言之，它导致意大利社会中诸如宗教信仰与家族关系这些"女性"价值观的流行。但是，就这个问题而言，人们没有明显的性别区分，或者说就人们所觉察到的感情用事来讲，没有明显的性别差异。此外，最重要的影响是全面的和平主义。这和在没有人员伤亡的情况下享受北大西洋公约组织全部福利的待遇相互作用，尤其是在"冷战"时期。

战后再战

在意大利和在其他国家一样，战后政治开始崭露头角。人们下定决心要战胜过去。在这种情况下，战后政治意味着为历史辩护。因此，1946年，意大利司法部部长，同时也是一名共产党员，宣布对那些被指控犯有法西斯主义罪行的人实行大赦。与德国不同，尤其是从 20 世纪 90 年代起，后来意大利的一些主流政治家开始用积极的态度看待战时政权。更特别的是，人们对墨索里尼名誉的争论，尤其是对 1943—1945 年他在意大利北方建立的萨罗共和国受欢迎度的争论，直接关系到从共产党员到新法西斯主义者各类政治团体的合法性问题。这些团体纷纷回溯20 世纪 40 年代及更早时期，试图寻找证据证明自己的正直与对手的邪恶。因此，墨索里尼在意大利政治中能引起比希特勒在德国政坛上更大的共鸣。

在意大利，左派能在战时及早前找到自己引以为豪的敌视墨索里尼的源头。但是，更普遍的情况是，意大利大众文化强调的不是意大利在1940—1943年与德国的联盟，而是1943—1945年对德国的反抗。因此，焦点是解放战争。意大利人以充满英雄主义的色彩描绘着抵抗运动，尤其是将其作为对法西斯主义的救赎。这为战后的民主政体提供了恰当的源起。在另一个层面上，它转移了人们对意大利帝国主义角色的关注。这包括意大利战前在利比亚、埃塞俄比亚，以及1941—1943年在希腊、南斯拉夫的所作所为。在所有这些情况中，意大利都残酷镇压反抗。忽视这些有助于意大利人自欺欺人地扮演战争受害者的角色。事实上，人们常常将意大利军队与他们的德国盟友做比较，将意军视为未参与战争犯罪的"勇士"。意大利人通常用这种对比来描述德意两国战时在占领区的情形。

不同政党也试图把自己和抵抗运动扯上关系，从而用抵抗运动的好名声来获利。但是，它们的宣称往往是互相矛盾的。因此，基于法国戴高乐党的模式，意大利天主教民主党对共产党将抵抗运动说成是共产主义运动的做法提出了挑战。反过来，1968年的激进分子批评天主教民主党冒用抵抗运动之名。他们认为，如此一来，抵抗运动真正的激进主义就遭到了忽视。例如，教会所参与的抵抗运动是有限的。虽然在诸如卢卡一样的地区，许多牧师因抵抗运动被枪决，但这并非当时的普遍现象。激进分子也宣称，战后政府虽由天主教民主党主导，但在很大程度上采取了法西斯主义政府的做法。但是，这方面却被弱化了。激进分子还抨击"权力集团"与教会对法西斯主义的支持。这种论点被用于证明激进分子在20世纪六七十年代反对现有体制的正当性。

从另一个角度来看，一些右派人士中存在着（虽然远未达到普遍的程度）对墨索里尼与法西斯主义重新做出的积极评价。他们把墨索里尼看作一个比希特勒要和善得多的人物。墨索里尼确实比希特勒仁慈，但这种比较几乎没有什么值得骄傲的地方。尤其是，据称，墨索里尼为使意大利北方地区免受德国严酷统治之苦，以一种自我牺牲的方式同意出任萨罗共和国领导人。这一主张是后来新法西斯主义为自己辩护时的惯用做法，但对德国档案的研究无法证实他们的论断。

20世纪80年代，意共声望开始下降。这是人们对墨索里尼重新做出积极评价的原因之一。随着意大利像罗马尼亚、匈牙利等国一样，分享欧洲整体发展红利，意大利共产党的声誉在"冷战"后迅速下滑。在某种程度上，由于这种衰落，人们不再那么强调抵抗运动在意大利的作用了。此外，抵抗运动本身也受到了质疑。一些评论家认为，抵抗运动部分受到共产主义成分的影响。1943—1945年，大批意大利人曾支持萨罗共和国，并在低级别、反暴动的冲突中与反抗运动交锋。一些人开始对他们的历史进行更加积极的评价。其实早在"冷战"期间，迫于意大利政治及意大利政府反共立场的压力，一些人已经在某种程度上接受了所谓的"萨罗勇士"。

第十一章

战后意大利的起起落落

虽然原因各不相同，但 20 世纪 70 年代严重的经济问题使意大利乱成一团。

战后的社会重组

在"二战"后的世界格局中，意大利在经历了最初的不确定后，安立于西方国家之侧。最初，人们不知道意大利最大的政党——共产党是否会让意大利与除希腊、荷兰外的整个东欧地区一道，加入苏维埃阵营中去。意大利处于一片废墟之中，国内以巴勒莫为首的一些地区长期如此。当时，意大利的海外帝国已全部瓦解，其他地方的意大利群体也被人驱逐，尤其是在科西嘉岛与突尼斯的法国人，还有在伊斯特里亚的南斯拉夫人。"二战"后，意大利骚乱再起。在某种程度上，这是因为意大利处于"冷战"时期与共产主义阵营交战的前线。南斯拉夫就属于共产主义阵营，还有双方就的里雅斯特展开的激烈领土争端。这场争端一直持续到1954年，直到美国出面解决才结束。1943—1945年，英美联军对意大利的解放或者说占领，在将意大利置于西方阵营的过程中，起到了关键性作用。同样重要的是，战后美国为阻止共产党接管，对意大利政治进行了干预。

然而，当1946年意大利就组织共和国的问题举行全民公投时，虽然投票结果十分接近，但人们还是拒绝了旧秩序。是年，维托里奥·埃马努埃莱三世为了儿子翁贝托二世而退位。但是，这并未对结果造成影响。美国赞成结束君主制。自1945年起，萨伏伊王朝传统的盟友英国也处于工党的领导下了。萨伏伊王朝开始流亡。此外，意大利取缔了"阁下"这个称呼，因为这是法西斯主义时期官员广泛使用的。当时，人们审判了一些法西斯主义领导人，并处决了许多法西斯主义分子。

意大利文化歌颂反法西斯主义善良大众的种种神话。这些反法西斯主义者是共产党与意大利天主教民主党，还有几乎所有在法西斯主义统治时期受迫害的人的集合。这些神话见于"新现实主义"电影中，尤其是罗伯托·罗西里尼的《罗马,不设防的城市》(1945 年)、卢齐诺·维斯康蒂的《大地在波动》(1948 年)以及维托里奥·德·西卡的《偷自行车的人》(1948 年)。《大地在波动》讲述的是阿茨特雷扎渔民们的故事。文学作品中也体现了这些神话,例如伊塔洛·卡尔维诺的作品《通向蜘蛛巢的小路》(1947 年)。人们改变街道名以表明政治上新的正统思想。和许多其他城镇一样,安科纳兴建了一条吉亚科莫·马泰奥蒂街。人们重新看待民族主义。与此同时,将意大利看作是一个大国与帝国的观念遭人摒弃。古罗马的遗产基本上被放到一边,此前提及的意大利复兴运动也被束之高阁。

1948 年,新宪法开始生效。它虽然反映了反法西斯主义反抗运动的价值观,但当时的社会分裂已经变得明显,包括针对电影引发的分歧。左派中只有部分人士试图将大多数人刻画成反法西斯主义者的形象。这种观点在意大利南方与教会那里没有得到多少支持,更不要说不知悔改的法西斯主义者了。

从那时起,关于意大利历史的论战使保守主义历史学家与评论家倾向于将 20 世纪 80 年代的问题延续到 20 世纪 40 年代末。与之形成对照的是,左派在法西斯主义控制的意大利与自 1948 年起至 20 世纪 90 年代一直主宰新共和国的天主教民主党体制中,寻找延续性。理所当然,对延续性的批判将矛头指向了天主教民主党将 1929 年《拉特兰条约》写入新宪法的倡议。但是,这种批评忽视了天主教民主党面临的实现某种程度的社会和解的压力。如果说,当时意大利的去法西斯主义是不完全的话,那么它不仅部分地反映出天主教民主党的意愿,还有共产党领导的希望。

1943 年,意大利天主教民主党作为意大利人民党的后继者成立了。在 1948 年选举中,天主教民主党击败意大利共产党及其盟友社会党。美国干预在选举中起到作用，但支持民主重建的投票具有更大的意义。自由党沿袭了 1919 年的选举模式，在 1946 年选举中表现依然不尽如人意。在这次选举中，天主教民主党、共产党与社会党获得了绝大多数席位。妇女获得选举权让天主教民主党赢得不少选票（正如此前英国保守党的情况那般），同样让天主教民主党受益的还有来自天主教徒选民的支持。梵蒂冈大力进行政治宣传，美国提供资金援助。在 1946 年选举中，86% 的选民投票支持联合政府。联合政府是在"二战"后由反对墨索里尼的政党组成的。

但是，1948 年，意大利总理阿尔契德·德·加斯贝利击垮了联合政府。在选举中，这位手段高超的天主教民主党领袖几乎赢得了近半数选票。他在 1945—1953 年担任意大利总理。德·加斯贝利政治生涯的起点是 1911—1918 年以当选的特兰提诺天主教民主党议员身份，成为奥地利议会议员。"一战"后，1921 年，他作为意大利人民党党员，被选为意大利议会议员。意大利人民党后来进化为天主教民主党。德·加斯贝利的意大利议会议员生涯直到 1927 年被法西斯主义当局逮捕时结束。他获刑 4 年，但在 1928 年就被释放了。1929 年，德·加斯贝利成了梵蒂冈图书馆馆长。这个工作他一直干到 1944 年才结束。当时，由于他的秘密政治活动，德·加斯贝利被任命为意大利民族解放委员会天主教民主党代表。

1949 年，意大利以创始成员国身份加入北约（而被占领的西德直到 1955 年才加入）。这在当时是个大事件。美国为其地中海舰队与空军在意大利，尤其是那不勒斯，建起了重要的军事基地。但是，意大利的新经济秩序并不是美国所想要的。不管美国人怎么提议，意大利政府、商界与农业都表示反对。在很大程度上，意大利依然采用社团主义方案。只有菲亚特汽车公司真正相信美国的构想，并做出了巨大贡献。但是，

1949 年后开始建立起来的新经济秩序并不是像美国人想看到的那样。

意大利受益于经济快速发展的"长期繁荣"阶段。1951—1968 年，经济年均增长率高达近 6%，而且，这种"长期繁荣"直到 1973 年油价危机袭来时才结束。经济增长在很大程度上是由于使用了以美国为主的先进技术与生产手段，并得益于美国投资。在农业方面，机械化提高了生产力。工人们因此从农村土地上大量转移到城市，但那里的工资率依然不高。意大利形成了混合经济，其中包括较多国家规划与国有化的成分。意大利经济的发展极大得益于国家能够置身于战争之外，在国防上的开支也相对较少。不同于英国、法国、荷兰、比利时、葡萄牙与西班牙，意大利没有需要保护的殖民地。

经济发展存在明显的地区差异。北方的地位是反映南方相对失败的一面镜子，国家的经济、政治重地集中在米兰与都灵。意大利北方涌现出许多专门的制造业工厂。这些工厂引进了更加有效的新技术与组织管理方式。早在第一次世界大战前，自由党执政时期，意大利南方就被认为是失败的代名词。意大利历届政府与欧洲经济共同体（EEC）基于"一战"前的自由党模式，觉得意大利南方是问题社会，而非经济表现欠佳的地区，并以这种方式来对待它。1958 年，意大利成为欧洲经济共同体的创始成员国。

官方的这种态度部分源于 1950 年在美国鼓励下实行的农业改革。这项改革旨在让人们继续种地。意大利南部地区农场平均面积过小，因此不能产生大量利润。这拉低了人们的生活标准，进而冲击了国内市场、制造业与服务业。事实上，在意大利，人们试图寻找的个体农户（还有美国人在被占领国日本实行土地改革时试图寻找的农户）都不富裕，只是贫穷程度有别而已。作为结构性改革的重要方面，人们后来试图鼓励合并。这种合并既有个人拥有土地的合并，也有农户间土地的合并。个人拥有的土地在意大利是高度碎片化的。由于农场规模限制了投资资本，所以其影响了机械化进程。人们不再种地，许多人去了用棚屋搭建的意大利北方城镇，尤其是米兰城外。这种情况集中在年轻人身上。许多年轻人觉得，农业工作条件缺乏吸引力：与其他欧洲经济共同体国家相比，尤其是与法国经济相比，意大利农业大多没有什么真正的竞争力。这种情况持续到现在，而且，随着新成员的加入，竞争使问题进一步复杂化：先是西班牙，随后是东欧国家。人们不再种地，这极大地影响了农村与小镇生活。许多小镇明显成了鬼城，大街上没有几个年轻人的身影。

从意大利南方向外的人口迁移起到了安全阀的作用，因为它降低了失业率，并因此减少了社会矛盾。此外，工人寄回家的汇款源源不断，这使家人可以增加个人收入、提高生活水平。人口外移通常都在西欧内部进行，或是迁移到以美国为首的传统目的地。但是，也有人去基本全新的地方，诸如澳大利亚、加拿大。

虽然政府在 1946 年实行大赦，但战争已让法西斯主义名誉扫地。在道德与政治保守主义的氛围中，右派以天主教民主党的形式重生：许多之前支持自由主义后来为法西斯主义摇旗呐喊的人，站在了天主教民主党的背后。这个传统以社团主义、教权主义的形式延续。它与英国的保守主义与美国的共和主义传统相比，差别很大。天主教民主党试图使意大利民主扎根于欧洲统一的土壤中。1951 年，意大利成为欧洲煤钢共同体 6 个创始成员国之一，虽然它是其中最穷的一个。这 6 国还建立了欧洲经济共同体。其中，意大利在 1955 年与 1956 年召开的墨西拿会议，以及 1957 年签订《罗马条约》的过程中，起到了关键作用。虽然那个时期满腔热情的联邦主义者提出了许多观点，但极少有意大利领导人认为，欧洲经济共同体会取代民族国家。然而，对于仍然深受毁灭与政治混乱之苦的意大利来说，欧洲经济共同体为意大利经济的发展创造了空间。尤其是，在它的组织下，20 世纪 50 年代，欧洲内部出现了出口商品的巨大繁荣。这种繁荣是战后恢复的一方面，同时也是欧洲后帝国主义时期调整的一部分。欧洲经济共同体内部关税下降乃至后来的废除，进一步促进了成员国间贸易的快速增长。欧洲经济共同体的成员国身份也是对共产主义阵营的拒斥。同时，它也代替了人们之前的帝国梦。

在"意大利奇迹"中，经济增长提高了利润，促进了投资，导致生产规模进一步扩大 —— 意大利工业出口商品蓬勃发展。同时，意大利人的汽车拥有量显著上升。这是意大利生活、文化美国化的一个重要方面。电视文化的兴起也体现了这种美国化。截止到 1967 年，菲亚特已经是欧洲首屈一指的汽车生产商了，其所有者阿涅利家族则参与了意大利政治。诸如阿尔伯托·索迪许多作品在内的电影，展现了经济繁荣期的意大利社会。阿尔伯托本是一名演员，后来做了导演。意大利人买车后，石油进口变得日益重要。这让意大利开始对中东地区感兴趣，尤其是利比亚。1956—1970 年，意大利的平均实际消费支出翻了一番，虽然受益者主要是中产阶级，而不是工人阶级。意大利工人阶级的生活水平依然远低于英国、法国与德国工人阶级的生活水平。然而，与法西斯主义的自给自足和战时生活必需品的匮乏相比，意大利经济出现了巨大反弹。

工业扩张有利于北方。然而，尤其是在南方，欧洲经济共同体的共同农业政策（CAP）最终在 1962 年获得通过。它为农民提供了价格担保与收入补贴，降低了农村人口的减少率。不过，共同农业政策的消极面是它与意大利大规模腐败有牵连。虽然农民拒不遵守规定，但意大利政府也不支付相应的罚款，而且，一些农业数据造假。与此相关的贸易保护主义也导致食品价格上涨，这对城市工人与穷人造成了冲击。不过，汇率给人们带来的影响更大。意大利货币政策鼓励竞争性贬值。如此一来，就强行提高了进口价格。美国是为了稳定西欧非共产主义国家而鼓励它们组建欧洲经济共同体的。

1953—1963 年，意大利先后共有 10 位总理，阿尔契德·德·加斯贝利与阿尔多·莫罗是其中较为稳定的两位。虽然当时总理更迭频繁，但天主教民主党依然占据主导地位，因此发展出了一套贪污腐败、徇私舞弊的体制，还满不在乎。政治充满变数。此外，地方差异与社会分歧，国家与市民社会间的鸿沟依然突出。1960 年，意大利爆发大规模群众游行，反对天主教民主党领袖、总理费尔南多·塔姆布罗尼，与天主教民主党、新法西斯主义者、君主制主义者之间的战略性同盟。这导致同盟关系破裂。在阿尔多·莫罗的领导下，天主教民主党接受了反法西斯主义的意识形态，转而奉行"向左派开放"的模式。20 世纪 50 年代，当非宗教的中间派作为天主教民主党与共产党之外的"第三势力"兴起时，这个可行的替代方案没能赢得选民支持。事实表明，天主教民主党与共产党的二元性过于强大。两党均从广泛存在的腐败中获利，尤其是地方政府本身及地方与中央沆瀣一气的腐败。

20 世纪 70 年代的经济危机

虽然原因各不相同，但 20 世纪 70 年代严重的经济问题使意大利乱成一团，始于 1967 年的学生运动又导致都灵大学关闭。学生运动者称，法西斯主义在意大利依然强劲，它内生于政府官僚主义与体制结构内。当权者运用权力的行为被视作法西斯主义的体现。事实上，机构中的保守主义与一些年轻人的个人抱负存在冲突，新生代拒绝接受上一代人的意识形态。一些年轻人似乎对社会富足与民主表示不满，并斥之为不公、乏味。虽然意大利社会公然反对法西斯主义，但年轻人仍将其视为法西斯主义的。年轻人宣称，意大利的意识形态在本质上是空洞保守的。作为回应，1968 年 3 月，内政部部长保罗·埃米利奥·塔维亚尼提出，墨索里尼在 1922 年夺权是警察软弱无能的结果。他提醒学生们注意，历史不会重演。由学生及工人不满或曰"反体制活动"引发的重重危机，一直持续到 1969 年。"火热的秋天"导致政府在 1970 年对工会做出重大让步。

右翼激进分子的炸弹袭击与左翼无政府主义者的暗杀行动导致社会暴力愈演愈烈。他们的目标都是用所谓的"矛盾策略"来推翻自己藐视的民主政体。经济压力没有导致专制政权的产生，也没有让政府开始对国家资源实行引导。但是，经济困难确实助长了极右势力"民族联盟"的崛起。但是，他们与极左势力都没能掌权。20 世纪 70 年代，极右势力没能参与任何政府联盟。在 21 世纪的头十年他们才以一种不太极端的形式做到这一点。

然而，当时极右势力筹划了 3 次政变，尤其是 1964 年卡宾枪骑兵总指挥乔凡尼·德·洛伦佐将军策划的政变。他曾效力于意大利情报部门。更明显的一次是 1969 年尤尼奥·瓦莱里奥·博尔盖塞亲王的政变企图。还有就是极端势力的街头恐怖主义。极右势力的计划依靠军人，博尔盖塞亲王的方案则把美国中央情报局里的人也弄了进来。他还向意大利黑手党寻求帮助。

自 1970 年起就开始活跃起来的"红色旅"是极端势力中的重要团体。他们自我标榜为"新抵抗组织"，部分利用了来自四分五裂的左派的支持，而左派的分裂主要是由之前学生们的幻想及像南尼·莫莱蒂的《注视大黄蜂》（1978 年）这样的电影中所表现出的理想幻灭所致。一些实业家被刻画成"跨国帝国主义国家"的支持者。对他们的攻击并未如革命者所希望的那样，为工人民主政体的建立铺平道路，却导致政治家屡遭暗杀。这些暗杀事件成为政治体制中的重要因素。因此，自 1981 年起，人们将 1969—1983 年称作"铅弹岁月"。左、右翼恐怖主义分子犯下的暴行共计 14000 起，导致 374 人丧生、逾 1170 人受伤。革命者是中产阶级而非工人阶级。左翼恐怖主义者被处决、囚禁，但右翼恐怖主义者资深要员从未被捕。

意大利共产党曾试图实现共产主义与意大利天主教民主党占主导的政治体制建制间所谓的"具有历史意义的和解"。这是更普遍的欧洲局势缓和的一方面，尤其是 1975 年《赫尔辛基公约》的签订，以及所谓的欧洲共产主义。这与意大利共产党早先对斯大林的狂热支持，以及 1956 年对苏联入侵匈牙利的支持形成了对比。

在 1976 年通过谈判达成的条约中，意大利共产党承诺不推翻天主教民主党，支持意大利继续作为北约成员国而存在。1978 年，这一条约导致意大利政坛最著名的政治家之一阿尔多·莫罗被绑架、谋杀。他的五名保镖也因此丧命。莫罗曾在 1963—1968 年、1974—1976 年出任意大利总理，他还从 1976 年起担任天主教民主党领袖。莫罗在促成这次和解中起到了关键作用。

但是，对"红色旅"而言，和解是"跨国公司的帝国主义国家"与美国共同控制下的一方面。莫罗要接受"人民的审判"，这个过程要比恐怖主义者所经受的严酷得多。具有象征意义的是，莫罗的尸体被故意抛弃在连接罗马共产党与天主教民主党办公室的道路的中间。"红色旅"希望通过揭露所谓的莫罗代表的阴谋，激起公愤，为其革命铺平道路。但是，这是个不切实际的愿望。

左翼恐怖主义继续存在，尤其是 1999 年对马西莫·丹托纳的暗杀，以及 2002 年对马可·比吉亚的刺杀。他们都是政府经济顾问。但是，左翼恐怖主义已变得无足轻重。应急反恐法规的出台、大规模逮捕，以及说服一些人转做政府证人的做法对极左恐怖主义造成沉重打击，虽然极右势力没有受到相似对待。涉嫌谋杀比吉亚的犯罪分子要么被处决，要么遭监禁。重要的是，"冷战"结束了。

诸如斯蒂凡诺·瓦奇拿的《执法者》（1972年）与弗朗西斯科·罗西的《精彩的尸体》（1976年）之类的电影，探讨了许多极右势力密谋的话题。意大利公民在这些电影中以受害者的形象出现。在艾利欧·培特利的《对一个不容怀疑的公民的调查》（1970年）中，内部政治动乱成了政治腐败滋生的土壤。小说也关注了恐怖主义的影响，正如洛里亚诺·马基雅维利的侦探小说一样。

其他所谓的阴谋也激起了人们的兴趣。虽然政府机构部门与犯罪网络、政治极端主义者在一些事情上的关系未经证实，但是这使人们产生了普遍的怀疑，而这种不信任又让人对整个体制失去了信心。虽然"红色旅"的言论并未为此类指控提供证据支持，但据称莫罗的案子与美国、共济会宣讲分会（P2分会）有关，野心勃勃的朱利奥·安德烈奥蒂也牵涉其中。安德烈奥蒂曾于1972—1973年、1976—1979年与1989—1992年担任意大利总理。他还是莫罗在掌权的天主教民主党内的竞争对手。人们一直说，安德烈奥蒂是个阴险的家伙，与黑手党有瓜葛。诚然，就间接联系而言，这种说法看起来确有其事。腐败的毒气笼罩着犯罪、商业、政治与特务机关，还利用了特务机关。腐败在一段时间里集中在P2分会中。P2分会成员众多、分布广泛，包括军界、特务机关、司法部、商界与政界领导。P2分会盛行于20世纪70年代，在20世纪80年代末基本被摧毁。它的宗旨是扩大自己在意大利国内的势力，尤其是增加政治影响力。

相应的关系网络在梵蒂冈起到突出作用，而罗伯特·卡尔维之死再次让人疑窦丛生。卡尔维作为意大利安保信银行行长，在 1981 年被判犯有金融罪，获释后等待上诉。1982 年，卡尔维死于伦敦。起先，这被看成是自杀，但当时有许多传闻。尤其是在意大利，人们认为卡尔维是被意大利黑手党谋杀的。1986 年，另一位银行家米歇尔·辛多纳的自杀也被认为是一起谋杀。意大利社会仍然信奉天主教，但人们对教会不太尊重了。关于梵蒂冈治理不当与腐败泛滥的传言至今依然流行。但是，教皇方济各正在试图改革教廷，并在公开场合下谈到梵蒂冈致力于打击犯罪与黑手党。

20 世纪 70 年代末，由于海洛因带来了前所未有的高利润，黑手党活动急剧上升。事实上，人们说黑手党有通天的本事。这使政府受到攻击，尤其是在 1979 年，时任新成立的反黑手党委员会秘书的切萨雷·特拉诺瓦遇害。1982 年，刚走马上任的巴勒莫总督卡洛·达拉·基耶萨也被杀。

20 世纪 70 年代，意大利国内危机加重。人们担心，如果"冷战"愈演愈烈，意大利将会出现动乱。P2 分会通过特务机关与美国中央情报局搭上了线。美国中情局是反共活动的主力军，例如它在格拉迪奥体系中所扮演的角色。格拉迪奥体系旨在面对苏联占领时组织反抗运动。事实表明，这个体系是秘密政治活动的基础。梵蒂冈很可能也参与其中，并起到重要作用。虽然没有证据表明梵蒂冈力挺格拉迪奥体系，但它依然很有可能知道后者的存在。如果情况果真如此的话，梵蒂冈乃至教会都不可能不支持这个组织，以应对可能的苏联入侵。因为梵蒂冈的基本意识形态是基督教民主政体，也就是强烈反苏的。

一种可能是，国内与国际上的不满情绪重合，确实发生了相互作用。此外，意大利激进分子受到国际力量的大力支持，而不仅仅是接受特务机关提供的用来制造分裂的资金而已。但是，激进分子与苏联和西欧共产主义盟友间的敌意减少了这种可能性。激进分子与共产党目标不一致，他们获得的资金也远少于苏联给意大利共产党提供的款项。从苏联的角度来看，激进分子无组织、无纪律，就是一群托洛茨基分子的继承者。

事实上，意大利共产党当时是西欧最强大的共产党组织。它不仅在1976 年公然与"红色旅"划清界限，还迫切要求政府采取措施对后者进行打击，因为"红色旅"曾怂恿人们"别投票，开枪"。从 1972 年起，至 1984 年去世，精明能干的意共总书记恩里科·贝林格带领全党，对外宣称致力于发展 1973 年建立起来的民主体制。这不仅反映出人们感觉民主受到挑战，他们还觉得社会遭到极左与极右势力的夹击。情况确实如此。

后者极可能对当时发生在意大利最血腥的一幕负有责任，即 1980 年在博洛尼亚的火车站发生的爆炸案。有 85 人在这次暴行中丧生。更让人感到不安的是，人们有理由怀疑，这是极右势力与政府机构中包括特务机关在内的反民主分子合谋酿成的惨案。在某些事情上，二者显然沆瀣一气。极右势力策划的其他暴行还包括首个要案，即 1969 年的米兰丰塔纳广场银行爆炸案（炸死 16 人），以及 1984 年火车爆炸案。当时对公共空间的攻击是为了传播恐惧情绪、引起骚乱，也许也是为了栽赃极左势力，让他们名誉扫地。

在 1976 年 6 月的选举中，意大利共产党在巅峰时期得票率达到34.4%，由此导致右派与美国的不安。他们担心，意大利共产党也许能在政府中占据一席之地。即使意大利共产党试图通过将自己定义为欧洲共产党来减轻人们的焦虑，结果也无济于事。但是，1976 年，之前想要"超越"天主教民主党的意大利共产党到头来还是失败了。此外，由共产党、社会党与各小党派组成的左派联盟，未能赢得预期中的半数选票。看起来，左派没能达到绝对多数。这反映出，左派未能如期望中的那样，获得足够多的工人阶级选票。

但是，在当时，贝林格称，选举标志着一个时代的结束，标志着反共的失败。1976 年，贝纳尔多·贝托鲁奇在他那杂乱无序、任性而为的电影《1900》中宣布，左派获胜。它描绘了 20 世纪意大利的历史。新创办的日报《共和报》也做出了同样的论断，宣布左派取胜。知识分子们将安东尼奥·葛兰西创立的"文化霸权"理论奉为圭臬。他们深信，某个社会将会实现这种霸权。事实上，虽然左派在一些艺术领域表现更加卓越，但更保守的天主教徒自 20 世纪 40 年代末起就开始主导着教育部、文化部，垄断国家电视与无线电广播公司。恩庇体制与派系斗争给大学造成极大影响，但当时也存在着多元主义。

右派在将公家变成腐败堕落、自私自利之地上，一点也不落后于左派。我记得，20 世纪 80 年代初，一位意大利知名大学人文系的系主任惊叹于我授课的课时量。他还告诉我，他不教学生，因为他的职责是管束人文系。当我问及他的具体工作职责时，他回答说，他的系里没有共产党（而且共产党应该在博洛尼亚）。每周，他都要去罗马向相关部委官员做汇报，然后这位官员每两个月来校视察一次，他们会尽地主之谊殷勤接待。还传出流言说，这种接待还包括了餐前酒，或者说它是腐败的表现呢？笔者无从得知。这两种观点在意大利都有支持者。无论如何，人们的怀疑情绪相当普遍，现在依然明显。

到头来，意共还是走到了极限。此外，1976 年，社会党在新领袖贝蒂诺·克拉克西的带领下，远离了意大利共产党。自 1978 年起，社会党将他们的锤子、镰刀标记改成了康乃馨。这也就破坏了组建人民阵线的可能。20 世纪 80 年代，由天主教民主党、社会党、社会民主党、共和党与自由党组成的联合政府执政。意大利共产党因此衰落。因为红色派与许多左翼神话间有着千丝万缕的联系，所以"红色旅"凶残的虚无主义影响了整个左派。然而，克拉克西在 1983—1987 年升任意大利总理，社会党在 1987 年大选中获得了 14.3% 的选票，在 1987—1992 年参与执政并由此获利颇丰。

这一时期，由于巨额预算赤字，政府不得不大量高息借贷。但是，20 世纪 80 年代，意大利恢复了相当可观的经济增长。这刺激了消费主义的兴起，人们通过消费展现自我。1975 年，已有超过 90% 的家庭拥有一台电视与冰箱。电视广告对消费主义的传播，对消费观的塑造、分享起到重要作用。20 世纪 80 年代，消费主义已经开始式微。后来日益加重的重重危机，以及 1989—1991 年苏联解体，对消费主义造成了沉重打击。克拉克西将这看作重塑以社会党为主导、以左翼联合政府为中心的意大利政治的一个时机。

第十二章

20 世纪 90 年代的改革和社会难题

历史与教会带来的负担让意大利人对集体主义观念反应冷淡，而集体主义观念又是让世俗组织为公共福利奋斗必不可少的前提。

当西德正与此前属于社会主义阵营的东德合并时，20 世纪 90 年代，一系列政治危机吞没了意大利的政治体制。1992 年，一场名为"净手运动"的反腐运动姗姗来迟。地方行政官在米兰发现大规模刑事腐败案件，因此给它起了"贿赂之都"的诨号。在全国范围内，腐败横扫商业活动、政治与有组织犯罪，人们因此对现有体制的公信力崩溃，或者说人们不再相信意大利能以目前的形式继续下去了。

法律程序起到了关键作用。受指控的要人包括两位前总理，即天主教民主党的朱利奥·安德烈奥蒂与社会党的贝蒂诺·克拉克西。安德烈奥蒂将罗马、拉齐奥大区与西西里岛置于他的政治荫庇之下。在这些地方，又以西西里岛的恩庇体制最是根深蒂固。安德烈奥蒂因与黑手党的牵连受到调查并被审判，但最终被判无罪。1994 年，腐败透顶的克拉克西逃往突尼斯。2000 年，他在那里去世。1994 年，意大利法院对他进行了缺席审判，判决结果是监禁。这场诉讼打击了他们此前主导的恩庇体制。二人各自的政党，天主教民主党与社会党，均受到丑闻的严重冲击。1994 年，两个党都解散了，成了所谓的"政党的共和国"之终结的一部分。克拉克西宣称，所有政党都非法收钱，为政党活动提供资金。但是，即便如此，他本人也是腐败堕落且毫无悔意的。

因此，其他政党变得出名或是以此为契机而成立。1993 年，国家统一政府建立。1994 年，没有经验的意大利力量党领袖西尔维奥·贝卢斯科尼被选举为总理。1936 年，贝卢斯科尼出生于米兰。在那里，他和克拉克西成了朋友。贝卢斯科尼经商发了大财，他先是做房地产生意，接着进军电视业。他是反共候选人。贝卢斯科尼想像经营一家大公司一样管理国家，但发现政府比预想的还要糟糕。国家的巨额债务对他也是个冲击。

出售国有企业减少了债务，但当他试图减轻由特别丰厚的养老金制度带来的大量债务时，失去了政治支持。1995年，由技术官僚组成的政府推翻并取代了贝卢斯科尼。随后，1996年，在罗马诺·普罗迪领导下的中左翼政府执政。1998年，这届政府垮台。但是，共产党前领导人马西莫·达莱马迅速重组了政府。结果，2000年，他的政府解体后又被朱利亚诺·阿马托率领的，由技术专家组成的政府所取代。确保贝卢斯科尼无法掌权是人们一以贯之的目标。

2001年，贝卢斯科尼再度成为意大利总理。虽然他仍面临刑事起诉，但贝卢斯科尼通过在选举中承诺创造就业获得了不少选票。不过，创造就业机会的计划因资金问题他无力付诸实践。由于最近历届政府表现不佳、不够稳定，他从中受益。到头来，虽然贝卢斯科尼在2001年取消了继承税，后来还在2008年取消了首次购房税，但他在竞选中许诺的就业岗位没有落实。与唐纳德·特朗普一样，贝卢斯科尼是由演出主持人兼商人转型的政治家。他提出要让意大利重新开始，还宣称自己拥有商业才能。但是，据他的对手所言，贝卢斯科尼所谓的商业才能其实就是可疑的权钱交易。他们还说，贝卢斯科尼把这些做派带到了政坛与政府中，引来许多差评，导致恶习的产生与蔓延。贝卢斯科尼还阻挠了20世纪90年代的反腐运动。

2004年，在贝卢斯科尼领导下的一项重要变革是政府决定自2005年1月1日起，暂停征兵制，将军队精简为专业军种。征兵制的废除是更加普遍的全球化进程的一部分。这个过程限制了国家控制的领域，结束了征兵这种具有某种程度的民族共同体验的操作。如今，有些人提出重新实行义务兵役，将其作为社区服务可能的替代方案。

意大利印象

在 19 世纪与 20 世纪之交，人们明显对现代意大利失去了兴趣。例如 E.M. 福斯特的小说《看得见风景的房间》（1908 年）。事实上，自此以后，强劲的主流思想是将意大利重新看作一个不太令人瞩目的社会，而不是 18 世纪遍游欧洲大陆进行教育旅行的英国年轻贵族所向往的富有想象力的过去之地。除去加里波第的共和主义、意大利复兴运动中的活力与成功，以及在某种程度上由墨索里尼所打造的，在 20 世纪二三十年代引发同时代人关注的"秩序与支柱"，意大利从此被人们看作是不如德国、法国或英国之类国家那般文明、发达的国家。这种对比在当时（如今依然）往往有着严重缺陷。尽管战后意大利在设计、时尚、电影、食品，以及诸如豪华油艇、造船、火车、家用电器、家具与照明等工业生产方面硕果累累，极大地提高了意大利的地位，但人们今天依然对意大利持有这种态度。人们对意大利的消极评价没有 1945 年那般明显。但是，在现代，当人们谈及意大利的政治、犯罪，尤其是意大利黑手党，还有意大利基于指南、游记与意大利回忆录而发展起来的庞大出版业时，人们往往觉得，意大利没有其他主要西方国家那么发达。一直以来都贴着落后标签的西班牙，近些年来更加成功了，还给外国评论家留下了现代与进步的印象。不过，这也许是英国长期存在的问题而不是意大利的问题。

眼前的问题

意大利当时在经济、社会、政治与宪法上存在严重的结构问题。虽然意大利在 1993 年为推行具有说服力的"得票多者当选"的政策，改革了选举制度，但又在 2005 年对新体制进行了合理调整。这种调整以及各政党门槛较低的代表制，使得意大利政坛又回到更加动荡的状态。此外，尽管意大利因身为欧盟（EU）成员国而受益，但这种关系的维持并不容易。因为，意大利受到来自德国（及其他国家）竞争的挑战，还面对着欧元的财政需求。

同时，人们也担心巴尔干半岛与北非的局势。事实上，意大利是北约的空军基地。1994—1995 年，当北约对波斯尼亚发动空战时，意大利从阿里亚诺到焦亚德尔科的空军基地都起着关键作用。1999 年，当北约对科索沃与塞尔维亚作战时，以阿门多拉为首的意大利空军基地再次发挥着重要作用。2011 年，北约从意大利的两个空军基地及意大利的两艘航空母舰上，执行了对利比亚的作战计划。这些航空母舰也被用于北约在阿富汗的部分战斗中。同时，意大利没有参与 2003 年的海湾战争。

更普遍的情况是，给意大利带来冲击的是臃肿庞大、功能失调的政治阶级可悲的表现，世俗与宗教组织的效率低下，需要长期大量公款投入的南方地区的特性，以及接受民意测验的人中有半数人认为政府应确保人人都有工作的观点。人们既依赖又厌恶政府。意大利拿下世界杯那年（2006 年），意大利足球联赛也爆出巨大的贪腐丑闻。虽然其他国家的足球系统也存在着腐败问题，但许多评论家认为，意大利在世界杯与足球联赛中的腐败具有典型性。2007 年，意大利个人现金消费支出比率为 38%。这反映出意大利人对机构形式信心不足，以及意大利人以此作为逃税的重要手段。不过，人们不愿使用信用卡不一定是为了避税。与之相比，英国个人现金消费支出比率为18%，法国是22%。事实上，质疑电子货币的人相当多。但是，有组织的犯罪也刺激了现金经济。

历史与教会带来的负担让意大利人对集体主义观念反应冷淡，而集体主义观念又是让世俗组织为公共福利奋斗必不可少的前提。相反，通常以亲属群体为表现形式的无政府主义原子论占了上风。人际关系及与此相关的恩庇体系在商界、政界起到了重要作用。

意大利右派没有像样的精英管理层，左派也没有令人信服的改革先锋。像始于1986年的"慢食运动"这样的反文化思潮需要左派支持。因为，这些反文化思潮在某种程度上是反动、反科学与不切实际的。意大利在国际舞台上表现得不尽如人意，尤其是与德国相比，经济增长率也下降了。在与整个欧元区比较时，情况也是如此。意大利在欧洲地区与西班牙竞争时所保持的领先地位回落。虽然大多数银行在发放贷款时通常相当审慎，但是意大利从2005年以后至今爆发的财政危机揭示出意大利银行体系中的严重顽疾。意大利在经济自由度指数与腐败指数上的排名也不尽如人意。2001年，在热那亚八国首脑会议期间，警察击退了反全球化暴力游行活动。但是，正如五星运动党（M5S）所揭示的，抗议者的一些观点与主流舆论相一致。

有组织的犯罪将全球化与腐败联系在一起。意大利黑社会与更广阔的世界发生着联系，尤其是非法毒品交易、卖淫、移民与军火走私。西西里岛的黑手党（科萨·诺斯特拉）、坎帕尼亚的克莫拉、卡拉布里亚的光荣会（名称源于古希腊卡拉布里亚方言）与阿普利亚的圣冠联盟都做得风生水起。光荣会从绑架转行开始贩毒。更普遍的情况是，这些黑社会把政治、犯罪与经商搅到一起，为害一方。20世纪

90 年代，意大利政府开始采取行动打击黑手党，因为长期以来充当黑恶势力保护伞的天主教民主党衰落了。结果表明，这给克莫拉提供了贩毒的机会。克莫拉也与天主教民主党交好。1992 年，两位重要的反黑手党检察官，即乔万尼·法尔科内与保罗·博尔塞利诺（以及法尔科内的妻子与警察护卫）遇害。这是政府开展反黑行动的导火索。像 1993 年部分摧毁了乌菲兹美术馆的爆炸案一样，谋杀也是对政府强有力的公然藐视。这些检察官负责巴勒莫的大规模审判案。他们利用"向警方提供大量犯罪活动情报"的多玛索·布西达提供的线索在 1986—1992 年判决并监禁了 360 名被告。由于多起谋杀案件的出现，政府向西西里岛派遣了军队。

截至 2016 年，据估计，光荣会的财富达到了 440 亿欧元。光荣会、黑手党与克莫拉的收入之和占意大利国内生产总值的 9.5%。次年，巴勒莫的法尔科内雕像被人割去脑袋。与此同时，克莫拉分支机构福贾地区的犯罪集团犯下多起谋杀案，这让人们再度担心起来。意大利侦探小说对意大利社会进行了更广泛的批判，而这种批判是深深植根于某种特定区域与城市环境的。外国小说家的作品也是如此，正如迈克尔·迪布丁的侦探小说《决战》（2007 年）一样。书中的主人公奥雷里奥·泽恩从威尼斯搬到南方后发现，那里是强盗横行、一片死寂的蛮荒之地。

人们情绪消极、信心缺乏，这让人觉得，这个时期之前是而且事实上现在依然是不太好的。民族自豪感与认同感不是来自军事力量、政治领导、公共机构或是科学发明，而是源于体育、食物、生活方式，以及在某种程度上源于过去的经济、文化成就。在个体与家庭层面上，高失业率、人口外移，以及大批年轻人依然（包括已经 30 多岁的人）与父母同住的情况反映出希望破灭、乐观主义消失与期待落空的窘境。这种做法与家庭规模小有关。它与过去以及关于国家的陈词滥调形成了鲜明对比。

这种情形导致当地人口增长有限，老龄化严重。截至 2006 年，意大利 26% 的人年龄在 60 岁以上，全国人口的年龄中位数是 42 岁。这些数据与德国相当，但不如英国、法国与西班牙的情况有利。与 20 世纪 70 年代极高的婴儿死亡率相比，意大利婴儿死亡率下降。因此，人们就不必再生育"保险"婴儿以应对其他孩子可能的死亡了。与此同时，农业劳动力数量下降也使人们不再需要那么多男婴了。同样地，人们关于家族结构与遗产继承观念的变化也起了作用。天主教会觉得，其他机构难以接受现代社会的本质，更别提它自己了。虽然天主教会对节育横加指责，但避孕的做法还是变得更加普遍。女性人均生育婴儿数量下降，尤其是在意大利，这个数字降至 1.18%。女性工作模式是重要的，同样关键的是住房困难。随着欧元的使用，意大利出现了通货膨胀。这对人们的实际收入产生了影响，并由此导致住房难以获得。儿童保育开销也是个问题。在 21 世纪初，每年从意大利向外移出的人有近 5 万。

退休金问题加重了意大利的年龄失衡。在意大利，大多数养老保障金均由政府提供，私人养老金则相对极少。因此，未来不得不承担人们的长寿及慷慨的养老金保障所带来的种种问题。这意味着，年轻人要为老年人及即将步入老年的人埋单。事实是，年轻人极少，而且，随着时间的流逝，年轻人将越来越少。

因此，公共财政要想拿出与银行相应的钱时，就面临着极其严重的问题。意大利政府解决这些问题的能力是有限的。德国在欧盟的经济主导地位意味着，意大利很难取得由出口驱动的经济增长，因而也就无法获得必要的资金。事实上，意大利无能为力的处境让人清楚地看到，它的命运是掌握在德国手中的。这让人不仅想起上一次世界大战时的情形，还有中世纪及后来神圣罗马帝国皇帝们挥舞权杖对意大利的控制。人们过去那种无能为力的感觉及与之相关的宿命论发出了声声回响。

与欧洲其他地区及日本、中国一样，赡养老人的经济负担与买房养家、工作晋升的压力一道，是年轻人肩头的重担。毫无疑问，这导致人们的失败感油然而生，一些人因此不愿生孩子。

民族幽默：达里奥·福与现代讽刺剧

1997年，剧作家兼演员达里奥·福（1926—2016年）获得诺贝尔文学奖。这位煽动者想通过由他提出的"人民反对教会与政府权威"的观点，代表人民反对权贵。福的剧作关注权力腐败问题。例如，《一个无政府主义者的意外死亡》（1970年）讲述了一个由警察刑讯导致在押犯死亡的故事。《绝不付账》（1974年）说的是，居高不下的食品价格让家庭主妇们在商店里顺手牵羊。福将工厂而非传统剧院当作舞台，让他的剧作以这种方式走进千家万户。教会对福持批评态度，因为福本人从共产主义转向了类似于五星运动党的立场。福并不是唯一一个批评教会的人。2006年，艾玛·丹特因其戏剧《猿猴》也被人贴上了反天主教的标签。

当地低速的人口增长使大规模移民的影响变得更加突出。2011年，随着卡扎菲上校的垮台与利比亚社会秩序的崩坏，移民人数骤增。这不仅意味着，从意大利前殖民地利比亚涌入了大量移民，还表明其他地方的移民用利比亚作为进入意大利的通道，尤其是来自意大利前殖民地厄立特里与索马里的移民，还有更广泛地来自非洲与中东地区的移民。2012 年，欧洲人权法院不再允许移民像以前那样返回利比亚。

来到意大利的人数激增。2000—2009 年，年均移民人数逾 5 万人。2016 年，伴随着较高的增长率，从利比亚扬帆远航，移民意大利的人达到 18.1 万。在自土耳其经希腊进入欧洲的路线基本被关闭后，这成了移民进入欧洲的主要方式。2017 年 7 月，意大利政府宣布，在现有的 4 个处理移民与寻求避难者申请中心的基础上，在卡拉布里亚、撒丁岛与西西里岛新增 6 个这样的中心。人们很容易在这些地区看到移民的踪迹。例如，人们可以在撒丁岛的萨萨里看到移民，也可以在像文蒂米利亚一样的其他地方遇到移民。据称，2017 年 8 月，有多达 70 万的移民在利比亚等待迁移。世界人口的预计增长也许会让这些压力进一步凸显。世界人口将从 2016 年的 76 亿增加到 2030 年的 86 亿，也许到 2100 年将至少达到 107 亿 5000 万。其中，在绝对数字与百分比上的大部分增长将来自非洲。

大规模移民对意大利社会来说具有高度分裂性（对许多其他国家而言也是如此），给意大利社会结构带来压力。在 2017 年市政选举与 2018 年大选中，北方联盟党与五星运动党均对移民，特别是对罗马充满敌意，因为在罗马，移民关怀很成问题。2017 年，一个主要的犯罪组织还因此被定罪。许多意大利人对单个难民及难民这个群体表示深切同情，但人们对难民数量激增也感到精疲力竭、日益担忧。

这加重了意大利与欧盟其他国家间的紧张局势。因为在意大利人看来，他们被欧盟委员会忽视了，承担着过重的负担。与法国及奥地利尽力避免移民从意大利继续向外迁移相比，意大利人的这种批评当然是有根据的。民怨沸腾。2017 年，意大利政府试图给移民出生在意大利的孩子以公民身份，而且其需要满足夫妻双方至少有一人在意大利居住了 5 年的条件。但是，政府的这项计划遭到公众的批评。本来，这项提案将使近 80 万名未成年人有权申请意大利国籍。执政的民主党因为担心无法获得足够的议会支持而取消了这项措施。北方联盟党此前积极奔走、强烈反对这项政策。北方联盟党领袖马泰奥·萨尔维民称，"公民身份不是一件礼物"。2017 年 9 月，刊登在《共和报》上的一项调查显示，46% 的意大利人表示，移民"危及公共秩序与个人安全"，2012 年时这个数据是 26%。

自 2012 年起就担任兰佩杜萨岛市长的朱西·尼科利尼在选举中失利。她将落选归因于人们对她欢迎移民立场的敌视，以及她对社会无序发展的不满："经济危机与恐怖主义一道，意味着安全问题开始占上风，人们不再欢迎移民……大多数当地人当时反对我为争取移民合法性而奔走的活动，以及我反对兰佩杜萨岛与世隔绝的做法。"

但是，分开来看，移民做了许多事，尤其是社会工作。事实上，他们支撑着一个日益由领取养老金的人占主导的国家。后者在政党与工会中都有影响力，但却对移民不闻不问。移民也遭到右翼政党的抨击。由于自我隔离与政府干预，移民聚集在特定区域内，例如巴勒莫的巴拉洛。他们的栖身之所有些类似于罗姆人居住的贫民窟。移民为犯罪团伙利用，尤其是妇女被逼为娼。

意大利社会普遍存在的腐败也许内生于社团主义的传统之中。不过，人们不知道意大利政治文化的腐败性在多大的程度上与社会的腐败性互为因果。政府为帮助贝卢斯科尼避免因伪造账目受到起诉，甘愿修订法律。这凸显了在公共生活中难以保证清白廉洁的种种问题。与贝卢斯科尼（1994—1995 年、2001—2006 年及 2008—2011 年任意大利总理）有涉的大规模弊案削弱了人们对政治的信心，引发公众的普遍怀疑。艺术家们也以此为题，展开创作。例如，在南尼·莫莱蒂那充满敌意、令人困惑的电影《鳄鱼白皮书》（2006 年）中，贝卢斯科尼的事业是建立在黑钱之上的。2017 年，在对绰号为"意大利的最后一位国王"的犯罪团伙成员马西莫·卡尔米纳蒂进行审判时，一则窃听电话录音表明，他曾将自己与同伙比作生活在一个鱼龙混杂、违法利益交换横行的社会中的居民，而且，他"甚至有可能与贝卢斯科尼同桌就餐"。那当然什么都证明不了。

贝卢斯科尼是商业电视大鳄。人们有充分理由批评他拉低了电视节目的档次，在整体上贬低了意大利文化。在很大程度上，贝卢斯科尼从政就是为了保护自己巨大的电视收益。与欧洲其他地区相比，意大利人的平均电视观看率相当高。尤其是那些上了年纪、没受过多少教育的人，他们喜欢看日间电视。这让贝卢斯科尼在经济上与政治上获益。相反，人们也可以说，贝卢斯科尼的电视公司是成功、优质、有效且盈利的，它是有党派倾向的国有电视行业的有力竞争者。

贝卢斯科尼谴责意大利共产党对他的批评。2008 年，为确保自己有资格掌权，贝卢斯科尼指出大规模行动的可能性："如果我们不能（在大选中）获得选票，我相信数以百万的人会涌向罗马提出要求。"贝卢斯科尼的支持者们以技术官僚政府不民主为由，维护他的独裁主义。他们还说，权力的制衡让意大利不服管束。但是，实行权力制衡是为了避免另一个像墨索里尼一样的独裁者出现。

然而，贝卢斯科尼虽有严重缺陷，他也不是墨索里尼。事实上，当人们比较这两个爱出风头的人在掌握与行使权力的方式时，就能看到意大利政治自 20 世纪 20 年代起发生的种种变化，尤其是人们摒弃了通过武力与恫吓来获得权力的做法。贝卢斯科尼与墨索里尼形成鲜明对比的是，贝卢斯科尼因 2006 年选举失败而被推翻。他对结果质疑，但司法部确认结果无误。由罗马诺·普罗迪组建的左翼联合政府取代了贝卢斯科尼支离破碎的联合政府。此前，1996—1998 年，普罗迪就是意大利总理了。他还在 1990—2004 年担任欧洲委员会主席。但是，反过来，普罗迪政府因分歧而变得虚弱，处境岌岌可危，尤其是尝试改革导致分歧加重。普罗迪以牺牲经济增长为代价，成功稳定了财政局势。

天主教会对政府政策持有敌意，尤其是政府对同性恋民事伴侣关系的支持。但是，更让天主教会感到恼火的是，政府提议部分停止对私立学校的支持，尤其是财政补助。这些私立学校基本上都是天主教学校，它们的学术水平普遍低下。自 2005 年当选以来，教皇本笃十六世十分支持意大利主教们对国家政治时常发表的评论，这些评论强烈反对社会自由主义。

2006 年，普罗迪政府在选举中胜出。2008 年，贝卢斯科尼从天主教激进主义对普罗迪政府的反对中受益。由于普罗迪联合政府内出现叛乱，贝卢斯科尼在新一轮选举中渔利，重新掌权。贝卢斯科尼在任上利用职务之便，使自己及自己的许多商业利益免受严重的逃税、行贿罪行指控。他没有因为任何指控而被定罪。2011 年，贝卢斯科尼因滥用职权及招嫖一位摩洛哥未成年舞者，遭到起诉并受审。法院判决招嫖罪名不成立，但认定贝卢斯科尼犯有税务欺诈。他因此被逐出议会。在本书写作时，贝卢斯科尼正在等待向欧洲人权法院提起上诉。当时，贝卢斯科尼面对巨额国债压力，不愿支持德国提出的希腊债务解决方案，被迫在 2011 年辞职。关于他与黑手党所谓的牵连，人们依然没能找到真凭实据。贝卢斯科尼一直都否认自己与黑手党有任何瓜葛。

由经济学家马里奥·蒙蒂率领的完全未经选举的技术官僚政府，取代了道德败坏的贝卢斯科尼。这届政府欢迎金融市场，因此也就对德国采取了接受态度。德国在安格拉·默克尔总理的领导下，始终反对贝卢斯科尼。意大利这届技术官僚政府一直掌权到 2013 年。是年，在一场胜负不明的选举中，由恩里克·莱塔领导的虚弱的左右翼联合政府胜出。相反，这届联合政府在 2014 年被马泰奥·伦齐率领的中间偏左势力取代。这股势力是在贝卢斯科尼的帮助下成功夺权的。来自托斯卡纳的伦齐，外号"破坏王"。2013 年，他当上中左翼民主党领袖，该党的前身是意大利共产党。

更加意义重大的变化是由贝佩·格里洛领导的旗帜鲜明、直言不讳的反政治运动，即五星运动党的崛起。格里洛曾是一名喜剧演员。五星运动党在 2013 年选举中赢得了 1/4 的选票，因此它的候选人当选为罗马与都灵市市长。作为一场民粹主义与乌托邦式运动，五星代表着政治领域后意识形态的转型，包括对传统左右派划分的超越。它为了用民意来取代代表制民主，主张用全民公决进行统治。五星也打击腐败，攻击那些任期超过一届的当权派，抨击欧盟，尤其是欧元。事实上，意大利的欧盟成员国身份过去依靠德国支持与意大利经济学家、银行家马里奥·德拉吉所支持的"量化宽松"货币政策，现在情况依然如此。这项政策给欧元区带来了稳定。自 2011 年起，德拉吉出任欧洲中央银行行长。有趣的五星运动党虽然在某些市政府做出了成绩，但一些人认为，如果用批判性眼光审视该党，如果这些人不掌权的话，那么五星运动党只是有些可信而已。在 2018 年 2 月一次民调中，近 28% 的受访者支持该党。

2016 年，全民公决否定了政府为巩固自身地位而提出的修宪提案。政府提议，在选举中得票最高的党将在众议院中获得绝对多数席位，而且意大利将不会有直选的参议院。政府把这项提案包装成确保政治稳定的方式，但许多意大利人视之为独裁体制。这次失败导致意大利总理马泰奥·伦齐在 2017 年下野。意大利南方地区坚决投票反对改革提案，贝卢斯科尼也不同意。2016 年 12 月，同样来自民主党的保罗·真蒂洛尼取代了伦齐。真蒂洛尼宣称，他的当务之急是制造就业机会，缓解 2016 年袭击意大利中部的那场致命地震所造成的破坏。事实上，人们亟须政府出台政治及财政措施。真蒂洛尼在政治生涯的早期活跃于左派阵线上。

虽然贝卢斯科尼在 2013 年被判犯有税务欺诈罪，但他作为意大利力量党的领袖，依然具有影响力。有些人认为，尽管自 2015 年起意大利力量党在民调中被北方联盟党超越了，贝卢斯科尼看起来仍然像是一位政界元老。据称，2017 年，北方联盟党计划通过将党名与政策改得更有全国代表性在右派中起到代表作用。

腐败问题有着明显的地区差异。在一系列涉及垃圾回收的丑闻中，这一点尤为明显。这些丑闻反映出人们生活更加富足，物质文化出现转变以及政治的崩溃。丑闻相应地给地方政府带来了压力，这成了一个政治话题，尤其是在罗马。在那里，违法分子以行贿与胁迫的方式换取公共合同。2015 年，一位五星运动党的市长无法解决罗马的公共生活危机。但是，问题出在整个政治体制上。在很大程度上，这是因为在 1976—2008 年的大部分时期，罗马市处于多届左翼联合政府统治之下。

在那不勒斯附近的坎帕尼亚地区，情况更具戏剧性。截止到 2007 年年末，坎帕尼亚当地的垃圾场全都堆满了，垃圾回收也中断了。如果说有组织的犯罪集团克莫拉在坎帕尼亚与垃圾有关的敲诈勒索案中扮演的角色相对来说非同寻常的话，那么这场危机也反映出社会上存在着更广泛的压力，尤其是人们对焚化炉及在居民区附近建垃圾场的反对。人们之所以持反对态度是因为大家比以前更清楚废气排放、径流及一些垃圾的危害，因而也就越发担忧了。在坎帕尼亚，犯罪分子为了在他们的垃圾场为新运来的垃圾腾地方，就付钱让男孩子们点火焚烧垃圾，对这么做释放出相当危险的烟雾不以为意。

2008 年，比萨大学发表的一项研究表明，以二噁英为首的坎帕尼亚垃圾场污染物导致了一场由环境污染引发的、影响范围更广的危机。那就是意大利男性精子数自 20 世纪 70 年代起的下降，尤其是在城区。下降最少的是像阿普利亚这样偏远的农村地区。污染也严重影响了 2008 年坎帕尼亚的奶酪产量。这场危机持续到现在。2013 年，克莫拉烧毁了那不勒斯的科学博物馆。此事也能显示出该组织的嚣张气焰。考虑到克莫拉从政府在 1980 年救赎那不勒斯附近地震灾区的拨款中受益，人们就不应该对他们继续盗窃未来的行为感到惊奇。光荣会参与了有毒废物与放射性物质的买卖活动。

与此同时，意大利受到更普遍变化的影响，其中包括气候变化。这成了人们茶余饭后谈论的话题，也是个体与群体经历及记忆的一部分。2001 年春，罗马出现了类似于热带地区的降雨量。但是，2005 年 10 月，当我们探访意大利北部的阿达河与波河河谷时，我们看到那里的河面出现了与季节不相称的低水位。于是，谈话就围绕着阿尔卑斯山脉上的雪量减少、秋季变暖和气候变化展开了。人们感到心神不宁：水与生命息息相关，变化似乎到了失控的地步。事实上，2005—2006 年，干旱导致水位下降，进而对农业产生了严重影响。2017 年，旱灾让政府宣布进入紧急状态。

缺水也使环境恶化。从河流中取水使河流水位下降。意大利最重要的波河的水位下降尤为明显。因此，汇入大海的淡水流量也减少了。亚得里亚海污染急剧上升也与这个问题有关。人们用水量的增加也导致天然蓄水层枯竭，盐分向地表转移。这严重影响了土质与农业生产率。降雪量下降也是一个影响因素。因为大多数融雪会变成地表径流，人们由融雪得到的水源要比以降雨形式存在的水源稳定。

虽然2015年威内托大区的人抱怨连连，但那里的饮用水水质依然不低。政府对水质有严格规定，定期检测水质、公布结果。旅行者们曾经抱怨过水的问题。现在，他们没有多少理由这么做了。2017年的夏天非常热，那年的春天也是60年来最干的，同时也许是自1800年以来最干的。罗马面临严重供水问题，部分原因是城市臭名昭著的供水管道泄漏，结果导致近44%的城市供水被浪费掉了。老化的抽水系统也同样是个大问题。一直以来，罗马市政府都未将此前许诺的改革付诸实践。许多公共喷泉被关闭，晚间水管中的水压被限制在8小时。

和大多数国家一样，意大利每年都要面对新危机。2005—2006年，意大利缺水；相比之下，2007年，社会凝聚力崩溃的体现是纵火者引发的森林大火。与希腊一样，意大利的此类事件也有意外转折。据称，这些纵火者效力于房地产开发商。他们不管官方态度如何，都要清除树木、开发土地。这种行为与自"二战"后人们对陆地风景的普遍破坏一脉相承。意大利南方及西西里岛的非法施工，尤其是海岸地区的乱搭乱建，与北方杂乱无序的发展不相伯仲。在这个过程中也涉及腐败问题。

2012年，超级豪华邮轮"歌诗达协和号"因操作失误在意大利西海岸触礁搁浅，32人丧生。到2016年，人们把注意力转移到了银行上。意大利第三大（也是世界上最古老）的银行锡耶纳银行问题尤为严重。它的间接所有者民主党用锡耶纳银行来集资。意大利最大的联合信贷银行不得不从股东那里筹集逾200亿欧元，但它轻松做到了。2017年，意大利政府对欧洲中央银行迫使贷方为不良贷款提高供应额的政策表示不满。人们认为，这可能会对意大利造成冲击，尤其是因为意大利尚有许多破产案长期悬而未决。

经济表现不佳与不良贷款带来了严重的问题。2017年，意大利经济增长率仅为1.5%，这是大国及欧元区经济体中最低的。2017年12月，失业率达到10.8%，超过了欧元区平均水平。2017年7月，青少年失业率为35.5%。东亚出口商品的增长给意大利制造业造成沉重打击。2017年，意大利旗舰航空公司意大利航空宣布实行破产保护。它背负着30亿欧元的债务，已经不再是一家生意兴隆的公司了。曾经号称在意大利市场占有率达到28%的瑞安航空公司也申请了非契约出价。2016年年底，意大利巨额公共债务达到国内生产总值的132.6%。虽然因债务计算方法不同会有差异，但这个百分比是欧洲最高的。这种债务水平严重限制了政府所能选择的经济刺激方案。

与此同时，意大利每年是欧盟的第三大资金贡献者，仅次于德国、法国。开支并不是唯一的问题：意大利在医疗卫生上的花费略低于英国，但结果要好得多。意大利人均寿命长，比美国、英国的情况好。癌症死亡率低于英国、法国与德国，而且男女癌症成活率均高于欧盟平均水平。肥胖率低于英国、西班牙与德国。慢性疾病患病率低于英国、西班牙、德国与法国。

意大利南方的发展

安德列亚·卡米莱里在小说《偷零食的贼》（1996年）中，以阴沉的笔调描绘了环境变化腐败堕落的过程。故事发生在西西里岛：

"直到30年前，维拉塞塔村还只有20座房屋……但是，在繁荣年代，修路热、建筑热（这看似是我国宪法的基石：'意大利是一个建在施工工程上的共和国'）同时到来。结果，维拉塞塔就处在三种高速路的交会处了。一条是超级高速公路，也就是所谓的连接线，还有两条省道跟两条省际公路。在经过几里长的如画风景后，人们看到这些路的护栏让人合宜地漆成了红色。因为，一些法官、警察、宪兵、金融家甚至是狱警，之前都死在了那里。这些路经常让缺乏警惕的旅行者大吃一惊，因为它们会突然无缘无故地（或者说原因过于明显地）在山坡上走到头……因此，维拉塞塔迅速变成一个无序扩张、迷宫似的小镇。"

卡米莱里在小说《水的形状》（1994年）中写道，在附近，有"落成的大型化工厂的废墟……当时看起来进步之风势头正劲……所到之处留下了赔偿金与失业率，真是一片狼藉"。

政府的失败与管理失灵及法院体系故障有关。毫无疑问，意大利在遵守欧盟法律方面表现极差。失调的政治体制导致人们对欧盟法律的这种蔑视。与此同时，有待商榷的是意大利当代发展中自相矛盾的本质。与犯罪网络和政治失衡同时存在的，是意大利天下无双的技术、交通、时尚、饮食与旅游业。这些产业让意大利成为世界第七大经济体，给北方地区带来高生活水平。意大利航空公司虽然倒闭了，但意大利有运作良好、不断扩张的高速铁路网，而且，2015年，米兰世界博览会成功举办。

历史待售

再一次地，历史是政治的一部分。1961年是那不勒斯与西西里岛并入意大利的百年纪念。这次周年纪念与1911年时的情形大不相同。

品。但是，政府往往表现出极右倾向，弱化乃至忽视意大利在海外犯下的暴行。与此同时，它还呼吁国际社会承认意大利人所遭受的苦难。2004 年，意大利电视台报道了 1945 年南斯拉夫共产党军队向前挺进时，对伊斯特拉 25 万意大利平民犯下的罪行。当时，南斯拉夫试图夺取一个地区的控制权，而该地区是意大利在第一次世界大战后从奥匈帝国那里获得的。伊斯特拉流亡者纪念活动的重要内容是对 11000 名大屠杀遇害者的缅怀。他们中的许多人是被活活扔进石灰岩深坑中的。在 2000—2009 年，伊斯特拉流亡者的观点开始具有影响力。1918 年年末，当意大利军队到达伊斯特拉时，没有发生此类屠杀事件。贝卢斯科尼政府比之前历届政府更愿表达或曰引导仇外情绪，也更愿推进这个议题。2005 年，意大利为伊斯特拉遇害同胞确定了新的国家纪念日。每个市镇都举行了典礼并降半旗以示哀悼，媒体对此做了大量报道。这与战后边境争端协议有关。2009 年，菲尼在距离伊斯特拉最近的意大利城市的里雅斯特发表演讲说，"伊斯特拉曾是罗马的，后来又归威尼斯所有。这意味着它是意大利的"。

为了报复埃塞俄比亚对意大利统治的反抗，意大利自 1936 年起屠杀了成千上万名埃塞俄比亚人。大量平民遇害，包括孕妇与儿童。意大利人还特别将枪口对准了知识分子。鲁道福·格拉齐亚元帅的际遇与意大利修正主义完全一致。他在利比亚手段毒辣，在 1936—1938 年时任埃塞俄比亚总督，还做过萨罗共和国国防部长与总参谋长。战后，他被判通敌罪并入狱服刑，1950 年获释。2012 年，人们在罗马附近的阿菲莱用公款竖起一座格拉齐亚纪念碑。意大利政府及军队从未承认过他们对利比亚与埃塞俄比亚的残暴统治。

与 1961 年的情况一样，国内政治也影响了 2011 年（150 周年）那不勒斯与西西里岛占领纪念活动。在左派阵营中，共产主义的势力大不如前。因此，左派此时更愿认同意大利复兴运动是一场进步的民族独立运动的观点。相反，周年纪念日让贝卢斯科尼政府感觉有些尴尬。在很大程度上，这是因为联合政府包括了北方联盟党。这个分裂主义政党认为与南方的联合是一个错误，他们还经常对南方人横加指责。

这些区别及其他差异也影响了更加具体的事件。例如，1860年，西西里岛小镇勃朗特发生民变。为恢复社会秩序，加里波第的一位将领在这场民变中杀害了当地要人并处决了5名激进分子。自20世纪50年代起，马克思主义历史学家将勃朗特民变视为被不彻底的意大利复兴运动粉碎的大革命的象征。2011年，来自对立面的政敌又用该事件来攻击意大利复兴运动，尤其把它看作北方对南方的压迫。

成立于1989年的北方联盟党在诸如维罗纳、帕维亚与特雷维索这样的中心得到大力支持。他们大力推进分离主义。在1992年、1994年、1996年、2001年与2008年的选举中，北方联盟党表现出色。它呼吁终止对意大利南方的补贴。在2008年选举中，北方联盟党的得票率是8.3%，但在2013年只有4.1%。通过强调意大利北方的独特性，北方联盟党肯定了自己的历史。它的全称是帕达尼亚独立北方联盟党。有时候，这种历史很成问题。因为，这种尝试是在说，意大利北方的政治身份早在罗马征服前就存在了。然而，还是有很多人认同这种联系。

由于宗教信仰的衰落，历史作为一种身份认同的方式也许变得更重要了。2000—2009年，教堂出席率不足20%。聚焦于意大利复兴运动的传统历史越来越不受人欢迎。这是众所周知的，让卡洛·钱皮深深引以为憾之事。这位温和派政治家在1999—2006年担任意大利总统。

意大利前途未卜，但其他国家又何尝不是这样？事实上，意大利的危机就是现代西方社会的危机。但是，这么说也是在逃避责任。统一后，意大利的表现要比德国差得多。自第二次世界大战失败后，意大利的境遇远不及德国、日本与奥地利，虽然后三个国家都曾被占领过。此外，现代意大利政坛危机四伏，也没能建立起切实可行的民主国家制度。这与德国、日本和奥地利，还有法国，形成了鲜明对比。意大利虽然在 20 世纪 60 年代经济增速喜人，但如今已成了一个社会动荡、经济困顿的国家。它看似无法采纳、实施能够带来经济复兴与政府改革的政策。意大利的窘境是由多种原因造成的，但崩坏的政治体制，也许是其中最突出的原因。然而，英国又有什么不同呢？

第十三章

重新发现意大利：北部

人们觉得都灵值得一游的地方主要是国王的宫殿、大剧院、国王狩猎行宫及苏佩尔加大教堂。从苏佩尔加大教堂向外望去，能在一侧望见阿尔卑斯山脉壮美的景色。

走进意大利

　　追寻以前游客走过的路线，对我们简要讨论地区历史有一定的启发性。他们的观点与如今游人的体验一道阐明了我们对意大利各方面的历史特征的观感。过去最引人注目的游客体验是 18 世纪遍游欧洲大陆的旅者经验。宗教战争的结束及 1648 年《威斯特伐利亚和约》的签订使人们可以环游欧洲，尤其是可以让新教徒去信奉天主教的欧洲地区旅行，而意大利则是他们的首选。新富的英国人就是那个时代的美国人，他们的观点记录了人们在意大利旅行的体验。

　　如今，英国人前往意大利的主要方式是飞机。最近，随着廉价航空公司定期航班的增加，以及提供海外直航服务的意大利机场数量的增长，这个过程变得更容易了。以往，大多数游客只能去少数一些大型机场，尤其是米兰、罗马；如今，直达航班也会飞抵较小的机场，例如，阿尔盖罗、巴里、博洛尼亚、卡塔尼亚、库内奥、佛罗伦萨、福贾、热那亚、拉梅齐亚泰尔梅、莱切、奥尔比亚、巴勒莫、帕尔马、佩鲁贾、佩斯卡拉、比萨、里米尼、特雷维索、都灵与维罗纳。诸如阿普利亚、卡拉布里亚、西西里岛与撒丁岛这样的地区已经对游客开放了。

　　飞机出现以前是火车的时代。19 世纪末，穿过阿尔卑斯山脉的铁路线使意大利铁路体系与更广阔的欧洲铁路体系连成一片。此后，铁路运输就发展起来了。我还能记起 20 世纪 60 年代初，从巴黎开往米兰的夜间卧铺列车。在火车上，我弟弟斯蒂芬·布莱克大半夜"砰"的一声从他的铺位上掉了下来。1979 年，我首次前往都灵进行档案研究时，先得从伦敦乘火车，然后搭渡船越过英吉利海峡，再坐火车去巴黎，乘地铁穿越巴黎，最后转乘火车抵达都灵。事实上，这是对早期更加缓慢且充满不确定性的马车与小船世界的现代化升级。往返于意大利的旅途给游客的意大利之行定下了基调。路上的种种艰辛让人们在抵达目的地时，更容易体会到一种成就感。

在火车、汽轮出现以前，游客们的意大利旅行并没有固定路线。人们能从英国扬帆远航至意大利，但那并不常见。虽然陆上旅行也能经由低地国家与德国，但是通常的路线是经法国到意大利。人们不得不翻越阿尔卑斯山脉，或从海上绕过这座天堑。直到拿破仑时期，从法国沿地中海海岸地区才有好路可走。

大多数游客倾向于选择阿尔卑斯路线。在汽轮出现前，这条路线与海航相比没那么危险，也没那么多变。当然旅途也有可能中断。最常见的路线是从巴黎出发，途经里昂，穿过塞尼山关口，前往苏萨（在通过这个关口时，游客坐在类似于轿子的装置里，由赤足搬运工抬过去），接着前往都灵。在 1860 年被割让给法国的拿破仑三世之前，萨伏伊和尼斯一样都是意大利领土。因此，萨伏伊的边界在勒蓬德博瓦桑。

都灵

游客如今往往急于冲过皮埃蒙特，或者将注意力集中在更南端的地方，以至于错过了此地。这种做法可不太好，因为皮埃蒙特有许多值得品味的东西，尤其是葡萄酒。公元前 218 年，这里被汉尼拔所毁。公元前 27 年，托里斯作为罗马殖民地奥古斯塔托里诺，得以重建。1563 年，由于萨伏伊王朝将首都从萨伏伊的尚贝里迁至此地，都灵声名大振。皇宫在 1658 年建了起来。市中心的建筑深深打上了 18 世纪初建筑师菲利波·尤瓦拉与萨伏伊王朝的烙印。事实上，这里是意大利城市中最有皇家气派的，它的街道规划也最规整。1861 年，都灵成了意大利的第一座首都。结果在 1865 年，意大利就迁都佛罗伦萨了。都灵随后发展成重要的工业中心，尤其是在 19 世纪末伴随着菲亚特汽车公司的发展。人们可以在巨大的国家汽车博物馆中感受到菲亚特汽车公司的魅力。

许多 18 世纪的游客喜欢这座城市，喜欢它那由直线构成的街道平面图，喜欢在维托里奥·阿梅迪奥二世领导下新建的宏伟建筑。理察·波寇克认为："这座小城大部分地方都建得格外好，街道宽阔笔直、宫殿美轮美奂。"威廉·弗里曼觉得，都灵是"一座美丽的大城市，街道宽阔、房屋建筑精美……公爵的宫殿宏伟壮观、装饰华美，房间布局合理"。1763 年，子爵夫人玛格利特·斯宾塞指出："人们觉得都灵值得一游的地方主要是国王的宫殿、大剧院、国王狩猎行宫及苏佩尔加大教堂。从苏佩尔加大教堂向外望去，能在一侧望见阿尔卑斯山脉壮美的景色。"

如今，游客仍能看到所有这些地方。18 世纪中叶，萨伏伊-皮埃蒙特的人口是 1774000，但只有都灵与亚历山德里亚的人口超过 20000。

热那亚

游客从都灵出发，当时有多条路线可进入意大利：向东可及米兰、帕尔马，往南可达热那亚。遍游欧洲大陆的教育旅行在意大利段并无固定路线。影响游客的因素有：抵达地与预计出发地；当时的季节，这一点之所以重要是由于酷暑及罗马附近疟疾的初发；同行旅伴的意愿；旅行者想要会见或陪伴朋友的打算；他们计划参加具体活动的安排。当时特别著名的是雷吉奥（在艾米利亚而不是卡拉布里亚）、博洛尼亚与米兰的歌剧，在那不勒斯与威尼斯的狂欢节，以及罗马的宗教仪式，尤其是复活节活动。

游客从都灵经阿斯蒂、亚历山德里亚，抵达热那亚的地中海地区。热那亚与都灵迥然不同。虽然没有可以当作热门景点的皇宫，但热那亚的历史更加丰富多彩，艺术珍宝也更多。

公元前4世纪，热那亚作为重要的罗马港口建城。中世纪时，它是一个独立城邦，而且，它曾就这一地位与比萨展开争夺。1284年，热那亚在梅洛里亚岛海战中击败比萨海军后，成了地中海西部重要的海洋强国。它的贸易伙伴远及克里米亚半岛。但是，热那亚在收益、财富、名气与多元文化主义方面，不敌竞争对手威尼斯。热那亚受到黑死病的打击，直到16世纪一直处于颓势。它失去了对撒丁岛及其爱琴海领地的控制，还一度处于米兰子爵的统治下。

16世纪，为回应海上强国土耳其的扩张，热那亚加入了西班牙体制并因此受益，尤其是通过对包括那不勒斯在内的西班牙世界经济与财政的渗透。热那亚兴建了许多宫殿。例如，总督宫（政府所在地）以及沿诺瓦路（如今的加里波第大街）修建的宫殿，还有耶稣会教堂。这些地方值得今天的游客一览。1576年，热那亚颁布了一项法令，巩固了寡头政体的权力，压制了"人民议会"。

虽然热那亚有钱修复、重建在1684年遭受法国海军轰炸，以及在1746—1748年因参与奥地利王位继承战争而毁损的城市，但是热那亚在17世纪发展陷入停滞，在18世纪陷入衰退。1768年，科西嘉岛被卖给了法国。在拿破仑一世的统治下，法国吞并了热那亚。根据维也纳会议的规定，皮埃蒙特得到了热那亚。19世纪，热那亚作为皮埃蒙特的港市与造船业中心，变得举足轻重。这些因素在1945年后的"长期繁荣"中更加重要起来。结果在20世纪70年代的经济衰退中，热那亚经济遇到严重问题。

1788年，律师查尔斯·阿伯特抵达热那亚后，称赞道："热那亚的自然景观雄伟壮丽，恢宏的宫殿鳞次栉比，规模无与伦比。"但是，1729年，已婚妇女与情夫（丈夫之外的男性伴侣）间的越轨行为令人瞠目结舌。1778 年，菲利普·约克对警察的表现颇有微词："杀人犯经常逍遥法外。"

米兰

许多游客从都灵向东前往米兰，不过他们往往会发现乡村地区着实平淡乏味。伦巴第的大部分地区归米兰公国所有。自 1540 年起，哈布斯堡家族就控制着米兰，甚至在 1559—1859 年这个家族也断断续续地短暂主宰着米兰。米兰与意大利其他地方一样，人们只要越过边境就能发现差别。1776 年，后来当上国会议员、下议院发言人，并成为第一代雷德斯代尔男爵的律师约翰·米特福特很快就觉察到：

> 政府不断更迭。撒丁岛君主为了艰难地支撑庞大的军事机构，养活人口众多的皇室，对农民巧取豪夺，从能干的农民身上榨取能够得到的每一法寻。由于皇室不需那么费力就能维持排场，所以就没对米兰居民施以同样的重压。旅行者很快发现人们花时间耕种土地。他们的住所是整洁的，而且农民们看似轻松自在、生活舒适，这是在皮埃蒙特没有遇到过的情况。

米兰作为重要的罗马中心城市，曾经名为梅蒂奥拉努，尤其是在后来帝国统治时期（见 3 世纪时绘有湿壁画的安斯佩托塔）。中世纪时，米兰再度变得重要起来。米兰是领先的工业中心与独立市镇，但它却处于一系列家族的统治之下，尤其是维斯孔蒂家族。在 1447—1450 年短暂的共和国时期之后，在米兰先是成为西班牙，后又沦为奥地利领地前，它处于斯福尔扎家族的统治下。1700—1709 年，在伦巴第 110 万居民中，13 万人生活在米兰，而紧随米兰之后最大的三个城市的人口之和仅为 54000 人。

英国游客觉得米兰社会特别友好，令人心情舒畅。但是，它缺少可与其他主要目的地相媲美的壮丽景象。游客评论往往十分有趣，但他们通常无法捕捉到政治上的变化。这可见于他们在 18 世纪时所做的评论。可以理解的是，游客与其他人往往将注意力集中于自 1792 年法国入侵后社会所经历的变化上，因而相应地将较早时期的变化降到了最低。事实上，当时也有重要发展。奥地利的哈布斯堡家族在取代了西班牙的哈布斯堡家族后，从 18 世纪初到 1735 年间主宰着意大利。自 18 世纪 30 年代末至 1795 年，它统治着意大利北部地区。但是，不管后来意大利民族主义者多么努力想要证明稳定政策的存在，但是那并不是说当时有着一项长期不变的政策。神圣罗马帝国皇帝查理六世宣称，自己以卡尔三世的身份继承了他的意大利属地。他自视为合法的西班牙国王，而不是凭借征服手段对这些领地进行统治。在某种程度上，这是因为他对这些领地的治理是通过传统的西属意大利议会来进行的。当时，西属意大利议会设在维也纳，但其成员依然是西班牙与意大利人。但是，他提出的财政主张并不受人欢迎，而且也许由此导致米兰贵族阶级与高级神职人员在 1733—1736 年对以它的征服者萨伏伊—皮埃蒙特统治者、撒丁岛的卡洛·埃马努埃莱三世为代表的公国统治表示普遍支持。事实上，在波兰王位继承战争（1733—1735 年）期间，意大利普遍无人援助查理六世。这种情况是令人震惊的。

相反，在查理六世之女玛丽娅·特蕾莎（1740—1780 年在位）统治时期，她极力扩大政府在米兰的权力。这反映出她面临的财政问题、维也纳人对改革的普遍兴趣，以及在哈布斯堡家族统治下意大利改革成功的更大可能性。虽然那不勒斯与西西里岛的贵族阶级根基稳固，但是在1734—1735年西班牙在重新征服中拿下了这两个地方。1747年，加布里埃尔·维里重新起草了米兰法律。1749年，买官卖官的做法遭到禁止。官员的工资也被固定了下来。1755年，成为城市官员的标准从贵族出身变成了拥有财富。米兰完成了土地测量。1760年，官方评估取代了税务自测体系。在享有全权的部长的统治下，中央政府的权力急剧扩大，政府的野心也膨胀起来。这些部长包括乔凡尼·卢卡·帕拉维奇尼伯爵（1744—1747年、1750—1754年在任）、费迪南多·博纳文图拉·冯·哈拉赫伯爵（1747—1750年在任）、比特拉阿莫·克里斯蒂亚尼伯爵（1754—1758年在任），以及来自附近的特伦托的卡洛·朱塞佩·迪·费米安伯爵（1758—1771年在任）。虽然当地政府由土著居民管理，但米兰推行了某种程度上的统一与中央集权。1757年，意大利议会被废除。1749—1783年，米兰的财政收入似乎翻了一番。

玛丽娅·特蕾莎的长子是约瑟夫二世（1780—1790年在位，这位神圣罗马帝国皇帝统治着哈布斯堡王朝的领地）。1786年，约瑟夫以新行政单位、法庭及新法典取代了传统的行政及司法体系。虽然他因此与米兰贵族改革家生出嫌隙，但这些变化也以和平方式为人们所接受了。1784年，约瑟夫提出，"我已命（伦巴第）政府探寻因地制宜地执行德国诸省准则之法。当务之急自然是提高并加快推进司法公正"。

1796年，奥地利人在战争中不敌法国。1814年，奥地利重获伦巴第。直到1859年，那里为法国及皮埃蒙特联军所破。20世纪，米兰巩固了自己作为意大利财政及工业首都、设计与时尚中心的地位。一项证明就是，曼彻斯特自称是"北方的米兰"，但很少有米兰人赞同这种观点。

食物与旅人

意大利人以他们的食物品质与烹饪过程而引以为豪。如今，前往意大利的游客们都知道值得期待的东西有哪些。这并不是因为意大利以为人提供国际美食而著名。事实上，与英国甚至是法国相比，意大利受到国际饮食的影响更小。相反，外国人熟知意大利食物。对于在伦敦郊区长大的人来说，"吃意餐"是中餐与印度菜之外的选择。意式美食在其他地方也受人欢迎。我到日本的当天就被人带到省城一家意大利餐厅吃午饭。

诚然，如此经历无法捕捉到意大利饮食的种类、深度与质量，正如它无法捕捉到中餐与印度菜的种类、深度与质量一样。但是，它给人们以熟悉感。此外，大多数（绝非所有）现代意大利餐厅为人们提供的食物具有相当大的延续性，而且没有英国与美国那么多的"混合烹饪"。这在很大程度上给人们带来了似曾相识的感觉。

但是，旅行者在过去的体验具有极大的不可预测性。与食物匮乏同时存在的是食物的多样性。这是由不同的季节（如今仍是一种影响因素）与储存、运输食物及饮料的种种困难所造成的。与之相关的是，在准备及烹饪食物方面，意大利也有着更多的方式。当时，国外没有意大利餐厅的事实意味着这对旅行者来说是种新体验。例如，大多数人没尝过面食。1788 年，查尔斯·阿伯特在热那亚发现了意大利小方饺："它看起来像煮熟的牛肚。"1731 年，约翰·斯温顿也在热那亚第一次吃到了意大利小方饺。他的评价就要积极得多。虽然在 17 世纪末 18 世纪初，意大利许多餐馆专营意大利饮食，但是它们无法与某些贵族家族里的法国大厨相提并论。

旅行者体验到两种饮食习惯。在农村地区，食物不仅单一还时常匮乏。在城镇里，对有钱人来说，数量与种类都不成问题。在这两种情况下，对旅行者而言，橄榄油与大蒜的使用是完全不同的体验。他们特别不喜欢橄榄油。此外，在大斋期期间，旅行者需要有凭证才能吃上肉。地区差异如此之大，以至于食用地方特色菜肴的建议十分有用。斯波莱托的羊肉给安德鲁·米切尔留下了深刻印象，让约翰·斯温顿感到耳目一新的是热那亚的牛肉与小牛肉，诺顿·尼科尔斯惊叹于苏莲托的小牛肉与黄油，约翰·弗莱明·莱斯特男爵则钟情于都灵的奶油与黄油。

从米兰一路向东

18 世纪，自米兰出发有两条深入意大利的主要路线。旅行者可以向东走，经布雷西亚、维罗纳、维琴察与帕多瓦，到威尼斯；或者向东南进发，经皮亚琴察、帕尔马、雷吉欧与摩德纳，到博洛尼亚。从博洛尼亚出发，他们能继续前往佩萨罗与亚得里亚海海岸；或者，更普遍的情况是，向南越过亚平宁山脉，前往佛罗伦萨。伦巴第、威内托，以及特别是艾米利亚—罗马涅大区的许多城市，有许多能让人大饱眼福的地方。帕尔马与摩德纳曾是公国首都，博洛尼亚则是主要的艺术珍宝中心。威廉·弗里曼在维琴察发现"许多由安德烈亚·帕拉弟奥设计的宫殿"，而维罗纳的圆形剧院给第二世帕尔姆斯顿子爵亨利留下了深刻印象。但是，萨拉·边沁对后者却颇有微词："由于没有下水道，秽物散发的气味常常恶臭连天。"1793 年，她在帕多瓦吃到了"一些由美味的小鸟烤炙的晚餐，当地人称这些鸟为鹈。还有切成小块油炸的羊脑……酸模通常是配菜，人们会把肉在研钵中捣烂后，用模具烘焙成布丁状。那里的通心粉形状各异"。

画作吸引了人们的许多注意力，游客也觉得自己具有品鉴能力。1755 年，维利尔斯子爵乔治专程前往琴托，参观画家圭亚奇诺的出生地："我们的救世主在复活后展现在圣母面前的尊容是这样的：着色不错，但脸上没有恰当的表情。衣纹也显得十分漫不经心。"1788 年，詹姆斯·罗布森谴责了朱利奥·罗马诺藏于曼托瓦得特宫的画作《世人的惨败》，我觉得，这件在鉴赏家们看来价值高得难以估量的作品在如此小的一间房里失去了它所有的伟大与庄严。因为如此一来，巨大无比的人形被降至人视线的高度，甚至于都没有到人所走的地板上。由于高度与距离的缺乏，画作中的人物及周围的风景失去了许多庄重感。因此，他无法理解湿壁画的意义。湿壁画旨在让观众感觉亲自体验了巨人的命运。

一些城市在罗马人到来前就存在了，尤其是曼托瓦，因为这里曾是伊特鲁里亚定居地。在罗马统治的漫长世纪里，这些城市经历了翻天覆地的变化。与此同时，罗马人也建起更多城市。例如，帕维亚、雷吉奥与维罗纳。首都帕尔马与摩德纳以牺牲那些没有这种权力的城市为代价获益，尤其是皮亚琴察与雷吉奥。帕尔马在波旁家族统治时期建起一座大宫殿，但如今人们在探寻历史更加悠久的古迹时往往对其视而不见。在体验意大利 18 世纪风情时，现代游客的这种模式往往具有普遍性。今天的其他游客对诸如摩德纳与法拉内洛的法拉利博物馆之类的汽车博物馆更感兴趣。

不管政府结构如何，当时有名望的人往往住在城里（如今情况依然如此）。税收、租金与十一税将财富注入城市，从而保障了制造业与商业的发展。18 世纪 90 年代，法国占领给该地造成恶劣影响。

威尼斯不是罗马城市

威尼斯与大多数意大利城市不同，它不是一座罗马城市。此外，因为这座城市建在疟疾肆虐的沼泽地上，可以说是开局不利。先是匈奴人（453 年），后来是伦巴第人（568 年）的"蛮族"入侵给威尼斯带来的破坏意味着，避难是首要任务。拜占庭最终行使了职权，但当地人变得更加果敢。697 年，威尼斯选出第一届总督；828 年，圣马可的遗体被偷运出埃及，当地人为安放他的遗体建造了一座巴西利卡教堂。圣马可取代了拜占庭的保护神。在此后很长一段时间内，威尼斯都处于大陆列强的阴影下，但海军力量与贸易给它带来了财富与权力。1082 年，威尼斯助拜占庭阻止了诺曼人的扩张。拜占庭由此颁布"金玺诏书"，规定威尼斯人在拜占庭帝国内无须缴纳通行费与赋税。这是威尼斯巨大财富的基础。面对热那亚人的反抗，威尼斯必须保住这种豁免权与海上优势。在经过了 13 世纪的几场重要冲突后，威尼斯人在 14 世纪取得了胜利。

1297 年，威尼斯宪法正式确立下来。在十人议会保护下，寡头统治集团基本稳定。十人议会是 1310 年为保障安全而建立的。1355 年，威尼斯总督马里诺·法利埃罗预谋了一场专制主义政变，结果遭到镇压。他被处死在总督宫的台阶上。贵族阶级管理着威尼斯城。但是，占据主导地位的富人与占据人数优势的穷人间的分歧导致贵族阶级内部不和。海外领土让贫穷的威尼斯贵族可以利用职务之便掠夺当地人。1715 年，面对土耳其侵略军，寡不敌众的威尼斯军队丢掉了威尼斯在希腊南部的领地。人们把这归因于贵族犯罪在威尼斯的增长。由于封爵机会少，贵族阶层无法因公受赏、提升社会地位。一直以来，历史学家们对威尼斯贵族衰落的原因都众说纷纭。例如，有人认为，这在某种程度上是由淋病引起的不孕不育造成的，因为当时没有治疗淋病的可靠药物，而且／或者与贵族联姻有关：贵族面临着家族责任的压力，不能凭个人意愿行事。这种压力全欧洲的贵族都有。在这种情况下，为避免家族资源分散，家中的弟弟妹妹就不能结婚。

公开讨论政治是被禁止的，尤其不能与外国人谈论政治。数百年间，意大利一度在海外与内陆地区建起了一个帝国。它的中心就是总督宫。那里有总督公寓、会议室与大国会厅，如今珍藏着提埃波罗、丁托列托、提香、委罗内塞与其他艺术家的画作。

威尼斯曾因身为性事之都而闻名于世。在戏剧《无事生非》第一幕第一场中，莎士比亚说丘比特"把他所有的箭在威尼斯都放完了"。萨谢弗雷尔·斯蒂文斯曾写道，交际花们是"最擅旁敲侧击的。她们在整个基督教世界里最摄人心魄"。1706 年，赫特福特伯爵阿尔杰农发现，威尼斯"美女如云"。

威尼斯根深蒂固的独立传统让它与其他权威冲突频仍。1606—1607年，教皇颁布了一项针对威尼斯的禁令。1618 年，西班牙策划的一场夺取威尼斯的阴谋被粉碎了。1797 年，拿破仑因威尼斯拒不支持自己对奥地利作战而怒火中烧。于是，他兑现了之前的诺言，即"我将成为威尼斯的匈奴王"。威尼斯永久性地失去了独立地位。威尼斯在经过了奥地利、法国，以及自 1814 年起奥地利的再次统治后，在 1866 年成了意大利的一部分。

游客与他们的先辈一样，仍然折服于威尼斯精美绝伦的宝藏与景观。由于威尼斯没有罗马与许多其他城市那种壮丽雄伟的景点，游客在威尼斯无法与古典时期的文明亲密交谈。16 世纪的意大利文化产品繁复地装饰着这座中世纪城市。威尼斯让人耳目一新。它在许多方面都是一种独特的文明，尤其是在与受古罗马影响的古典巴洛克风格相比较时。1793年，当萨拉·边沁离开威尼斯时，她指出了一种其他游客也注意到的对比:"岁月静好,美丽的威尼斯城自海面升起。但是,雄伟壮观的建筑物特别让人感觉不舒服。"

威尼斯的替代方案是的里雅斯特。如今,它是弗留利—威尼斯朱利亚大区的首府。直至第一次世界大战末,意大利军队占领前,该区的一部分仍属于奥地利,而且,的里雅斯特曾是奥地利在亚得里亚海的港口与重要中心。它并不仰仗意大利。1754年,维利尔斯子爵乔治、纽纳姆子爵乔治与威廉·怀特海德一道,自维也纳经格拉茨前往的里雅斯特。他们在的里雅斯特发现,"沿亚得里亚海海岸的道路跌宕起伏,崎岖多石的程度超乎想象",直到进入威尼斯地界,路况才好转。

的里雅斯特长期以来都是一座充满活力的国际大都会。它在成为意大利的小跟班后,遇到了严重的经济问题。因此,的里雅斯特不再是那个一度繁荣的城市了,也就与意大利北方其他城市拉开了距离。但是,的里雅斯特惯有的咖啡馆文化与饮食诉说着自己比大部分意大利城市更加有趣的近代历史。

第十四章

重新发现意大利：中部

罗马曾是许多游客的目的地。它是很多旅程的终点。不管是在现实中，还是在象征意义上，它都是人们向往的国外旅行胜地。

在伦巴第平原以南，对想要进入托斯卡纳或是前往更南端的地方，在东海岸与罗马之间移动的旅行者来说，亚平宁山脉长期以来都是个大难题。没有几条通道可以穿过亚平宁山脉，少数几条路线也被冬雪阻断。通常，人们穿过亚平宁山脉的路线是从博洛尼亚到佛罗伦萨。1792 年，医生塞缪尔·德鲁抱怨道："亚平宁山脉让我觉得很不满。它是通往贫瘠沙丘的漫长缓坡……令人沮丧且毫无价值的不毛之地。"

佛罗伦萨

对 18 世纪的游客来说，佛罗伦萨是艺术的象征。事实上，1752 年该地对威廉·李而言是"一个十分快活的地方。这里有人所能见到的各种美德。雕刻、绘画与艺术学科至臻至善"。当时，人们认为，意大利最重要的艺术圣地是乌菲兹美术馆，因为那里收藏着文艺复兴时期的宝藏。1756 年，纽纳姆子爵乔治数度参观了这座美术馆。在人们看来，佛罗伦萨已婚妇女特别随性。安妮·米勒说道："女人通常都水性杨花，她们的开销不大。"当皮蒂宫外的"人民"大声疾呼"面包与工作"，哼唱着具有威胁性的歌曲时，或者当 18 世纪 20 年代，佛罗伦萨面对由重赋引发的危机实行军事戒严时，游客们往往不会注意到此类特征。

"私通"

"博尔盖塞皇妃（阿涅塞·科隆纳）心地如此善良，以至于她经常把他的双腿放在自己的腿上。这位经验丰富的情妇凭借她的这种驯驭术让他成为最风流倜傥的年轻人，因为他得以驰骋在这双玉腿之上。"第四代切斯特菲尔德伯爵菲利普深谙旅行对他的私生子斯坦霍普的价值。常驻佛罗伦萨的公使霍瑞斯·曼评论道,"英国旅行者常常打破'私通'的完美和谐"。"私通"是指已婚女士在男性伴侣,即"情夫"的陪同下参加社交聚会。这位男伴有时就是她的情人。这种体制给人们提供了确立符合当地习俗的恋爱关系的机会。1750年,后来成为第一世奇切斯特伯爵、来自斯坦默的托马斯·佩勒姆(1728—1805年)与已婚的阿卡奥利女伯爵私通了很长一段时间。后来,女伯爵又爱上了另一位英国情人。1748—1749年,她的已婚闺密玛丽亚·塞利斯特里与第二世罗金厄姆侯爵查尔斯有过一段情。1755年,第十世亨廷顿伯爵弗朗西斯(1729—1789年)因为是玛切萨·卡波尼的情夫而知名。她是"佛罗伦萨贵族之花,而且,据我所知,这是一朵淫荡之花"。"私通"让人觉得,当时意大利女性性欲相当旺盛。弗朗西斯·德雷克认为,私通是学习意大利语的方式。

佛罗伦萨的前身也许是伊特鲁里亚的一个村庄。据称,它是由尤利乌斯·恺撒建立的。佛罗伦萨长期以来都是相对较小的定居地。12世纪,它成了自治的自由镇。与此同时,佛罗伦萨也意识到,它有必要与附近历史更悠久的菲耶索莱在历史神话上一争高下。1434年,科西莫·德·美第奇掌权。他来自银行家世家,家族客户包括许多教皇。即便面对当地人的极力反对,科西莫·德·美第奇的继任者们也保持住了这种现状。但是,1497年,在严格刻板的多明我会修士吉罗拉莫·萨佛纳罗拉的影响下,佛罗伦萨陷落。不过,他号召人们悔罪的呼吁并未得到广泛认同。1498年,萨佛纳罗拉被处决。在一段共和制插曲后,美第奇家族卷土重来。他们的统治从1530年(自1549年起,他们居住在皮蒂宫)一直持续到1737年,直到这支绝嗣为止。

随后，托斯卡纳大公国被传给了洛林公爵弗兰茨·斯蒂芬。他的妻子是哈布斯堡王朝的女继承人玛丽娅·特蕾莎。虽然当时现代化的意义不同于今日，但是他试图让托斯卡纳变得现代化。例如，1748 年法令大力简化了丧葬仪式。这证明，许多政府决心控制宗教活动，限制宗教活动的开支。去世的贵族被放在棺罩上，尸体周围点着 12 支蜡烛，置于教堂。相比之下，老百姓只能点 6 支蜡烛。那些连公民都不是的平民则被剥夺了举行葬礼的权利。他们下葬时，只能放上 4 个大烛台。教皇本笃十四（1740—1758 年在位）谴责这项法令侵犯了教会权力。

1765—1790 年，当弗兰茨·斯蒂芬的次子利奥波德作为大公爵期间，他让托斯卡纳发生了翻天覆地的变化。恺撒·贝卡里亚的观点特别具有影响力。贝卡里亚在他的《论犯罪与刑罚》（1764 年）中，抨击了死刑与拷打。他强调预防的价值，呼吁量刑一致，以理性与实用主义的方式来实现公正。虽然在 18 世纪 40 年代修订托斯卡纳法典的提案被否决了，但那里还是出现了重要变化。托斯卡纳改革了法官任命，取缔了囚禁债务人的规定，开始公布判决书，并引入对量刑与审案的严格规定。1786 年，死刑被取消，被告的申辩权也得到认可。

在拿破仑的插曲过后，1860 年，新建立的意大利王国从哈布斯堡家族手中抢走了托斯卡纳。佛罗伦萨自 1865 年起成了托斯卡纳的首都，直到这个位置在 1871 年被罗马取代。

锡耶纳

在南边，锡耶纳是佛罗伦萨的主要竞争对手。由于锡耶纳具有哥特式韵味与佛罗伦萨文艺复兴风格，它与佛罗伦萨相比，存在着考古上的差异。锡耶纳最初也许是由伊特鲁里亚人建造的，后来发展成罗马城市。作为一个制造业中心，它在中世纪时繁荣起来。在中世纪，九人议会主宰着这座城市。在市政宫博物馆，安布罗焦·洛伦泽蒂的湿壁画系列《好政府与坏政府的讽喻》（约 1338—1340 年）纪念了九人议会所扮演的角色。这些湿壁画描绘了政府给城市环境带来的影响，与如今意大利的情况相关。但是，锡耶纳一再败于佛罗伦萨。根据 1559 年的一项裁决规定，它成了佛罗伦萨的属地：如今，锡耶纳人不再认可这项裁决的效力。"赛马节"（锦旗）上一系列的游行与赛马，将中世纪传统带到现代。

比萨

比萨是在罗马统治下的重要港口。这个独立国家在中世纪时迎来繁荣。但是，1284 年，比萨被热那亚人打败。佛罗伦萨在 1406 年吞并了比萨，这使情况恶化。1776 年，约翰·米特福德写道，到达"衰败的比萨城……昔日用于容纳共和国凯旋的大帆船的建筑物，如今成了亲王的马厩。失去自由让这个昔日繁荣城市的人口从 16 万降至 15000 人左右"。

相比之下，中世纪比萨的富足与独立给这座城市留下了许多那个时期的惊世骇俗之作，尤其是始建于 1064 年的大教堂。那里收藏着比萨人前一年在巴勒莫不远处成功袭击一支阿拉伯舰队所俘获的许多战利品。大教堂主立面直到 13 世纪才竣工，椭圆形拱顶是在 1380 年增建的。1152 年，比萨开始建造一座不同寻常的圆形洗礼堂。然而，由于地基不稳，洗礼堂旁始建于 1173 年的建筑成了比萨斜塔。比萨凭借其独特的比萨—罗马式建筑风格，有着举足轻重的地位。

卢卡

伊特鲁里亚人创建的卢卡有着传统的轨迹。12 世纪，它从罗马城镇变成了自治市。虽然它在 1314 年受到比萨控制，但自 1370 年起，卢卡在它那依然令人瞩目的城墙内重新获得并保持了自己的独立。1429年，卢卡还击退了佛罗伦萨的进攻。国家间的关系往往危机四伏。例如，1715 年卢卡暴发的动物疾病导致佛罗伦萨军队关闭了两国边境，禁止牲畜商进入。1805 年，拿破仑把卢卡送给了他的妹妹埃莉萨。希莱尔·贝洛克将卢卡描述成"世界上历史遗迹保存得最好的小镇"。古城周围的城墙依然保存良好，城墙上绿树成荫的小径美景怡人。

古城反映出许多此类地方重复利用的特质。圆形竞技场是以罗马圆形竞技场命名的。人们可以看到，那里的部分结构曾被用作中世纪房屋的墙壁。罗马广场上建起了一座 8 世纪的教堂。反过来，它又被一座建于 11—14 世纪的罗马式教堂所取代。

前往罗马

许多游客在向南挺进时，觉得自己进入了另一个意大利。1788 年，查尔斯·阿伯特评论道："群山变得粗糙、昏暗。褐色的土壤、石头很多，而且，低劣的橄榄树与果实稀少的葡萄藤让这地方看起来破败贫穷。"穿过坎帕尼亚（如今的拉齐奥大区）到达罗马的路线让许多人感到失望。阿伯特写道，"在抵达罗马的一扇扇大门前，一路上净是悲惨、贫瘠、多沙的乡村 —— 人们几乎没有尝试农耕……一路上，我们连连慨叹乡村景象之凄惨。"对萨拉·边沁来说，城市"似乎坐落于沙漠之中"。

阿伯特也注意到野生动物的变化，因为蜥蜴经常在墙上爬来爬去。此外，很多人还要越过一条边境线。边境线之外是一方迥然不同的天地：教皇国。由于特伦托采邑主教是神圣罗马帝国的一部分，所以它是意大利唯一的教会国家。但是，它是非常大的一个。

罗马

罗马曾是许多游客的目的地。它是很多旅程的终点。不管是在现实中，还是在象征意义上，它都是人们向往的国外旅行胜地。在古典文学占主导的文化中，罗马曾是人们的兴趣之所在。1784 年，查尔斯·卡多根参观了罗马。他认为："一个人不能冲过罗马，就像他不可能飞过罗马一样。我在那里待了整整两周。即便如此，我也只有时间大致了解一下那里从古至今数不清的奇观异景而已。结果我决定，在返回英格兰之前，我要在罗马待上两三个月。"

罗马主要的吸引力之一是，人们在罗马很容易受到熏陶。像巴黎一样，罗马有游人乐见的设施。但是，由于游客对罗马经济而言更加重要，他们对罗马比对巴黎起到了更大的作用。游客购买画作、古董，聘请古文物研究者，向他们寻求艺术建议。罗马作为世界艺术殖民地使游客很容易能接触到这个城市的奇珍异宝。罗马展示的珍品种类繁复，这增加了它对人们的吸引力。罗马有古典式、巴洛克风格的雕塑、建筑与画作。许多游客把它当作自己旅行的文化目的地。由于人们在艺术、文化领域的兴趣及审美的变化，罗马在艺术上经历了重建。18 世纪初，人们认为贝尔尼尼的作品可与米开朗基罗及古典世界的艺术品相媲美。但是，18 世纪下半叶，随着在罗马及其周边地区古典时期遗址发掘工作的进行，人们的审美情趣大变，贝尔尼尼作品的名气大不如前。

人们对古罗马的兴趣并没有让现代意大利声名大振。1764 年，第二世帕尔姆斯顿子爵亨利·坦普尔评论道："看到蛮族与偏执狂带来的浩劫实在让人悲痛万分。除去那些凭借自身结构坚固没被摧毁的，或是为满足个人私欲而改作他用的建筑物外，幸免于难的少之又少。"

罗马的本质是教会，其中包括它作为朝圣中心的身份。但是，罗马没给英国人（詹姆斯党居民及天主教游客除外）提供多少访问点。对他们来说，教廷活动也远不及其他世俗宫廷的有趣。罗马向人们提供了各种各样的世俗娱乐项目，包括狂欢节与年度烟花表演。烟花从旋转焰火（旋转轮）中发射出去，让人觉得圣彼得在泛着红光。

人们也能以罗马为大本营，开启探索周边乡村地区的旅程，尤其是前往古典时期的遗址。例如，沿亚壁古道观光或参观群山中美景如画的城镇，尤其是弗拉斯卡蒂与蒂沃利。蒂沃利反映了意大利不同时期的历史古迹。山巅之城是一处避暑胜地。罗马皇帝哈德良的夏宫（哈德良离宫）就建在那里。哈德良让人在宫中仿照那些曾给他留下深刻印象的国外建筑，造了一些亭台楼榭。1550 年，费拉拉公爵阿方索一世的次子、即将成为教皇的富有的枢机主教伊波利托·埃斯特，把修道院改建成一座行宫，即埃斯特庄园。阿尔巴诺的火山口湖泊与阿尔巴诺群山间的内米湖，别具风味。在某种程度上，该区的吸引力源于克洛德·热莱画作的魅力。他更广为人知的名字是克洛德·勒·洛兰（1600—1682 年）。泛着金光的蓝天碧水与金色的石头点亮了他的风景画。画作的主题永远都是美丽的乡村风光。相比之下，虽然伊特鲁里亚遗址有重要的公元前7—前 6 世纪墓地群可供参观，尤其是在切尔韦泰里与塔尔奎尼亚，但是当时与现在都很少有人到那里去。

不太具有吸引力的是，罗马一直以来都是国家权力中心。结果是，为了建立新政治秩序，罗马不得不经历周期性城市清理。墨索里尼为此负有很大责任，但他称不上是始作俑者。在他之前，自由党建起了通常唤作"婚礼蛋糕"的维克多·埃曼纽尔二世纪念堂。为了占据已有的天际线，这座建筑建得过大了，而且，建筑物使用了来自意大利北方地区的大理石，与当地的石头并不协调。正义宫也建得不成比例。

1934 年，墨索里尼宣称："继君主的罗马与教皇的罗马之后，如今的罗马是法西斯主义的罗马。它既古老又现代，当为举世所敬仰。"他想让罗马成为法西斯主义的阅兵场。为了建造诸如协和大道这样的新景观，城市遭受了巨大破坏。如今在罗马广为人知，同时也是最流行的一个会面地点依然是"领袖阳台下的威尼斯广场"，尤其是因为多条公交线路在那里停靠。

与墨索里尼的罗马不同，君主的罗马与教皇的罗马都存在了数百年之久。罗马帝国将自己的权力中心转移到了君士坦丁堡，却没能赶走"蛮族"。但是，教皇表明自己能接过罗马世俗社会的控制权。这种地位为教皇提供了在教会管理上独立于拜占庭的基础。不过，来自强大统治者的干预，时不时地阻碍了这个过程并导致可怕后果。1309—1377 年，教皇在阿维尼翁处于法国控制下。阿维尼翁当时是教皇在法国南部的领地。这种情况直到 1417 年，即后来的"东西教会大分裂"时才结束。教皇马丁五世等到 1420 年才回到罗马。他不得不重建大部分基础设施。16世纪初，由于宗教改革与 1527 年罗马惨遭野蛮洗劫，天主教世界永久性地失去了部分地区。法国大革命与拿破仑即将掀起新波澜。

城市本身经历了不同形式的疏于照管。19 世纪，教廷没有解决洪灾与疟疾；自由党政权（正如在那不勒斯一样）为装点门面，把穷人赶出中心区域；法西斯主义也夸下海口，在推行新体制前，提出自己的社会主张。腐败问题开始出现，尤其是在营建许可证上的腐败和其他大多数问题上的腐败。与罗马帝国及教皇统治下的罗马一样，作为独立意大利首都的罗马也大兴土木。人口从 1870 年的 20 万以下，上升至 1900 年的近 46 万。新国家需要有庞大的官僚机构，而罗马就是它的中心。在墨索里尼统治下，仪式性建筑至关重要。尤其是为庆祝法西斯主义掌权 20 周年，并乘意大利获得罗马世界博览会（EUR）主办权之机，墨索里尼计划在罗马郊区建造一座新城。古典主义风格建筑居于中心位置，更具现代主义风格的楼宇为罗马世博会而建。然而，这个计划因墨索里尼梦碎而破产。此外，政府在旧住宅区修建了公共住房，为工人提供栖身之所。自 20 世纪 40 年代末以来，人们建造或重建了罗马大部分地区，尤其是随着 20 世纪五六十年代郊区的仓促发展。在过去的 20 年间，罗马有了一些发展，但仍无法解决城市垃圾与不断产生的腐败问题。

第十五章

重新发现意大利：南部

诺顿·尼科尔斯说这座城市"夜晚如此美妙，白天又是那么燥热"，以至于人们晚上都不睡觉："我跟月亮的关系比跟太阳的更好。"

那不勒斯

　　那不勒斯及其所在地区主导着意大利南方的历史与旅行者体验。据说，大约在公元前 680 年，一些来自希腊罗得岛的商人建立了这座城市。反过来，公元前 474 年，来自库迈的希腊人建立的那不勒斯成了定居地，结果罗马人在 326 年接管了这里。罗马城地下遗址范围大得惊人。

　　罗马衰亡后，那不勒斯成了公国，先是处于拜占庭的统治下，后来获得独立。1138 年，它又被诺曼人占领。在霍亨斯陶芬王朝统治后，那不勒斯在 1266 年为安茹王朝所占，1442 年被阿拉贡人攻克。后者导致那不勒斯处于西班牙的统治下。17 世纪初，那不勒斯是西欧人口最多的城市。随着西班牙区的建立，那不勒斯面积不断扩大。

　　但是，那时候，意大利北方经济的发展、繁荣已与南方之间产生巨大鸿沟了。大约在公元 1100 年后，意大利北方经济有了显著发展，南方经济则相对衰退，威尼斯是在公元 1282 年后开始衰落的。人们对南方相对衰落的程度与年表存在争议，尤其是就西西里岛而言。但是，本土的那不勒斯王国在政治上一路狂跌。14 世纪，在某种程度上，那不勒斯王国的经济也是这样。它日益成为北方的经济殖民地。北方商人控制了南方的贸易，南方也成了北方的原材料与粮食来源。诚然，梅佐乔诺问题的源头要回溯至后来的中世纪。问题在 16 世纪、17 世纪及随后的时期愈加明显。

　　作为对异邦统治的反抗，无论是安茹王朝、阿拉贡人或者西班牙人的统治，公众仪式的出发点是增强凝聚力、构建共同体。公众仪式也是为了表明个人身份。在某种程度上，正如 1585 年的饥饿骚动一样，这是为了取代严重分歧。守护神的数量上升，为他们举行的庆祝活动贯穿一年始终。建国神话也起了作用，尤其是为显示自己比罗马存在时间更久。

1647 年，反对西班牙统治的马萨尼洛叛乱在次年被平定。

1707—1734 年，那不勒斯演奏了一段奥地利统治的插曲。1713 年、1717 年与 1720 年，查理六世认可了那不勒斯的特权，且极少改变那不勒斯及意大利其他地方的行政机构，也没有限制各地的贵族特权。但是，战争将奥地利的统治推到了一边。1799 年，那不勒斯经历了法国大革命的插曲；1806—1815 年，它又遭遇了拿破仑带来的变故。但是，自 1734 年起，那不勒斯一直处于西班牙波旁家族一个庶系分支的统治下。此后，1860 年，那不勒斯被攻克，在 1861 年被强行纳入新成立的意大利王国中。

自此之后，那不勒斯在政治、社会与经济上对意大利政府来说都是一个挑战。正如早在 18 世纪人们能够看到的那样，改革的倡议总是逡巡不前。1735 年，改革法院的尝试失败了；18 世纪 40 年代，试图编纂法律的措施也破产了。1777 年，当政府颁布法令宣布削减对那不勒斯公民的橄榄油补贴时，一石激起千层浪，民怨骤起。当局担心引发暴乱，废止了这项法令。18 世纪，因不愿出于政治原因提高城市税收或削减城市补贴，例如对那不勒斯的面包补贴，数届政府决定提高农村地区的税额。因为那不勒斯政府无法对地方海关办事处实行监督，结果导致腐败横行。当地利益主宰着地方海关办事处。政府在信息真空中运作。例如，由于汇报不可靠且自相矛盾，那不勒斯政府无法准确掌握本国森林情况。

18 世纪，旅行者从以彼得罗·法布里斯与克洛德·约瑟夫·韦尔内为代表的画家手中，购买了许多风景画。画作描绘了沐浴在阳光下的海港一派生机盎然的景象。这些画作捕捉到了城市的魅力。它们让那不勒斯看起来比威尼斯更具动感，更加阳光灿烂。约翰·诺查尔在他的《游历意大利》（1766 年）中提到，"一般游览那不勒斯的最佳时节是天气变热之前"。1772 年 7 月，诺顿·尼科尔斯说这座城市"夜晚如此美妙，白天又是那么燥热"，以至于人们晚上都不睡觉："我跟月亮的关系比跟太阳的更好。"冬季时，游客觉得那不勒斯空气宜人。

但是，那不勒斯进步主义经济学家安东尼奥·吉诺维西对这座城市的看法相当负面。虽然他对 1726 年那不勒斯 7 万名持有许可证的妓女及 6 万名依法律规定可以生活在那里的妓女数量的估计也许有待商榷，但它凸显出城市作为服务中心的地位。1800 年，在全世界人口超过 30 万的 19 座城市中，那不勒斯位列 14，在欧洲排第 4，仅次于伦敦、君士坦丁堡与巴黎。

那不勒斯魅力依然不减。漫步在这座城市，比徜徉于罗马街头更令人感觉轻松愉快。但是，现在的游客也许会注意到驻守在那里的军队努力维持秩序。有时，当地人会说，年轻人加入克莫拉犯罪组织，反映了当地的贫穷与失业问题。事实上，意大利政府对该区进行了大量投资。一个更加合理的解释是当地民风如此，比如人们喜欢开快车、闯红灯。

那不勒斯大区

那不勒斯的周边景点过去曾吸引大量游客，到今天依旧如此。维苏威火山曾是个好景点。这处自然奇迹靠近那不勒斯市。与其他火山相比，它曾是，现在依然是人们常常游览到的。1793 年，帕尔姆斯顿子爵夫人玛丽见到一次火山喷发的景象："火山不停地向外扔出烧得通红的石块，就像许多火箭弹烟花冒出的火星一样。"

那不勒斯以西的古典时期景点，尤其是索尔法塔拉火山、波佐处、波西利波、巴亚、米西诺湖、库迈与阿弗纳斯湖，长期以来都吸引着旅行者们的注意力。在 18 世纪上半叶，它们继续受人关注。尤其是，坎皮弗来格瑞火山因温泉、蒸汽流、硫黄气体、神秘洞穴与令人忧心的火山坑而被蒙上了一层神秘面纱，充满异域风情。这些景观反映出它的火山起源。该区域自古典时期就以作为通往冥界（地狱）的入口而闻名。1719 年，威廉·曼德维尔伯爵发现，"人们行走在地壳上，而地壳往往不足一尺厚。我在好几个地方用剑刺穿地壳。不管在哪儿，都会有硫黄气体喷出。如果接触到这种气体，它烫得足以灼伤人的手足"。住在那不勒斯的维吉尔及其他古典时期作家的作品都被旅行者当作消息来源。

18 世纪下半叶，人们的注意力转向了周边的考古发掘现场，尤其是赫库兰尼姆、庞贝与帕埃斯图姆。前两座城市被 79 年维苏威火山喷发的火山灰掩埋。但是，截止到 1738 年，赫库兰尼姆剧院已完全被发掘。1748 年，意大利也开始了对庞贝古城的官方发掘工作。这些罗马遗迹的发现对欧洲品位的提升起到重要作用，部分原因是整个地中海地区大部分古典时期遗址的相对不可获得性。1741 年，约瑟夫·斯宾塞在参观完赫库兰尼姆后写道："我沿古城街道走了 2 英里 [①] ……几乎不得不一路匍匐爬过狭窄的通道……面前是两三个冒烟的火炬……这行程更适合骡子而不是人。"

位于阿马尔菲半岛以南的萨勒诺海湾上的帕埃斯图姆希腊遗址成了重要景点。它对塑造新古典时期的品位产生了深远影响。帕埃斯图姆是对波塞多尼亚的拉丁化。大约在公元前 600 年，来自卡拉布里亚锡巴里斯的殖民者建立了希腊殖民地波塞多尼亚。由于疟疾横行，在罗马人统治时期，这座城市被抛弃了。1746 年，人们在修建一条穿过这座遗址的

---

① 约合 3.2 千米。——编者注

公路时，发现了多座神庙。帕埃斯图姆美丽的田园风光、吃草的牲畜与柏树及夹竹桃，让它看起来就像是画家笔下田园诗般的古典时期场景一般。第二世帕尔姆斯顿子爵亨利评论道："除了我第一次看到罗马时的情形外，它们比我之前见过的所有景物都更能打动我……巴尔米拉、巴勒贝克或是一些被遗忘的地方令人震惊。"他说的这些地方都在中东。

虽然如今穷游观念盛行，限制了游客所能到达的地方，但是卡塞塔王宫依然是个好去处。外国游客去得并不多。1752 年，路易吉·范维德里开始了对王宫的设计工作。这将成为那不勒斯的凡尔赛宫。它有一系列惊人的喷泉与水池，最后是一个人造小瀑布。英国没有可与卡塞塔王宫相比拟的地方，凡尔赛的小瀑布也不能和这里的媲美。

继续向南

意大利本土的大部分地区在帕埃斯图姆以南。虽然近来阿普利亚的旅游业更受欢迎了，但是帕埃斯图姆以南的地区相对依然没有多少人关注。阿普利亚旅游业的蓬勃发展在很大程度上得益于廉价航班。该地区的旅游业根基稳固，但也由此导致海岸边冒出许多丑陋不堪的住宅区，就像卡拉布里亚一样。

极南端地区的景象尤为荒凉。与大部分意大利其他地区相比，那里的山脉更有名，平原则没有那么重要（阿普利亚除外）。森林覆盖率更低，夏天也更热。正如与多山但森林大多遭到砍伐的卡拉布里亚一样，极南端地区的自然美更显荒凉。与之相对的是当地饮食中辣椒的重要性。迪亚曼泰市还会举行一年一度的吃辣椒比赛，庆祝辣椒丰收。

农业就业人口相对较高，但产出的粮食没有多少盈余。农业严重依赖欧盟农业补贴提供的保护体系。地区发展规划兴建了工厂、修建了公路，尤其是太阳高速公路。但是，它们没能促进意大利南方巨大的发展，也没带来青年就业。诚然，意大利南方没有可与美国南方相比的与国家其他地区的协调发展。它的经济增长也比不上资源匮乏的日本。基于长期的模式，人口外移数量一直居高不下。这导致许多房屋与居住地的废弃。有时，为了吸引人们到那里生活，这些房屋都贱价出售。许多城镇看起来又脏又破，例如科森扎。

意大利统一后自由党的霸权统治，第一次世界大战期间北方的工业繁荣，以及1918年后一边倒地援助北方的贸易保护主义，都没有使南方受益。1950年，意大利政府用国家基金建立起来的卡萨德尔梅佐乔诺（意为"南方基金"）创造的新就业机会少之又少，但却解决了短期的政治问题。南方相对人均收入（作为意大利整体人均收入的百分比）与北方的经济增长有关。事实上，它从1951年的70.14%下降到1969年的65.05%。20世纪60年代，全国工业就业岗位的百分比下降至15%。截止到1970年，意大利近半数的失业人口在南方。大型工厂是"沙漠中的大教堂"。它们虽然反映出投资的结果，也吸引了投资，但未能为南方经济带来多少效益。原因是区域经济联系不足，当地新增就业岗位极少。南方社会体制遭到重创，这导致有组织犯罪的长盛不衰。政治也经受了不小的打击。政坛往往腐败横行，没有成效。由意大利政府主导的卡萨德尔梅佐乔诺并不允许意大利南方享有现代化的自主权。

18世纪，在少数几位深入帕埃斯图姆以南地区的旅行者中，大多数人对古典时期的建筑与考古感兴趣。1715—1719年，乔治·贝克莱在参观阿普利亚时，为莱切城的巴洛克风格建筑所折服。这座历史悠久的城市有许多重要的罗马遗迹。人们用弗朗切斯科·安东尼奥·辛巴洛（1567—1631年）及其子朱塞佩·辛巴洛（1620—1710年）所创作的大量富有想象力的巴洛克风格作品，翻新了整个莱切。这两位艺术家都是本地人。朱塞佩的作品包括省督宫、圣十字圣殿的立面与圣坛，以及大教堂的钟楼。

以意大利南方为故事背景的最成功的小说之一是《奥特兰托城堡：哥特小说》（1764 年）。这部引人深思的推理小说的作者是霍勒斯·沃波尔。1740 年，作为旅行的一部分，他游览了那不勒斯。但是，事实上，他并没去奥特兰托。1786 年，当伊丽莎白·克雷文伯爵夫人送给沃波尔一幅奥特兰托城堡素描时，兴高采烈的沃波尔回答道："我都不知道奥特兰托还有一座城堡。"这幅如今名为《阿拉贡的奥特兰托城堡》的画作是在之前一年由威利·雷维利所绘。11 世纪教堂中的殉道者教堂向人们讲述着过往的阴森恐怖。教堂里有许多在 1480 年被土耳其人斩首的殉道者留下的头颅与遗骸。当时，土耳其人破城后，杀害了那些拒不皈依伊斯兰教的人。这座教堂里还有一幅 12 世纪的马赛克画，描绘的是一株生命之树安稳地长在两头奇异大象的背上。

1781 年，英国大使威廉·汉密尔顿爵士（他的妻子爱玛后来成了纳尔逊将军的情妇）提到，他在参观伊塞尔尼亚时，见证了遗存的普里阿普斯崇拜。这是来自过去的不同寻常的遗迹。妇女们将蜡制祭祀用男根献给当地圣人。汉密尔顿把它们带回伦敦，交给了大英博物馆。这些后来成了理查德·佩恩·奈特所作的《普里阿普斯崇拜谈话录：古代神学》（1786 年）一书的卷首插图。

第十六章

重新发现意大利：诸多岛屿

许多岛屿在意大利海岸线上星罗棋布。

西西里岛

西西里岛是地中海上最大的岛屿，有着巨大的农业、商业潜力。但是，西西里岛一直以来都是历史的臣民，甚至是受害者，而非缔造者。这对它的社会、文化都产生了重要影响。事实上，在某种程度上，西西里岛就像一块画布，其他文化在上面留下了浓墨重彩的印迹。例如，长期以来，人们都对西西里语展开了广泛的讨论。它到底是一种意大利语方言（这本身就是一种含糊的称谓）还是作为一种地方罗曼语，是自成一体的语言呢？前一种观点更加具有政治正确性，尤其是从意大利政府的角度来看，但后一种说法似乎更准确。

迦太基与希腊争夺西西里岛的城市，尤其是锡拉库扎。公元前734年，希腊城邦科林斯移民建立了锡拉库扎城。西西里岛先后被罗马、拜占庭、阿拉伯人与诺曼人占领，后来又成了德国霍亨斯陶芬王朝、安茹王朝与阿拉贡人（西班牙人）的领地。1535年，查理五世（西班牙国王卡洛斯一世）参观了西西里岛。第二个这么做的统治者是萨伏伊—皮埃蒙特的维托里奥·阿梅迪奥二世。他在1713年访问了西西里岛。在这一年，西西里岛处于萨伏伊王朝的短暂统治下，它在1718年时被西班牙占领了。

在那段短暂时期里，统治者维托里奥·阿梅迪奥试图进行吏治改革。他从都灵派遣官员前去协助总督安尼巴来·马菲伯爵贯彻他的政策。信息是一个重要的方面。维托里奥·阿梅迪奥下令统计西西里岛的桑树与橄榄树数量，试图逐步做好路桥登记工作。同时，他也想要限制人们携带武器，但成果甚微，而且，当地的精英阶层也没有怎么抵抗西班牙的进攻。

由于西班牙的孤立以及在1718—1720年战败，奥地利后来自1720

年起开始统治西西里岛。这种情况直到 1734 年西西里岛被西班牙波旁王朝占领时才结束。那里就成了那不勒斯国王卡洛七世，即西班牙国王腓力五世之子，新建立的独立王国的一个重要组成部分了。在波旁王朝的统治下，君主权力提高。农民被迫使用贵族的磨坊与橄榄油压榨机，还不得与贵族竞争。征收面粉税在政治上没有遇到反对，因为它主要将重担压在了穷人肩上。贵族参与税赋的评估、征收，这使他们中的许多人尽可能地降低自己的纳税义务。狩猎成了富人的标配。他们可以用鹰隼、猎犬，穷人却不能结网、设陷阱。直到 18 世纪 60 年代，西班牙语一直都是官方语言，在某种程度上直到 19 世纪时它还是官僚们使用的语言。1860 年，加里波第从那不勒斯的波旁王朝手中夺走了西西里岛。

虽然意大利的许多地区在历史上的大部分时间里均摇摆于独立与半独立的状态之间，但是西西里岛在上一个千年里情况并非如此。这让岛内产生了紧张局势，尤其是巴勒莫与墨西拿这两座城市间长期的竞争关系。

正如本书一再说明的那样，西西里岛因治理不当付出了代价，尤其是在过去的 200 年间。对外部世界而言，西西里岛最为人所知的要数黑手党了。这既公平又不公平。因为，绝大多数的西西里岛人一点都没参与到黑手党的勾当中。但是，所有人都受到了残酷腐败，以及它带来或导致的痼疾的影响。正如巴勒莫的郊区一样，这种痼疾体现在非法、不充分、滞后或是不存在的发展之中。勒索保护费的组织给经济造成沉重负担。即便如今暴力问题不像过去那么突出，腐败依然难以消除。

对游客来说，去西西里岛旅行一直是件冒险的事。由于西西里岛距离遥远，半开化的名声在外，去岛上参观的游客相对较少。1747 年，墨西拿暴发瘟疫。它是西欧最后一个暴发瘟疫的城市。人们可以在巴勒莫与蒙雷阿莱的大教堂里，在巴勒莫的海军元帅圣母教堂中，感受到西西里岛惊人的阿拉伯—诺曼风格。虽然这种风格直到 19 世纪才引起人们的兴趣，但如今已深受大众喜爱。

1785 年，詹姆士·霍尔男爵在前往西西里岛途中，"因风暴而停留"在斯特龙博利岛长达一周。其实，人们可以从那不勒斯或罗马乘船前往西西里岛。1764 年，第二世帕尔姆斯顿子爵亨利决定不去那里，因为"很可能我会因为晕船而游兴大减"。1788 年，当托马斯·沃特金斯在旅行中穿过西西里岛时，吃了一块他迄今为止见过的"最白的面包"。他还写道，就鸽子而言，"这个国家的比我以前吃过的要好太多，以至于它们看起来是种不同的鸟。它们像松鸡一样大，如食米鸟一样肥。它们是如此美味。要是我们英国的美食家吃到了这等珍馐，他们一定会暴食至死"。他写到了锡拉库扎，"这座城市的周边地区盛产 13 种麝香葡萄酒佳酿；我们日日都要品尝"。有些游客环岛航行。最受人欢迎的目的地是埃特纳火山，随后是希腊神庙。对锡拉库扎剧院的首批挖掘工作始于 1756 年。人们在 1781 年修复了神庙，在 1787—1788 年修复了引人注目的朱诺神庙与协和神殿。

在西西里岛旅行并非易事。1792 年，查尔斯·布鲁斯伯爵与托马斯·布兰德觉得，巴勒莫人"极其热情好客"，但他们对西西里的路况与城外的住宿条件印象平平："整个国家没有一个车轮。路是仅能供一头骡子通行的小道，散落四周的少数几间小屋就像科伊科伊人的村庄一样糟糕。"布兰德写道，通往塞杰斯塔的路，"崎岖不平，不是悬崖峭壁就是泥浆"。1785 年，查尔斯·卡多根周游全岛并登上埃特纳火山。他在雪地里走了 13 千米后，在黎明时抵达火山口。

撒丁岛

撒丁岛长期以来都有人居住，最终生活在青铜时代的努拉格族人来到了这里。自公元前9世纪起，随着迦太基人的武力接管，撒丁岛处于腓尼基人的统治之下。第一次布匿战争后，罗马人在公元前237年控制了撒丁岛。撒丁岛的独立王国在中世纪抵抗住了比萨与热那亚的进攻。尽管付出了巨大努力，阿拉贡人还是在14世纪平定了撒丁人的反抗。西班牙当时掌握着控制权，直到1708年撒丁岛被奥地利人攻克为止。自1708年起，撒丁岛处于奥地利的短暂统治下；接着，自1717年起，西班牙再度主宰着撒丁岛；自1720年起，萨伏伊王朝统治着撒丁岛。这对西西里岛来说是场不受欢迎的交换。1759—1773年，为将撒丁岛并入萨伏伊—皮埃蒙特，岛上的法庭与行政部门都重组了。几项封建管辖权受到压制，宗教教团的独立地位变得有限。为了让官员学会地方行政管理，卡利亚里与萨萨里的大学彻底改变了教学课程。

撒丁岛从未出现过像1768年反对法国兼并时，从英国吹向科西嘉岛的短暂抵抗风尚。撒丁岛也没有重要的古典时期遗址。1708年，在攻占撒丁岛的战役中，英国军舰从旁协助。但是，随后它基本上就被人遗忘了。撒丁岛也面临着严重的疟疾问题。自20世纪60年代起，撒丁岛一直以来都是海滨度假的主要目的地之一。

岛上大部分内陆地区都很值得一游，尤其是因为它与人们常去游览的意大利景点大不相同。沿着努拉吉前进，就撒丁岛唯一一处列入世界文化遗产的古迹巴鲁米尼的努拉吉而言，人们可以依次看到腓尼基人、迦太基人与罗马人，尤其是诺拉与塔罗斯的聚居地。说到中世纪城镇，阿尔盖罗为人们提供了中世纪历史的大量证明。撒丁岛的另一个显著特征是，这里汇聚了各种文化的影响。不过，这种融合不同于西西里岛。因此，加泰罗尼亚—哥特式风格在阿尔盖罗显而易见。

埃奥利群岛

许多岛屿在意大利海岸线上星罗棋布。有些是著名景点，例如卡普里岛与穆拉诺岛；有些则不那么有名。所有有人居住的岛屿都有着自己独特的历史。与如今的观点迥然不同的、过去的思潮在群岛上尤为明显，尤其是在西西里岛以北的埃奥利群岛上。群岛中最重要的是利帕里岛。公元前4世纪时，就有人在那里定居了。利帕里岛考古博物馆陈列的失事船只货物，凸显了古典世界贸易的重要性。除大量的双耳细颈瓶外，人们还能看到自新石器时代起惊人的陆上发掘物。

咖啡文化

由于意大利连锁店、咖啡师与重要术语的存在，意大利以外地区的咖啡文化或多或少也是由意大利范式所决定的。浓咖啡、芮斯崔朵、大杯咖啡、玛琪雅朵、卡布奇诺与拿铁均来自意大利。意大利有着悠久的咖啡历史。在某种程度上，这与它的地理位置有关。咖啡最早来自更东边的地方，来自伊斯兰世界，尤其是从也门及其港口穆哈港出口到地中海地区的咖啡。有证据表明，咖啡文化在16世纪时就存在于威尼斯了。17世纪，随着西印度群岛新生产咖啡的出现，运往欧洲的咖啡数量增加，咖啡文化也得到了发展。18世纪，巴西也开始大批量生产咖啡，由此导致咖啡价格骤降。此外，意大利没有与英国相媲美的茶文化。浓咖啡技术始于 19 世纪。1948年，加吉亚生产的商业咖啡机使制作浓咖啡的过程更加快捷，从而带来了现代性的一面。意大利人喜欢的咖啡与美国人的不同，前者采用的是深度烘焙的做法。1943—1945 年，美国士兵为了能喝到更合自己胃口的咖啡，用开水把浓咖啡稀释了。如今，意大利每杯咖啡的含量往往低于英式浓咖啡，人们使用的杯子与度量器具也比英国和美国的小。

结语　意大利往何处去

　　意大利下辖诸岛的数量曾经比现在要多得多。出于历史原因，意大利失去了包括塞浦路斯（1570—1571年）、克里特（1669年）、科西嘉（1768年）、爱奥尼亚群岛（1797年）、马耳他（1798年）与罗德岛（1943年）在内的许多岛屿。这提醒人们注意，意大利并没有一条固定的边界。这一点极易被忽视。对许多人来说，1919年当阜姆被占领时，意大利复兴运动看起来变得滑稽可笑。此外，它与帝国主义有相通之处。人们看出了意大利想要称霸地中海，尤其是东地中海地区的野心。意大利的帝国主义不仅剑指其他帝国主义列强——英国与法国，还针对希腊、南斯拉夫与阿拉伯世界。

　　这些论点相当有分量，但的里雅斯特与特伦托成为意大利的一部分，也有运气与偶然性的成分。不过，科西嘉、尼斯与罗德岛的情况并非如此。尤其是，如果意大利在上一次世界大战中保持中立的话，它将因此发生多么大的变化啊！想想都很有趣。因此，西班牙直到1976年才失去西属撒哈拉，它至今还拥有休达与梅利利亚。同时，葡萄牙依然保有佛得角群岛。

　　这件事与许多其他事一道，提醒人们注意，意大利历史在很大程度上并不是被预先决定的。但是，这个结论并不适用于后来的政权与意识形态。与这种令人不快的情况相关的是，人们用过去来声明未来的必然性。每个国家都有这种构建的历史。那些为纪念过去与现在，并引领着未来的建筑物就是实实在在构建的历史。但是，这些构建的历史在意大利似乎显得更加迫切。因为意大利的独立国家地位长期以来并不存在，或者说是岌岌可危，而且，意大利人民也是四分五裂的。与之相关的是，人们并不清楚民族与国家走了多远、应该走多远。在某种程度上，这反映出意大利想要赢得人们对统一的支持。但是，意大利过去帝国主义的抱负，事实上是普救主义志向的影响，也起了作用。帝国主义的罗马与教皇最明确地表明了这种雄心壮志。统一后，意大利自由党政府及其法西斯主义继任者也有着强烈的帝国主义野心。

自1943年墨索里尼被推翻后，意大利一直在苦苦寻找着一个有意义且能解决国家严重分歧的角色。1943年组建的新政府与反抗运动均依赖于同盟国，而且二者都是四分五裂的。经济增长是战后第一剂万能药，它渐渐变成了欧洲的联合。与此同时，许多意大利人开始选择相信其他替代方案，但这些方案并未能成功应对挑战，例如，糟糕的贝卢斯科尼的意大利力量党。如今，希望破灭让人们对政治乃至国家产生了某种程度的厌倦，因此选择回归到家人与朋友之中。意大利人的境遇不应如此，但鲜有迹象表明他们能得到自己应得的。回到拿破仑时代之前的小国状态，也许也是一种选择，但这种观点没有得到多少支持，而且，就算能实现，其过程也难以把握。